Das große Buch vom Tee

Pia Dahlem/Gabi Freiburg

Das große Buch vom Tee

MOEWIG

Inhaltsverzeichnis

Vorwort 10

Allgemeine Teekunde 13

Schwarzer und grüner Tee, Kräuter- und Früchtetees 14
Ein grenzenloses Angebot 14
Tee – mit oder ohne Koffein? 16
Tees ohne Koffein 17
Namensvetter Teebaum 19

Kurze Geschichte des Tees 21
Kaiser Shen Nung 21
Teekuchen und Kräutersuppe 22
Könige, Minister, Diener, Boten 23
Schimmernd wie der See 24
Gekocht, geschlagen und gebrüht 25
Japanische Teekultur 26
Tee in Europa 27
Späte Engländer 29
Tee verändert die Welt 30
»Industriespionage« 31

Vom Strauch zur Ware Tee 33
Der Teestrauch 33
Ein paar Fachausdrücke 34
Schwarz oder grün? 36
Teesorten und Mischungen 37
Tee – ein Weltprodukt 39

Kauf, Aufbewahrung, Zubereitung, Requisiten 42

Augen auf beim Kauf 42
Lose oder abgepackt 43
Richtige Aufbewahrung 45
Wasser bringt den Tee zum Leben 45
Ein Teelöffel pro Tasse 47
Schritt für Schritt zum guten Tee 47
Teekanne und -tassen 48
Tee-Requisiten von A bis Z 50
Zutaten zum Tee – nichts für Puristen 53

Die Klassiker: grüner und schwarzer Tee 55

Grüner Tee 56

Die Inhaltsstoffe 57
Sorten, Varianten und ihre Zubereitung 66
Die spezielle Zubereitung von grünem Tee –
    Tipps und Tricks 77
Grüner Tee als Muntermacher 79
Grüner Tee für die Gesundheit 80
Schön sein mit grünem Tee 84
Grünteerezepte mit diversen Zutaten 86

Schwarzer Tee 98

Herber und kräftiger Geschmack 98
Sorten, Varianten und ihre Zubereitung 99
Tee für alle: Von Namen und Marken 109
Die Zubereitung von schwarzem Tee –
    Tipps und Tricks 110
Schwarzer Tee (auch) für die Gesundheit 111
Schwarzer Tee zum Genießen:
    Rezepte und Empfehlungen 114

Kleines ABC des Tees 121

Gesundmacher aus aller Welt 127

Pu-Erh-Tee 128
Das Königreich der Pflanzen 128
Ein roter Tee 129
Die Zubereitung 129
Gesund und schlank mit Pu-Erh 130

Der Teepilz: Kombucha 133
Die Kombucha – ein Name mit Geschichte(n) 133
Kombucha hat auch bei uns Tradition 134
Das ist und kann Kombucha 135
Kombucha zubereiten und anwenden 139
Gesund und fit mit Kombucha 145
Rezepte für Kombucha-Drinks 149

Ein Schatz der Inkas: der Lapacho-Tee 151
Der Lapachobaum 151
Inhaltsstoffe der Lapachorinde 152
Die Zubereitung von Lapacho-Tee 152
Heilen mit Lapacho 153
Lapacho-Rezepte 158

Natürlich gesund: Rotbuschtee (Rooibos-Tee) 160
Der Strauch 160
Ein Tee für die ganze Familie 161
Die Inhaltsstoffe und ihre Wirkung 162
Die Zubreitung des Rotbuschtees 164
Rotbuschtee für die Gesundheit 165
Rotbuschtee-Rezepte 167

Aus Südamerika: der Mate-Tee 171
Heimat Paraguay 171
Der Baum 172
Der Tee 172
Inhaltsstoffe des Mate-Tees 173
Anwendungen 174

Catuabatee 174

Ayurvedische Tees 175

Heiltees aus Kräutern, Früchten und Gewürzen 177

Kräutertees 178

Heilteemischungen gegen Beschwerden 286

Früchtetees 324

Gewürztees 348

Anhang 353

Ernte- und Sammelkalender 354
Sprüche, Gedichte und Weisheiten 357

Vorwort

Eigentlich brauchen Sie für eine gute Tasse Tee nur zwei Dinge: Wasser und Teeblätter. Doch ganz so einfach ist es nicht, denn es gibt Tee in tausenderlei Varianten, Sorten und Mischungen. Es gibt Tees zum Genießen und zum Gesundbleiben, zum Frühstück und für den Nachmittag, zum Einschlafen und zum Aufmuntern. Heiltees helfen bei gesundheitlichen Beschwerden und begleiten hilfreich medizinisch notwendige Therapien. Sie können Tee pur, mit Milch und Zucker, aromatisiert oder in Mischungen trinken. Drinks aus Tee und Fruchtsäften löschen auf ideale Weise den Durst, mit oder ohne Alkoholika beleben sie jede Party. Ständig werden neue Sorten, neue Mischungen, neue Varianten und neue Rezepte offeriert.

Wir führen Sie in diesem Ratgeber durch die weite Welt des Tees. Auf jedem Kontinent konsumieren die Menschen »ihren« speziellen Tee. Oft dient Tee gleichermaßen dem Genuss wie der Gesundheit. Und weil er außerdem schmeckt, ist er nach wie vor neben Wasser das beliebteste Getränk weltweit.

Den klassischen Tee, der aus den Blättern des Teestrauchs gewonnen wird, gibt es seit 5000 Jahren. Seine Geschichte beginnt in China, er veränderte die Welt. Staaten führten Kriege um die begehrten Blätter, Kolonien erlangten durch den Tee-Anbau ihre wirtschaftliche Unabhängigkeit. In Ländern, in denen Tee zuvor unbekannt gewesen war, entstanden riesige Teeplantagen. Kräutertees führten im Vergleich dazu eher ein Schattendasein. Dennoch waren sie über Jahrtausende hinweg das wesentlichste und wertvollste Heilmittel für die Menschen. Heute erfreuen sie sich zunehmender Beliebtheit – zu Recht, denn oft reicht der richtige Tee zur richtigen Zeit schon aus, um eine Erkrankung im Anfangsstadium abzuwehren. Auch im Krankheitsfall lindern Tees zahlreiche Symptome und tragen zur Genesung bei.

Lernen Sie in diesem Buch die Vorzüge und Eigenheiten der einzelnen Teearten kennen. Wir stellen Ihnen ausführlich die beiden Klassiker grüner Tee und schwarzer Tee vor, erläutern, was es mit den neueren »Entdeckungen« Pu-Erh, Kombucha, Lapacho, Rooibos sowie Mate auf sich hat, und führen Sie schließlich durch die Vielfalt der Kräuter-, Früchte- und Gewürztees von A bis Z. Überall finden Sie Tipps zur Zubereitung, Rezepte zum Genießen und Gesundwerden sowie Anleitungen für äußerliche Anwendungen.

Tee ist gleichermaßen Tradition, Kultur und Trend. Vor allem aber ist Tee das älteste und beliebteste Getränk der Welt. Gehen Sie mit uns auf Entdeckungsreise durch die weite Welt des Tees. Probieren Sie seine Vielfalt aus, lindern Sie mit ihm Beschwerden, und fördern Sie mit ihm Ihre Gesundheit. Vor allem aber lernen Sie zu genießen. Denn Tee ist immer auch und in erster Linie Genuss.

Die Autorinnen

Allgemeine Teekunde

Schwarzer und grüner Tee, Kräuter- und Früchtetees

Beim Stichwort »Tee« denken die meisten von uns an schwarzen, manchmal auch an grünen Tee, aber nur selten an einen Kräutertee. Unwillkürlich grenzen wir gedanklich den klassischen Tee, der aus den Blättern des Teestrauchs gewonnen wird, vom Kräutertee ab. Apotheker und Kräuterheilkundler verstehen unter Tee sehr viel mehr, nämlich ganz allgemein einen wässrigen Auszug aus bestimmten Pflanzenteilen. Man zerkleinert Blätter, Blüten, Früchte, Samen, Rinden- oder Wurzelstücke, übergießt sie mit heißem oder kaltem Wasser, lässt sie je nach Art kurz oder lang ziehen und gewinnt so ein Teegetränk.

Ein grenzenloses Angebot

Das Angebot an Teesorten ist nahezu unüberschaubar. In einem gut sortierten Fachgeschäft füllt allein der schwarze Tee mehrere Regale. Er kommt aus China, Indien oder Sri Lanka; manche Sorten tragen einfach die Namen ihrer Heimatregion, andere sind nach Göttern benannt. So erzählt eine indische Legende von einem Bauern, der jahrelang einen Tempel mit der Statue des barmherzigen Bodhisattwa pflegte. Zum Dank wurde ihm eine Teepflanze geschenkt, deren Ernte dem Bauern zum Wohlstand verhalf. Er nannte seine Pflanze »Tin Kuan Yin«, auf deutsch »Göttin der Gnade«.

Auch grünen Tee gibt es mittlerweile in einer großen Vielfalt. Er ist – zu Recht – in den letzten Jahren sehr beliebt geworden. Daneben findet man im Fachgeschäft zahlreiche Teevarianten,

Schwarzer und grüner Tee, Kräuter- und Früchtetees **15**

Herkunft einiger bekannter Tees

Name	Herkunftsgebiet	Verwendete Pflanzenteile
Schwarzer Tee	Indien, China, Ceylon (Sri Lanka) und andere	Blätter des Teestrauchs *Camellia sinensis* und *Camellia assamica*
Grüner Tee	China, Japan, Taiwan	Blätter des Teestrauchs *Camellia sinensis* und *Camellia assamica* (Varianten sind gelber, weißer und Oolong-Tee)
Pu-Erh-Tee	China	Blätter des Qungmao-Baumes, einer Unterart von *Camellia sinensis*
Mate-Tee	Südamerika	Blätter des Mate-Baumes *Ilex paraguariensis*
Lapacho-Tee	Süd- und Mittelamerika	Rinde des Lapacho-Baumes *Tabebuia avellanedae*
Rooibos-Tee	Südafrika	Blätter des Rotbusch-Strauchs *Aspalathus linearis*
Catuaba-Tee	Zentral- und Südamerika	Rinde des Catuaba-Baumes *Erythroxylon catuaba martiu*
Kräuter- und Früchtetees	Europa	Blätter, Früchte, Rinden- und Wurzelteile verschiedener Heilpflanzen

darunter viele »Neuentdeckungen« aus Lateinamerika und Südafrika, sowie etwa 200 verschiedene Kräutertees von A wie Anis bis Z wie Zitronenmelisse. Die allermeisten Tees können Sie untereinander mischen, ganz nach Ihrem Geschmack und Ihrer Phantasie. Rezepte und Anregungen finden Sie bei den entsprechenden Abschnitten dieses Buches.

Tee – mit oder ohne Koffein?

Nicht jeder Tee enthält Koffein. Früher bezeichnete man das Koffein des Tees als Teein und wollte es vom Koffein des Kaffees abgrenzen, doch inzwischen weiß man: Koffein bleibt Koffein, und in Maßen genossen hat es durchaus seine guten Seiten. Davon abgesehen mögen wir das Koffein ausgesprochen gerne.

Auf allen Kontinenten fanden die Menschen seit jeher mit einem schier unglaublichen Gespür koffeinhaltige Pflanzen und verarbeiteten sie zu anregenden Getränken. Das Koffein verhalf dem Tee zu seinem Siegeszug rund um die Welt. Kein koffeinfreier Tee, auch nicht Kräutertee, ist so weit verbreitet wie der Tee aus den Blättern des Teestrauchs, und von keinem Getränk handeln so viele Geschichten und Legenden, um keines wurde nur halb so viel Kult betrieben.

Weltweit werden jedes Jahr rund 120 000 Tonnen Koffein verbraucht. Die koffeinhaltigen Getränke Kaffee, Tee, Kakao und Cola stehen an der Spitze der Beliebtheitsskala, obwohl Mediziner Koffein immer wieder als gesundheitsschädlich bezeichnen. Was ist Koffein eigentlich, und weshalb mögen wir es so sehr? Chemisch gesehen ist es ein Verwandter der Harnsäure. In den Pflanzen liegt die Substanz zum größten Teil an Gerbstoffe gebunden vor.

Erst durch die Verarbeitung der Blätter und deren Aufbrühen wird das Koffein frei und entfaltet seine Wirkungen. Am wichtigsten und in der Regel erwünscht ist zweifellos die anregende Wirkung, die von einer Tasse Tee ausgeht. Die Müdigkeit verschwindet und die Aufmerksamkeit wächst. Die Sinne werden hellwach: Wir riechen besser, schmecken feinere Nuancen, sehen schärfer und hören auch die leisen Töne. Rasch verbessern sich Konzentration, Reaktion und Lernvermögen.

Koffeinhaltige Tees
▶ **Alle Tees** aus den Blättern des Teestrauchs *Camellia sinensis* beziehungsweise *Camellia assamica*.
▶ Der **Mate-Tee** aus den Blättern des Mate-Baumes in Südamerika.
▶ **Kombucha**, ein Mischgetränk aus einem Teepilz und schwarzem Tee.

In Afrika gewinnt man aus der Kolanuss verschiedene Genuss- und Anregungsmittel. Coca-Cola enthält etwa 10–30 Milligramm Koffein in 100 Millilitern Flüssigkeit und Kakaosamen enthält geschält sowie fermentiert noch 0,2 bis 0,3 Prozent Koffein. In Südamerika wächst eine Kletterpflanze namens Guarana, die das meiste Koffein im Pflanzenreich überhaupt enthält, nämlich bis zu 8 Prozent. Man gewinnt aus ihren Samen eine dunkelbraune Paste, die ähnlich wie Kakao schmeckt.

Tees ohne Koffein

Doch auch die koffeinfreien Tees finden immer mehr Gefallen. Kräuter- und Früchtetees gelten als ideales Getränk für die ganze Familie: Sie schmecken gut, löschen den Durst, der Körper verträgt sie ausgezeichnet, und sie bieten in ihrer Viel-

18 Allgemeine Teekunde

falt sowie ihren Kombinationsmöglichkeiten etwas für jeden Geschmack. Für jeden Zweck sowie jede Vorliebe findet man den richtigen Tee, und ganz nebenbei tut man seinem Körper mit dem Genuss etwas Gutes.

Kräutertees haben eine lange Tradition. Die ältesten schriftlich überlieferten Teerezepte stammen aus dem 2. Jahrtausend vor Christus aus der Zeit der Assyrer und Babylonier. Eine erste umfassende Arzneimittellehre, die so genannte »Materia medica«, verfasste Pedanios Dioskurides (um 40–80 n. Chr.). Dioskurides war Militärarzt unter den römischen Kaisern Claudius und Nero sowie ein begnadeter Pflanzenkenner. In seinem Werk führte er alle damals bekannten Heilpflanzen auf, rund 600 Arten, beschrieb ihr Aussehen, ihre Standorte, ihre Wirkungen und Anwendungen, ihre Zubereitung und Dosierung – meist als Tee. Die »Materia medica« ist eines der bedeutendsten Heilpflanzenbücher des Altertums und galt als *das* medizinische Grundlagenwerk des beginnenden Mittelalters.

Viele Jahrhunderte lang wurde das Wissen der Antike hauptsächlich in den Klöstern bewahrt und weitergegeben, das einfache Volk war mehr oder weniger Scharlatanen, Barbieren und Wanderärzten ausgeliefert. Glück hatte, wer eine kundige Kräuterfrau oder Hebamme kannte. Erst im Zeitalter der Renaissance erschienen volkstümliche Kräuterbücher. Sie leiteten Bauern und arme Stadtbewohner bei gesundheitlichen Beschwerden zur Selbsthilfe mit Heilpflanzen an. Die häufigste Anwendungsform war der Kräutertee. Die moderne Pflanzenheilkunde konnte bereits in vielen Fällen die Richtigkeit und Wirksamkeit der alten Rezepte bestätigen.

Als Schatz der Inkas bezeichnet man den *Lapacho-Tee*. Lapacho ist ein Laubbaum mit prächtigen roten bis lilafarbenen Blüten. Die Inkas behandelten mit wässrigen Auszügen aus der Rinde des Lapacho-Baumes erfolgreich die verschiedensten Erkrankungen. Später geriet der Lapacho-Tee in Vergessen-

Schwarzer und grüner Tee, Kräuter- und Früchtetees **19**

heit. Vor 40 Jahren wurde er wiederentdeckt und findet seither immer mehr Freunde.

Aus Südafrika stammt der *Rooibos-Tee*, zu Deutsch Rotbusch-Tee. Man gewinnt ihn aus den Blättern und Stängeln des Rotbusch-Strauchs, eines nahen Verwandten des Ginsters. In seiner Heimat genießt er den Status eines Nationalgetränks, in Europa und Nordamerika findet er als idealer Familientee für wirklich jede Gelegenheit zunehmend Verwendung.

Koffeinfreie Tees

Teesorte	Verwendete Pflanzenteile
alle heimischen Heilpflanzentees	diverse Pflanzenteile
Lapacho-Tee	Rinde des Lapacho-Baumes
Rooibos-Tee	Blätter des Rotbusch-Strauchs
Catuaba-Tee	Rinde des Catuaba-Baumes
Ayurvedische Tees	verschiedene indische Kräuter und Gewürze

Namensvetter Teebaum

Der strauchförmige Teebaum hat keinerlei Verwandtschaft mit dem echten Teestrauch, sondern wächst auf kargem Buschland im trockenen Zentrum Australiens und gehört in die Familie der Myrtengewächse. Sein botanischer Name lautet *Melaleuca alternifolia*. Melaleuca kommt vom griechischen mélas = schwarz sowie leukós = weiß und charakterisiert den Stamm. Der ursprünglich weiße Stamm ist oft genug schwarz vom Buschfeuer; nur die Äste und Zweige bleiben weiß. Alternifolia

20 Allgemeine Teekunde

beschreibt die quirlförmige (lat. alter) Anordnung der Blätter (lat. folia).

Den Namen »Teebaum« bekam der Strauch von James Cook, dem berühmten englischen Seefahrer und Entdecker. Als dieser 1770 in der Botany Bay an der Südostküste Australiens in der Nähe des heutigen Sydney landete, waren nach monatelanger Reise die Bordvorräte an echtem Tee aufgebraucht. Cook nahm die Blätter eines strauchförmigen Baumes, der dort recht häufig vorkam, und brühte sie mit Wasser auf. Das Getränk empfanden die Seemänner als brauchbaren Tee-Ersatz, und Cook gab dem Strauch den Namen »Tea Tree«, übersetzt Teebaum.

Die australischen Ureinwohner, die Aborigines, nutzten den Teebaum jedoch ganz anders. Sie gewannen aus seinen Blättern das Teebaumöl, ein ätherisches Öl, das wegen seiner vielfältigen Wirkung als natürliches Allheilmittel dient. Teebaumöl tötet Keime ab, es desinfiziert und fördert die Wundheilung, lindert Schmerzen, hemmt Entzündungen und stärkt die körpereigenen Abwehrkräfte. Das hautverträgliche und ungiftige Teebaumöl gilt als nahezu ideales Mittel gegen große und kleine Beschwerden. Tee bereitet allerdings kaum noch jemand aus den Blättern zu.

Kurze Geschichte des Tees

Echten Tee kennt man seit etwa 5000 Jahren, doch sicher begann die Geschichte des Tees bereits sehr viel früher. Irgendwann in grauer Vorzeit probierten die Frauen auf der Suche nach Nahrung oder Heilmitteln verschiedene Pflanzen aus und entdeckten die Heil- und Genusspflanzen, darunter auch den Teestrauch. Sehr viel romantischer und geheimnisvoller klingen dagegen die Legenden über die Entdeckung des Teestrauchs.

Kaiser Shen Nung

In China erzählt man sich die Geschichte vom großen chinesischen Kaiser Shen Nung. Er weilte einst in seinem Garten und hielt in seiner Hand eine Trinkschale mit heißem Wasser. Da kam Wind auf und wehte von einem nahe gelegenen Strauch drei Blätter in die Schale. Der Kaiser nahm einen angenehmen zarten Duft wahr, kostete von dem bernsteinfarbenen Getränk, fand den Geschmack angenehm und fühlte sich wunderbar erfrischt. Shen Nung hatte den Tee und seine Zubereitung entdeckt. Der Strauch war ein Teestrauch, das heiße Wasser wurde zu Tee. Das soll vor rund 4700 Jahren geschehen sein.
Wohl hatte China viele große Kaiser; doch Shen Nung ist in den Mythen eine besondere Gestalt. Er war einer der drei Gelben Kaiser – Götter, die einst als Menschen gelebt und dem chinesischen Volk ihr Wissen gebracht hatten. Der erste Gelbe Kaiser war Fu Shi. Er vermittelte die Lehre von den Wandlungen sowie von Yin und Yang. Der zweite Gelbe Kaiser, Huang Ti, lehrte die Heilkunde und brachte den Chinesen Therapien wie zum Beispiel die Akupunktur bei. Der dritte Gelbe Kaiser schließlich war Shen Nung, der als Begründer der chinesischen

Kräuterheilkunde gilt. Dazu probierte der Kaiser den Geschmack sowie die Wirkung aller Kräuter und unterschied so die nützlichen und die gefährlichen Pflanzen. Weil Shen Nung außerdem den Ackerbau, den Pflug und die fünf Getreidearten Weizen, Reis, Hirse, Sorghum und Soja einführte, erhielt er den Beinamen »Himmlischer Landmann«. Diesem sagenhaften Gelben Kaiser schreibt das Volk auch die Entdeckung des Tees zu.

Bodhidharma

In Japan ist eine Legende von Bodhidharma aus dem Jahre 495 n. Chr. überliefert. Der buddhistische Mönch aus Indien meditierte mehrere Jahre lang ununterbrochen und kämpfte verzweifelt gegen den Schlaf. Nach fünf Jahren überfiel ihn dennoch eine große Müdigkeit, seine Augen fielen zu, und Bodhidharma schlief ein. Als er wieder erwachte, riss er sich voller Zorn über seine menschliche Schwäche die Augenlider ab und warf sie fort. Die Lider schlugen Wurzeln, und aus denen entwickelten sich die ersten Teesträucher. Nun konnte Bodhidharma dem Schlaf besser widerstehen. Noch heute verwenden die Japaner das Schriftzeichen »Cha« sowohl für Tee als auch für das Augenlid.

Teekuchen und Kräutersuppe

Die Verbreitung des Tees hängt eng mit dem buddhistischen Glauben zusammen. Man vermutet, dass beide zur selben Zeit aus Nordindien nach China gelangten. Eine durchaus wahrscheinliche Legende berichtet von dem chinesischen Gelehrten Gan Lu, der nach Indien reiste, um den Buddhismus kennenzulernen. Bei seiner Rückkehr brachte er einige Teesamen mit und trug so maßgeblich dazu bei, dass sich das Teetrinken in China ausbreiten konnte.

Aus der Frühzeit des Tees (chinesisch »Ch'a«) weiß man wenig Genaues. Belegt ist, dass schon unter den ersten Kaisern der westlichen Han-Dynastie (206 v. Chr. bis 8 n. Chr.) in Sichuan Teepflanzen kultiviert wurden. Zunächst nutzten die Chinesen den Tee als Arznei, aber sie tranken ihn nicht als Aufguss. Bis ins 9. Jahrhundert war der so genannte Teekuchen die übliche Form. Man nahm die frisch geernteten Tee-blätter, dämpfte sie wenige Minuten lang und ließ sie trocknen. Dann zermörserte man das trockene Kraut und presste es zu einem Tee-kuchen. Jeder Haushalt hatte seinen Teeku-chen, und bei Bedarf kam ein Stückchen des Kuchens in die Suppe, oder man kochte eine dicke Brühe daraus. Noch heute kennen viele Chinesen die Teesuppe. Man isst sie mit Reis und würzt sie mit Ingwer, Jasmin, Salz, Orangenschalen, Nelken, Zimt oder Zwie-beln. Grüner Tee galt als Heilmittel gegen Altersbeschwerden, Rheuma, Gicht, Kopfschmerzen, Müdigkeit und allgemeine Erschöpfung.

Auch andere ostasiatische Völker kennen eine Teesuppe: Die Mongolen kochen den Tee in Stutenmilch, und in Tibet ist Tee mit Butter sowie geröstetem Reismehl beliebt.

Könige, Minister, Diener, Boten

In der traditionellen chinesischen Kräuterheilkunde werden die Heilpflanzen nicht als Tee, sondern in Form einer Kraft-suppe verabreicht. Auf diese Weise kann der Körper die Kräu-ter nämlich wesentlich leichter aufnehmen und verdauen. Ein weiterer Vorteil der Suppe ist, dass man die Heilpflanzen ganz individuell zusammenstellen kann. Ein komplettes Rezept besteht aus mindestens zwei Teilen: einem *König* und einem oder mehreren *Ministern*; meist kommen noch *Diener* und

Boten hinzu. Die Einteilung der Kräuter in Könige, Minister, Diener und Boten geht auf Shen Nung zurück.

Königliche Heilkräuter unterstützen die Lebensenergie, das so genannte Qi. Sie fördern die Langlebigkeit, erhalten die Gesundheit und helfen Kranken bei allen Leiden und Beschwerden. Die Könige wirken milde sowie umfassend und haben keine Nebenwirkungen. Sie stellen den wichtigsten Bestandteil dar und übernehmen den größten Teil der Wirkung. Ministerpflanzen stehen zwischen den Königen und den Dienern. Einige sind harmlos, andere in hohen Dosen giftig. Minister wirken nicht allzu stark und auch nicht zu spezifisch, aber schon erheblich mehr als die Könige. Sie unterstützen den König und lindern Begleitsymptome der Krankheit. Die Diener wirken dagegen sehr stark. Zu ihnen zählen viele Giftpflanzen, die man erst als letztes Mittel einsetzt. Der Bote bringt die Wirkstoffe der einzelnen Heilkräuter zu den Leitbahnen und Körperregionen, die beeinflusst werden sollen. Außerdem harmonisiert er die Wirkung der anderen Heilkräuter.

Schimmernd wie der See

Das Teetrinken entdeckten die Chinesen erst Jahrhunderte später. Zwar wurde der Tee auch weiterhin zu einer Suppe gekocht, doch er gewann nunmehr auch als Getränk immer mehr Liebhaber. Die Männer und Frauen am kaiserlichen Hof sowie die reichen Bürger in und um Shanghai gefielen sich beim Teegenuss. Im Jahre 370 forderte der Kaiser Fukien-ling sein Volk dazu auf, Tee zu trinken, weil er Ruhe und Wohlbehagen schenke, während die herkömmlichen, aus Reis gewonnenen, beliebten Getränke zum Rausch führten. Zu Zeiten der Tang-Dynastie (620–907) erreichte die Teekultur einen ersten Höhepunkt.

In dieser Zeit, etwa um 780, schrieb Lu-Yu ein umfassendes Werk über den Tee. Lu-Yu war ein bedeutender Gelehrter und Schriftsteller und ein begeisterter Teetrinker. In seinem Buch »Ch'a-King« hielt er alles damals bekannte Wissen über den Tee fest: die Teepflanze und ihre Heimat, Anbau und Pflege des Strauchs, die Verarbeitung der Blätter, Hilfsmittel und Anwendungen. So schrieb Lu-Yu zur Ernte: Der Tee solle »nur im März und April, frühmorgens, wenn die winzigen Blattknospen sich entfalten, unter hellem Himmel, nicht an regnerischen Tagen oder wenn Wolkendunst die Bergkuppe verhüllt« geerntet werden. Und: Die besten Blätter seien »faltig wie ein Lederstiefel tatarischer Reiter, gekräuselt wie die Wamme eines mächtigen Bullen, sie entfalten einen Duft wie die aufsteigenden Nebel aus einer einsamen Bergschlucht, sie schimmern wie der See, den ein Windhauch berührt, und sind weich wie feine Erde, die eben der Regen benetzt hat«.

Lu-Yu empfand die blaue Glasur von Teetassen als ideale Ergänzung zum Grün des Teekuchens. Die damals übliche Sitte, allerlei Gewürze, Reis oder Milch in den Tee zu geben, lehnte er rigoros ab. Lu-Yu bevorzugte den reinen, leicht bitteren Geschmack des Tees und duldete allenfalls etwas Salz. Bis heute wird Lu-Yu in China als Schutzpatron des Tees und der Teehändler verehrt.

Gekocht, geschlagen und gebrüht

Die Teekuchen-Tradition hielt sich bis ins 9. Jahrhundert. So lange wurde der Tee in einem Topf mit Wasser gekocht. Dann entdeckten die Chinesen den Pulvertee: Man zermahlte die Teeblätter in einem Mörser zu einem feinen Pulver und schlug das Pulver mit einem Schaumbesen aus Bambus in heißem Wasser, bis es sich vollständig aufgelöst hatte. In der Sung-Dynastie (961– 1278) entstand ein regelrechter Teekult. Man

26 *Allgemeine Teekunde*

spricht von der hohen Zeit des chinesischen Teeismus, dem glanzvollsten Abschnitt in der Kulturgeschichte des Tees. Es gab sogar Wettbewerbe, bei denen die Experten durch Probieren die verschiedenen Sorten erkennen mussten, Loblieder auf den Tee sangen und neue Teesorten erörterten.

In jener Zeit begannen Zen-Mönche, sich vor einem Buddha-Bild zu versammeln und gemeinsam aus einer Schale Tee zu trinken. Der Tee wurde zu einem Mittel der Selbsterkenntnis. Aus diesem feierlichen Zen-Ritual entwickelte sich später die japanische Tee-Zeremonie.

Im 13. Jahrhundert rissen die Mongolen die Macht über China an sich. Sie verwüsteten das Land, und der Pulvertee wurde vergessen. Stattdessen brühten die Chinesen nun die getrockneten Teeblätter mit heißem Wasser auf.

Japanische Teekultur

In Japan verlief die Geschichte des Tees ähnlich wie in China. Einst hatten buddhistische Mönche den Tee nach China gebracht und ihn rund um ihre Klöster angepflanzt. Viele hundert Jahre später, um das Jahr 800, schmuggelten wiederum buddhistische Mönche den Tee in das japanische Inselreich. Und wie in China zelebrierten auch hier zuerst die Mönche in ihren Klöstern den Teekult. Erst im 15. Jahrhundert erhielt die berühmte japanische Teezeremonie, »Cha-no-yu« genannt, ihre endgültige Form. Voraussetzungen für die Teezeremonie sind ein reines Antlitz, reine Hände und ein reines Herz. Alles ist bis ins kleinste Detail festgelegt, jeder Handgriff hat eine symbolische Bedeutung. Das Ritual vereint Harmonie mit der Natur, Respekt für andere,

Der japanische Zen- und Tee-Meister Takuan formulierte um 1600: »Der tiefe Sinn der Tee-Zeremonie besteht im Fühlen des Geistes, in der harmonischen Vermischung von Himmel und Erde.«

Reinheit des Geistes und Seelenruhe. Das Teehaus, »sukiya«, ist nur karg möbliert, die Bewegungen des Meisters und der Gäste sind schlicht. So wird die Wendung nach innen erzielt – die Zubereitung des Tees dient als ein Weg zur Erleuchtung.

Tee in Europa

Es brauchte lange, bis der Tee nach Europa kam. Zwar hatten bereits die Araber im Mittelalter den Tee mitgebracht und als Tauschobjekt angeboten, doch wirklich bekannt wurde er erst im 17. Jahrhundert. Davor hatten Reisende immer wieder vom Tee berichtet. 1298 erwähnte Marco Polo die Erhöhung der Teesteuer in China; 1559 hielt der portugiesische Gelehrte Giambattista Ramusio den Bericht eines persischen Kaufmanns über China fest, der vom Tee, seinem Anbau und seiner Zubereitung erzählte. Geradezu begeistert äußerte er sich über dessen medizinische Wirkungen. Ein Jahr später, 1560, widmete der Missionar Pater Gaspar de Cruz dem Tee ein ganzes Kapitel in seinem Buch über China. Doch es sollte nochmals fünfzig Jahre dauern, bis die Europäer das geheimnisvolle Getränk kosten konnten.

1636 versuchte der französische König Ludwig XIV. mit Tee seine Gichtanfälle zu lindern. Rund zwanzig Jahre später führte der holländische Arzt C. Dekker den Tee am Hof des Großen Kurfürsten Friedrich Wilhelm in Brandenburg ein.

Holländische Seefahrer brachten im Jahre 1610 die ersten getrockneten Teeblätter nach Amsterdam. Von dort exportierten ihn Händler nach Frankreich und nach Deutschland. Acht Jahre später erreichte die erste Teekarawane aus China den europäischen Teil Russlands. Den Namen »Tee« brachten die Händler gleich mit: In der chinesischen Provinz Fu-kien heißt der Tee »tai« beziehungsweise »ta«. Den Tee, den die Karawanen mitbrachten, bezeichnete man dagegen als »tschai«, nach dem chinesischen »ch'a«.

Die Sitte, Tee zu trinken, verbreitete sich rasch in Europa. Als erste wußten ihn die Holländer, die Franzosen und dann die Belgier zu schätzen. So wie früher in China und dann in Japan, betrachtete man auch in Europa den Tee zunächst als Arznei. Er wurde in der Apotheke gehandelt und als Mittel gegen allerlei Beschwerden und Gebrechen empfohlen. Tee sollte sogar der gefürchteten Pest vorbeugen. Manch einer, wie zum Beispiel Cornelius Bontekoe, der Leibarzt von August dem Starken, war von der Wirkung des Tees total überzeugt: Er empfahl bis zu 100 Tassen täglich!

Im Adel und in den so genannten besseren Kreisen stieg der Tee rasch zum Modegetränk auf. Wer etwas auf sich hielt, der trank den teuren Exoten aus dem fernen China. Doch Tee schmeckte nicht jedem. Liselotte von der Pfalz lernte ihn am französischen Hof kennen und schrieb 1704 angewidert in einem Brief: »Thee kombt mir vor wie Heu und Mist, mon Dieu, wie kann sowas Bitteres und Stinkendes erfreuen.« Und dass sie »in dießem Stück wie in viellem andern garnicht alamode sein wollte«. Mehr als ein Jahrhundert später spottete Heinrich Heine, dass sich Tee von gekochtem Seewasser nur durch den Namen unterscheide.

Vermutlich lag Liselotte gar nicht so falsch. Auf der monatelangen Reise von China nach Europa lagerten die Teeblätter in muffigen Schiffsladeräumen, was natürlich das Aroma beeinträchtigte. Besser schmeckte der so genannte russische Tee. Er kam zwar auch aus China, wurde aber mit Karawanen die Seidenstraße entlang und durch Russland nach Osteuropa transportiert.

Im Biedermeier entdeckten auch die einfachen Leute das aromatische Getränk. Einst galt Tee als Medizin, dann war er Luxusgetränk bei Hofe, jetzt wurde er zum schmackhaften Getränk für jedermann. Im 19. Jahrhundert glich das Trinkwasser in vielen Gegenden allerdings eher einer abgestandenen Brühe und war kaum zu genießen. Die Bauern mussten das

Wasser abkochen, und sie mischten es mit Bier, um den Geschmack zu verbessern. Vor allem an der Nordseeküste litt die Bevölkerung sehr stark unter dem schlechten Wasser und war heilfroh, nun endlich mit dem kräftig-herben chinesischen Kraut ein schmackhaftes Getränk zubereiten zu können. Die Ostfriesen wurden leidenschaftliche Teetrinker, und noch heute gehört »Een Koppke mit´n Kluntje Romm« zum Alltag.

Späte Engländer

Der Tee erreichte die britischen Inseln in der Mitte des 17. Jahrhunderts. Er wurde erstmals im Jahr 1657 angeboten, doch nur wenige interessierten sich dafür. Noch kannte niemand dieses neue Getränk, und auch über die richtige Zubereitung wusste man nichts. Aus jener Zeit ist folgende Geschichte überliefert: Die Witwe des Herzogs von Monmouth wollte ihren Verwandten in Schottland ein besonderes Geschenk zukommen lassen und schickte ihnen ein Päckchen kostbare Teeblätter. Deren Köchin aber konnte mit dem fremden Kraut nichts anfangen; daher brühte sie die Blätter auf, schüttete das Wasser weg und servierte den Tee als Spinat.

1662 heiratete König Charles II. die Portugiesin Catharine von Braganza, eine begeisterte Teetrinkerin. Sie führte den Nachmittagstee ein, was die Bürger schnell nachahmten. Doch bis der Tee zum britischen Nationalgetränk wurde, musste er viele Widerstände überwinden. Manche einflussreiche Bürger verdammten den Tee und sahen in ihm das Grundübel aller Zeiten. Andere forderten ein Gesetz, das den Tee nur den höhergestellten Schichten zukommen lassen sollte. Sie befürchteten, der Tee führe zum Werteverfall, degeneriere die Gesellschaft und zerstöre die Nation. Sie alle konnten den Siegeszug des

Um 1750 gaben Londoner Arbeiter rund fünf Prozent ihres Lohnes für Tee aus.

Tees jedoch nicht aufhalten. Das Teetrinken breitete sich quer durch alle gesellschaftlichen Schichten aus, und er wurde trotz hoher Importsteuern zum britischen Nationalgetränk. Das aromatische Getränk wurde ein Stück Lebensphilosophie. Man trank Tee im Kaffeehaus, daheim und im Teegarten, allein und in Gesellschaft, zu jeder Tageszeit. Unter Königin Victoria gehörte der Nachmittagstee, der »five o'clock tea«, zum Alltag.

Tee verändert die Welt

Fünfzig Jahre lang versorgten ausschließlich die Holländer ganz Europa mit Tee. Sie bauten den Vertrieb auf und sicherten den Nachschub. Dann, als die Briten den Tee für sich entdeckten, stieg England ebenfalls in den Teehandel ein. Britische Kaufleute gründeten die Ostindische Kompanie, eine große Handelsgesellschaft, und schickten eigene Schiffe los, um im chinesischen Hafen Kanton das begehrte Kraut zu kaufen. Bald erließ die englische Regierung ein Gesetz, wonach nur noch englische Schiffe Kolonialwaren nach England bringen durften. Im Jahr 1669 verbot die Regierung den Kaufleuten sogar, von holländischen Zwischenhändlern Waren abzunehmen. Das Geschäft verlagerte sich komplett auf die Ostindische Kompanie, sodass nach kurzer Zeit die Briten die Vormachtstellung im Handel mit China erlangen konnten und schließlich den gesamten Handel übernahmen.
Doch noch bestimmten die Chinesen die Handelsregeln, und die waren streng. Kein Ausländer durfte China betreten, fremde Schiffe durften nur Kanton anlaufen, und der begehrte Tee musste mit Silbermünzen bezahlt werden. Das widerstrebte den britischen Geschäftsleuten, und sie suchten nach Wegen, das chinesische Diktat zu umgehen. Die Händler kauften daraufhin in Indien Opium, brachten das Rauschmittel nach Kanton und tauschten es dort auf dem Schwarzmarkt gegen

Tee. Die früheren Handelspartner zerstritten sich, und es kam zum Opiumkrieg (1840–1842). China unterlag; es musste fünf weitere Häfen für den Handel öffnen und Hongkong an England abtreten.

»Industriespionage«

Mittlerweile kannte jeder in Europa den Tee. Zuerst wurde nur grüner Tee geliefert, dann kam der schwarze auf. China war zu dieser Zeit längst nicht mehr der alleinige Teeproduzent. 1823 durchstreifte der schottische Major und Hobby-Botaniker Robert Bruce die Regenwälder der nordindischen Provinz Assam und fand eine wild wachsende Teepflanze – mehr Baum als Strauch, die *Camellia assamica*. Kurz darauf verlor die Ostindische Kompanie ihr Handelsmonopol, und die Kolonialherren in Indien begannen mit dem Teeanbau. Der indische Tee wurde bald billiger als der chinesische, und Indien stieg zu einem bedeutenden Handelspartner Englands auf.

Doch niemand wusste, wie die Chinesen die grünen Blätter zum begehrten schwarzen Tee verarbeiteten. Der Schwarztee wurde immer häufiger verlangt, aber das Wissen um ihn behielten die Chinesen als strenges Geheimnis für sich. Eines Tages sandten die Plantagenbesitzer einen Kundschafter los – den ersten Industriespion der neueren Zeit. Der Botaniker Robert Fortune verkleidete sich als chinesischer Kaufmann und kundschaftete die chinesischen Teeplantagen aus. Er beobachtete dort die Arbeit und hielt bis ins Detail die Verarbeitungsschritte vom grünen Blatt bis zum schwarzen Tee fest. Nun stand den Briten nichts mehr im Wege. Sie kreuzten den chinesischen Teestrauch mit dem indischen, veredelten die Sträucher und erhielten eine Vielzahl ertragreicher sowie widerstandsfähiger Sorten. Indien wurde zum größten Anbaugebiet der Welt und England zur Teehandelsmacht Nummer eins.

32 _Allgemeine Teekunde_

Boston Tea Party

Der Tee aus China oder Indien kam zuerst nach England und wurde von dort aus in die nordamerikanischen Kolonien verschifft. So kassierten die Ostindische Kompanie und der Staat zweimal: Zuerst erhoben sie Teesteuer bei der Einfuhr in England, ein zweites Mal bei der Ankunft in Amerika. Am 16. Dezember 1773 boykottierten die Kolonisten das üble Spiel und weigerten sich in Boston, eine Schiffsladung Tee abzunehmen. Noch während Vertreter der Kolonisten und Händler darüber stritten, wer die Kosten des Rücktransportes zu übernehmen habe, drangen als Indianer verkleidete Männer auf das Handelsschiff und warfen 342 Kisten mit teurem Tee über Bord. Aufgebracht riefen die Behörden nach dem Militär und ließen den Hafen schließen. Der Konflikt weitete sich aus, wurde zum offenen Aufstand und erfasste das ganze Land. So führte die »Boston Tea Party« zum amerikanischen Unabhängigkeitskrieg.

Vom Strauch zur Ware Tee

Der Teestrauch

Niemand kennt heute mehr die Urform der Teepflanze. Ihre Heimat liegt irgendwo in den Nebelwäldern von Südwestchina, Assam, Kambodscha und Nordburma. Die Botaniker unterscheiden heute zwei Pflanzen, nämlich den chinesischen Teestrauch *Camellia sinensis* und den assamischen Teestrauch *Camellia assamica*. Eine ältere Bezeichnung ist *Thea sinensis* beziehungsweise *Thea assamica*. Einige Botaniker vertreten die Ansicht, es gebe nur eine Art, nämlich *Camellia sinensis*, in zwei Varietäten. Weil sich die beiden Varietäten im Laufe der Jahrtausende so weit voneinander entfernt haben, bestehen andere Pflanzenkundler auf der Unterteilung in zwei Arten. Übrigens: Ein naher Verwandter des Teestrauchs ist die beliebte Magnolie.

Der chinesische Teestrauch wächst bis zu vier Meter hoch und hat schmale, zarte Blätter. Er verträgt Kälte und kann über 100 Jahre alt werden. Sein Verwandter in der nordindischen Provinz Assam erinnert an einen tropischen Baum und wird 15 bis 20 Meter hoch. Seine Lebensdauer beträgt nur 50 Jahre, aber er bringt mehr Ertrag als der chinesische Strauch. Die Forscher haben ihn erst relativ spät entdeckt: Während einer Expedition in den Urwald fanden sie weite Gebiete mit dem Teestrauch. Im Vergleich zum Chinesen hat er derbe, breitere Blätter.

Man kreuzte die beiden Tee-Arten untereinander, veredelte sie und erhielt so schließlich eine Vielzahl an Sorten. In der Plantage werden die Sträucher auf eine Höhe von 1–1,5 Metern gestutzt. Das erleichtert die Ernte der Blätter und macht den Strauch buschig. Teesträucher gedeihen beiderseits des Äquators. Sie mögen es feucht, brauchen einen lockeren, nährstoffreichen Boden und täglich mindestens vier Stunden Sonnenschein. Die besten Tees stammen aus den tropischen Nebelwäldern in Höhen zwischen 500 und 2000 Metern. Die Kühle verhindert zwar schnelles Wachstum, aber sie verstärkt das Aroma.

Junge Blätter tragen auf ihrer Unterseite seidige Haare, später werden sie kahl, ledrig und dunkelgrün. Die etwa drei Zentimeter langen Blüten haben fünf weiße oder rosafarbene Blütenblätter und erinnern an Kirschblüten. Sie duften leicht nach Jasmin. Das Samenkorn des Tees entspricht in seiner Größe einer Haselnuss und sieht auch ähnlich aus. Es ist eine runde, bräunliche, hölzerne Kapsel mit drei Kernen, den eigentlichen Samen. Im März werden die Samenkörner ausgesät und die Sprösslinge gezogen. Ein Jahr später kann man die Setzlinge auf die Felder umpflanzen. Anschließend muss der Teestrauch mindestens drei Jahre wachsen, bis er die erste Ernte abgibt. Nach fünf bis sechs Jahren erreicht er seine volle Tragfähigkeit und bleibt rund 30 Jahre lang fruchtbar.

In der Hochsaison kann alle sieben bis zehn Tage geerntet werden. Man pflückt beziehungsweise knipst per Hand oder mit Hilfe von Erntemaschinen die Knospe und die obersten zwei Blätter ab. Je zarter die Blätter sind, desto feiner wird dann auch der Tee.

Ein paar Fachausdrücke

Die Teekundler verfügen über eine Vielzahl an Fachausdrücken, mit denen sie den Zeitpunkt und die Güte der Ernte beschreiben.

First Flush: Im Frühjahr, wenn sich die ersten jungen Triebe zeigen, wird der »First Flush« gepflückt. Die klaren, kühlen, aber dennoch sonnigen Tage im März verleihen dem Tee ein feines, zartes Aroma.

Second Flush: So bezeichnet man die Pflückung der zweiten Triebe, die im Sommer nach der kleinen Regenzeit wachsen.

Regentee: Zwischen August und Oktober setzt in den Tropen die Regenzeit ein. Nun wachsen die Teeblätter sehr rasch, und man pflückt den sogenannten Regentee. Die Sträucher sind ergiebig und die Sammelkörbe der Pflückerinnen schnell voll. Allerdings enthalten die Blätter weniger Inhaltsstoffe als in den anderen Jahreszeiten. Regentee ist der durchschnittliche, preiswerte Gebrauchstee.

Unter den Blättern unterscheiden die Fachleute folgende Auswahl:

Golden Tips oder Tippy: Der wertvollste Teil des Teestrauchs ist seine Knospe. Zwei flaumige Blätter schließen die Knospe ein und schützen sie vor Schäden bzw. Umwelteinflüssen. »Golden tips« sind die obersten Spitzen der Blattknospe.

Flowery Orange Pekoe: Das ist das Spitzenblatt. Es ist noch nicht voll entwickelt, sondern eingerollt und ergibt einen blassen bis goldgelben, aromatischen Tee. »Flowery« meint den blumigen Geschmack.

Orange Pekoe: Die Blattknospe und das erste völlig entfaltete Blatt liefern einen sehr guten Tee mit einem kräftigen Aroma. Die Bezeichnung »Orange« geht auf das holländische Königshaus Oranien (Orantje) zurück, unter dessen Namen der hochwertige Tee einst verkauft wurde. Die Engländer machten aus dem »Orantje Pekoe« kurzerhand ein »Orange Pekoe«, eine heute begehrte Teesorte.

Pekoe: Der Name kommt aus dem Chinesischen und bedeutet ›weißer Flaum‹ oder ›Milchhaar‹. Gemeint ist das zweite Blatt von der Knospe aus gesehen. Pekoe liefert einen herben Aufguss.

Pekoe-Souchong: Dies ist das dritte, etwas größere und gröbere Blatt.

Souchong: Das vierte bis sechste Blatt ergeben einen dünnen Tee.

Schwarz oder grün?

Grüner und schwarzer Tee kommen von derselben Pflanze, dem Teestrauch *Camellia sinensis* beziehungsweise *Camellia assamica*. Die Blätter werden erst nach der Ernte unterschiedlich weiterverarbeitet. Kaiser Shen Nung genoss seinerzeit einen grünen Tee. Wie man aus dem grünen Blatt einen schwarzen Tee macht, nämlich durch Fermentation, entdeckten die Chinesen erst im 4. Jahrhundert n. Chr. Die gepflückten Blätter werden mehrmals täglich in die Trockenhäuser gebracht, denn sie müssen schnell weiter verarbeitet werden. Nur frische und unverletzte Blätter liefern einen wirklich guten Tee.

Im heutigen Handel spielt der schwarze Tee die Hauptrolle. 75 Prozent der jährlichen Teeproduktion und 90 Prozent des internationalen Teehandels entfallen auf ihn.

Trocknen und Welken: Zuerst legt man die Blätter zum Trocknen und Welken aus. Das kann je nach Witterung bis zu 30 Stunden dauern. Schneller geht es in speziellen Trögen oder Welktunneln, wo sie mit Hilfe von Ventilatoren getrocknet werden. Nach dem Welken sind die Blätter weich bzw. schlaff und kommen dann in die Rollmaschine.

Rollen: Die Rollmaschine dreht und rollt die Blätter so, dass die Zellwände aufbrechen und der Pflanzensaft austritt. Dieser verbindet sich mit Luftsauerstoff, was den nächsten Schritt, das Fermentieren, einleitet.

Fermentieren: Das Fermentieren ist der entscheidende Schritt auf dem Weg zum schwarzen Tee; von der richtigen Fermentation hängt seine Qualität ab. Die Blätter kommen in eine große Gärkammer, in deren feuchtwarmem Klima komplexe biochemische Reaktionen ablaufen. Die Gerbstoffe im Blatt lösen sich auf, und es bilden sich ätherische Öle, der Tee entwickelt sein charakteristisches Aroma und seinen spezifischen Duft, das Blatt nimmt eine kupfer- bis rotbraune Farbe an.

Trocknen: Das von der Fermentation noch feuchte Blatt wird erneut in Heißluftöfen getrocknet und der Feuchtigkeitsgehalt auf weniger als sechs Prozent herabgesetzt. Der schwarze Tee ist damit fertig und muss nur noch abkühlen.

Der grüne Tee hat seine Liebhaber in China, Japan und in den arabischen Staaten, zunehmend aber auch bei uns. Bei der Verarbeitung zum grünen Tee unterbleibt die Fermentation, man unterbindet sie sogar.

Trocknen: Der erste Schritt – Trocknen und Welken – ist bei allen Teesorten gleich.

Erhitzen, Dämpfen oder Blanchieren: Dadurch zerstört man nach dem ersten Trocknen die Enzyme. Ohne Enzyme im Zellsaft können keine biochemischen Reaktionen ablaufen, die Blätter werden praktisch abgetötet. In vielen kleinen und kleinsten Teefabriken Chinas erhitzt man die Blätter noch in einer Röstpfanne. Professioneller verhindert man die Fermentation mit Hilfe von Wasserdampf.

Trocknen, Rollen, Trocknen: Nach dem Dämpfen lässt man die Blätter wieder trocknen und rollt sie anschließend zusammen. Durch das Rollen lösen sich später beim Überbrühen leichter die Inhaltsstoffe. Abschließend werden die Blätter nochmals getrocknet.

Wie gesagt: Schwarzer Tee ist vollständig, grüner Tee überhaupt nicht fermentiert. Ein Mittelding ist der seltenere Oolong-Tee, der die Vorzüge beider Verarbeitungen verbindet. Der Formosa Oolong mit seinem spritzigen, fruchtigen Geschmack gilt als der Champagner unter den Tees.

Teesorten und Mischungen

Am Ende des Herstellungsprozesses werden die Blätter, beziehungsweise das, was von ihnen übrig blieb, mittels mechanischer Rüttelsiebe nach ihrer Größe ausgesiebt und sortiert.

Blatt-Tee: Die von Hand gepflückten ganzen Blätter liefern den Blatt-Tee, der im Fachgeschäft lose verkauft wird.

Broken Tea: Schon beim Rollen zerbrechen die Blätter in kleinere Teile. Das hat zwei Vorteile: Der Tee ist ergiebiger, und er zieht schneller, da er dem heißen Wasser eine größere Angriffsfläche bietet. ›Gebrochener‹ Tee ist die im Handel am häufigsten anzutreffende Blattgröße.

Fannings: Der Tee besteht aus kleinsten Blattteilchen (überwiegend Stückchen vom Blattrand) und ist noch ergiebiger als der *Broken*. Die meisten Teebeutel und viele kräftige Teemischungen enthalten Fannings.

Dust: Dust, also ›Staub‹, ist die kleinste Siebung. Er löst sich schnell und gibt eine kräftige Farbe. Dust und Fannings sind vor allem in den USA beliebt.

Die Blattgröße allein sagt nichts über die Qualität des Tees aus. Ob nun Blatt, Broken, Fannings oder Dust, sehr viel wichtiger sind Klima, Boden sowie Höhenlage der Teeplantage, der Zeitpunkt der Ernte und der Gerbstoffgehalt. Allerdings zieht der Tee grundsätzlich um so schneller, je kleiner das Blatt ist. Übrigens: Zwei Kilogramm frische grüne Blätter ergeben letztlich ein halbes Kilo fertigen Tee. Und 24 Stunden nach dem Pflücken liegt der Tee versandfertig in der Kiste.

Tea-blend, Blended Tea oder einfach *Blend* nennt man eine Mischung aus verschiedenen Teesorten. Damit gleicht man zum einen Qualitätsunterschiede aus, die sich im Laufe des Erntejahres zwangsläufig einstellen. Zum anderen kann der Tee unabhängig vom Erntezeitpunkt gehandelt werden; Mischungen können Sie deshalb zu jeder Jahreszeit kaufen. Tee zu mischen ist eine Kunst für sich. Der Teeprüfer wägt die einzelnen Sorten nach Aroma, Qualität, Haltbarkeit, Menge und noch zahlreichen anderen Kriterien ab und bestimmt so die Zusammensetzung. Üblich sind Mischungen aus drei bis vier Teesorten, doch es können auch 20 und mehr sein. Die Ostfriesische Mischung zum Beispiel besteht aus vollen, sehr kräftigen Sorten und eignet sich ideal für das weiche Trinkwasser in den Küstenregionen.

Tee – ein Weltprodukt

Weltweit werden in über 50 Ländern etwa 2,6 Millionen Tonnen Tee pro Jahr produziert. Gut die Hälfte davon konsumieren die Menschen in den Anbauländern selbst, der Rest wird exportiert. Die bekanntesten und größten Anbauländer sind Indien, China, Afrika und Sri Lanka. Dazu kommen weitere wichtige Erzeugerstaaten: Japan und Taiwan liefern vorwiegend grünen Tee; Tee aus Indonesien und Malaysia wird für Mischungen verwendet. Kleinere Anbauländer sind einige Staaten der ehemaligen Sowjetunion, etwa Georgien, der Kaukasus und Aserbeidschan, die Länder in Ostafrika sowie Vietnam, Iran, Irak, Türkei und in Südamerika Brasilien sowie Argentinien.

Indien
Der Subkontinent ist mit Abstand das wichtigste Teeanbaugebiet und der bedeutendste Handelspartner. Der gefragteste und wegen seines lieblichen Aromas edelste Tee kommt aus Darjeeling. Die Teeplantagen liegen in Höhenlagen zwischen 800 und 2000 Metern an den Südhängen des Himalaja in einem geradezu idealen Klima. Das größte zusammenhängende Teeanbaugebiet der Welt ist Assam, eine Hochebene in Nordindien. Die Teesorten von dort schmecken duftig, frisch, blumig und etwas würziger als Darjeeling-Tee. Im Süden Indiens wird Tee im hügeligen Hochland angebaut.

Ceylon / Sri Lanka
Schon 1664 versuchten die Briten auf Ceylon Tee anzubauen. Sie benutzten japanischen Teesamen, doch gelang die Anzucht

nicht, und so wurde Ceylon schließlich eine ›Kaffeeinsel‹. Erst als Seuchen und Krankheiten die großen Kaffeeplantagen zerstörten, wechselten die Plantagenbesitzer um 1870 zum Teeanbau. Ceylon wurde rasch ein wichtiges Teeland und bald zu einem der bedeutendsten Exporteure von angenehm herben schwarzen Teesorten.

China
China hat die älteste Teetradition und stellt noch heute die meisten sowie die raffiniertesten Teesorten her. Jede der 14 teeanbauenden Provinzen hat ihre eigenen Sorten und Spezialitäten. Die Chinesen selbst bevorzugen den grünen Tee; er überwiegt mit rund 70 Prozent der gesamten Teeproduktion. Der schwarze Tee wird exportiert.

Taiwan / Formosa
Taiwan produziert grünen und schwarzen Tee, der nach dem alten Inselnamen Formosa benannt wird. Im Bergland existieren rund 100 kleine Teebetriebe. Eine Spezialität sind die Oolong-Tees, halbfermentierte Tees. Der Name Oolong kommt aus dem Chinesischen und bedeutet ›schwarzer Drache‹.

Japan
Die Japaner erzeugen nur grünen Tee und diesen vorwiegend für den Eigengebrauch. Der Teeverbrauch ist so hoch, dass das Land zusätzlich Tee einführen muss. Es gibt preiswerte Alltagstees und sehr teure exklusive Sorten für besondere Anlässe. Doch Achtung: Von manchen Sorten werden unterschiedliche Qualitäten zu unterschiedlichen Preisen hergestellt.

Indonesien
Auf den Teeplantagen auf Java und Sumatra wird das ganze Jahr über geerntet, denn am Äquator bleiben Klima, Wärme und Feuchtigkeit zwölf Monate lang annähernd konstant. Die

Qualitäten sind einfach bis mittelmäßig, aber sie unterliegen keinen Schwankungen, was den indonesischen Tee sehr berechenbar und bei den Händlern beliebt macht. Sumatra-Tees gibt man gern in – etwa ostfriesische oder englische – Mischungen.

Afrika

In Ostafrika begann man erst im 20. Jahrhundert mit dem Teeanbau. Obwohl Afrika eigentlich zu heiss und zu trocken ist, liefert der Kontinent trotzdem heute etwa 15 Prozent der Weltproduktion, davon kommen zwei Drittel aus Kenia.

Mittelasien

Russland, Georgien, Türkei und Iran sind klassische Teetrinker-Nationen. Wegen des herben Klimas gibt es allerdings nur einfache Qualitäten; die Produktion wird fast ausschließlich im Land selbst konsumiert.

Kauf, Aufbewahrung, Zubereitung, Requisiten

Tee ist nach Wasser das beliebteste Getränk der Welt. Man trinkt ihn heiß, als Eistee oder als Tee-Punsch, pur oder gemixt. Es gibt ihn in tausenderlei Varianten, Sorten und Mischungen. Teetrinken ist Genuss, Entspannung, Ritual, Wendung nach innen oder einfach Alltag. Doch es gibt einige Punkte zu beachten, damit der Tee auch wirklich schmeckt.

Augen auf beim Kauf

Die Vielfalt unter den Teesorten verblüfft und irritiert gleichzeitig immer wieder. Waren vor einigen Jahren nur wenige Sorten von grünem Tee erhältlich, so bieten die Fachgeschäfte heute eine reichliche Auswahl. Noch viel größer ist das Angebot beim Schwarztee, sodass Tee-Neulinge sich oft nur schwer zurecht finden.

Da hilft es vielleicht, den Vergleich zum Wein zu ziehen: Hier freuen wir uns über die große Auswahl und halten es für selbstverständlich, nach Weintraube, Jahrgang, Anbauort und Winzer zu unterscheiden. Beim Tee ist es nicht anders, es erscheint uns nur ungewohnt.

Die Qualität eines Tees hängt von mehreren Faktoren ab. Da ist zunächst die Herkunft: Japanischer Tee wächst unter anderen Bedingungen als Tee in China oder in Taiwan. Die Bodenbeschaffenheit ist eine andere, die Plantage liegt auf einer anderen Höhe, der Sommer ist wärmer, der Herbst kühler, es fällt mehr oder weniger Regen, die Sonne scheint länger oder kürzer. Doch gerade diese äußeren Umstände entscheiden erheblich über Aroma und Güte des Tees. Die Pflückmethode hat dagegen an Bedeutung verloren. Maschinen übernehmen den größten Teil der Ernte, nur noch wenige teure Teesorten und die erste Frühjahrsernte, der so genannte First flush, wird von Pflückerinnen eingebracht.

Hier einige Tipps, wie Sie Ihren ganz speziellen Tee finden können:

▶ Lassen Sie sich in einem guten Fachgeschäft beraten. Es bietet Ihnen das beste Angebot und außerdem eine fachkundige Beratung. Die Ware ist meist frisch und in aller Regel von guter Qualität.

▶ Kaufen Sie nur kleine Mengen. Langes Lagern vermindert die Güte, und überdies können Sie so in kurzer Zeit viele Sorten ausprobieren.

▶ Beginnen Sie mit einfachen, robusten Sorten. Die kräftigen Tees halten mehr aus, »verzeihen« viele Fehler bei der Zubereitung, sind leichter zu handhaben und schmecken herzhaft, was unseren Vorlieben am ehesten entspricht.

▶ Teekochen ist keine Kunst. Dennoch kann man vieles falsch machen, und dann schmeckt so mancher Tee bitter. Achten Sie gerade als Neuling auf die richtige Zubereitung und geeignetes Zubehör.

▶ Nehmen Sie sich ausreichend Zeit für die Zubereitung und den Genuss. Tee ist gewöhnungsbedürftig, und es dauert, bis Sie seine Vielfalt entdecken. Riechen Sie sein Aroma, lassen Sie seine Farbe wirken, schmecken Sie die feinen Nuancen, und schulen Sie all Ihre Sinne.

▶ Seien Sie misstrauisch bei allzu billigen Tees. Qualität hat eben ihren Preis.

Lose oder abgepackt

Sowohl der lose (offene) Tee als auch der Teebeutel haben jeweils ihre Vorzüge. Im Teefachgeschäft bzw. in der Apotheke

44 Allgemeine Teekunde

erhalten Sie den Tee lose; er wird abgewogen und eingetütet. Im übrigen Handel (Supermärkte, Drogerien, Warenhäuser) dominiert der Teebeutel, eine Erfindung der Amerikaner. Anfang des 20. Jahrhunderts verpackte der New Yorker Teehändler Thomas Sullivan Teeproben in Seidentäschchen und schickte sie per Post an seine Kunden. Die wiederum entdeckten rasch, dass sie den Tee einfacher und schneller zubereiten konnten, wenn sie das kochende Wasser gleich über das Täschchen gossen.

Beuteltee ist praktisch und meist auch wohlschmeckend. Bei guten Marken erhalten Sie nur Tees von ausgezeichneter Qualität. Allerdings füllen die Hersteller in der Regel kräftige Sorten in die Beutel, die schnell ziehen. Der Beutel selbst besteht aus feinstem Filterpapier und beeinträchtigt den Teegeschmack in keiner Weise. Der Teebeutel bietet viele Vorteile: Sie können ihn überall mit hinnehmen, er ist leicht zu handhaben, und die Dosis stimmt immer. Natürlich ist der Tee auch schneller fertig, denn die kleinen und kleinsten Blatttteilchen bieten dem Wasser mehr Angriffsfläche und die Inhaltsstoffe lösen sich so schneller heraus.

Beuteltee eignet sich ideal für den schnellen Tee zwischendurch.

Der echte Teeliebhaber und -kenner meidet nach wie vor den Beutel und kauft nur losen Tee. Er genießt das Ritual, schmückt seine Teeküche mit dem Zubehör und bereitet sich innerlich – während die Teeuhr läuft – auf den kommenden Genuss vor. Erwünschter Nebeneffekt: Man nimmt sich Zeit, entspannt sich und schaltet vom Alltag ab. Spitzentees gibt es nur lose zu kaufen. Jeder sollte unbedingt einmal losen Tee probieren, denn Sorte, Geschmack und Qualität des Tees sind nur die eine Hälfte des Genusses, Dosierung, Ziehdauer und Wassergüte die andere. Ein perfekt zubereiteter Tee entfaltet sein volles Aroma, und die feinen Nuancen, die Eigenarten der speziellen Sorte kann Ihnen ein Beutel nicht bieten.

Richtige Aufbewahrung

Jeder Tee gehört in eine lichtundurchlässige Dose mit einem gut schließenden Deckel. Geben Sie jedem Tee eine eigene Dose, denn Tee nimmt leicht die Gerüche anderer Lebensmittel an. Aus demselben Grund sollten Sie Tee auch nicht in der Nähe des Herdes oder auf dem Gewürzregal lagern, denn er verträgt keine Kochdünste, kein Bratfett oder was auch immer. Schützen Sie die Teeblätter vor Licht, Luft und Feuchtigkeit. Richtig aufbewahrt hält sich Tee zwei Jahre, grüner Tee sogar noch länger, erst dann leidet das Aroma. Kräutertees sollten Sie allerdings bereits nach einem Jahr aufgebraucht haben, denn sie verlieren mit der Zeit zu viele Inhaltsstoffe und zu sehr an Geschmack. Vergessen Sie nicht, die Dose zu beschriften: Auf das Etikett gehören die Sorte und das Kaufdatum.

Wasser bringt den Tee zum Leben

Frisches reines Quellwasser liefert den besten Tee, schlechtes Wasser verdirbt ihn. Alle Stufen dazwischen zwingen zu Kompromissen, denn das Wasser beeinflusst wesentlich den Geschmack und das Aroma des Tees.

Verwenden Sie weiches, kalkarmes Wasser!
Grundsätzlich gilt: Je feiner der Tee, desto neutraler muss das Wasser sein. Die angegebenen empfohlenen Teemengen basieren in aller Regel auf weichem Wasser. Gegebenenfalls nutzt ein geeigneter Wasserfilter. Bei zarten, feinen Teesorten sollten Sie stilles Mineralwasser verwenden.

Was tun, wenn das Wasser nicht stimmt?
Hartes Wasser, Härte bis 14: Hartes Wasser verändert den Geschmack, denn es zerstört das feine Aroma. Grünen Tee

macht es sogar bitter. Die Härte des Wassers verursachen Kalk- und Magnesiumsalze, die sich beim Aufbrühen mit den Inhaltsstoffen des Tees verbinden. Auch die natürlichen Farbstoffe im Tee hängen sich an die Salze, und der Tee nimmt eine hellere Farbe an, als wenn er mit weichem Wasser zubereitet würde. Die Kalksalze setzen sich ab, wenn Sie das Wasser kurz aufkochen lassen. Robuste, kräftige Teesorten vertragen auch hartes Wasser. Dosieren Sie gegebenenfalls etwas großzügiger.

Mittelhartes Wasser, Härte 7–14: Lassen Sie das Wasser kurz aufkochen. Notfalls erhöhen Sie die Teedosis.

Weiches Wasser, Härte 7: Sie dürfen sich glücklich schätzen, denn Teeblätter mögen weiches Wasser.

Chlorhaltiges Wasser: Kochen Sie das Wasser nur kurz ohne Deckel auf. Meist entweicht dabei das Chlor; notfalls müssen Sie auf ein stilles Mineralwasser ausweichen.

Nehmen Sie stets frisches Wasser!

Frisches Wasser enthält gelöste Kohlensäure und Sauerstoff. Abgestandenes Wasser hat die Kohlensäure verloren und schmeckt fade.

Teewasser muss kochen!

Das Teewasser muss beim Kochen zwar richtig sprudeln, aber kochen Sie es nicht tot. Erhitzen Sie das Teewasser niemals im Boiler, es wird nicht heiß genug. Teewasser müssen Sie frisch und nur kurz aufkochen lassen. Die Chinesen unterscheiden drei Phasen: Beim ersten Kochen steigen die kleinen Fischaugen oder Krabbenschäumchen auf. Beim zweiten Kochen steigert sich das sanfte Summen des Kessels zu einem Gurgeln, und die kleinen Blasen platzen an der Oberfläche. Das dritte Kochen ist erreicht, »wenn die Wogen im Kessel sich wild aufbäumen«. Genau in diesem Augenblick ist das Wasser optimal für den Tee. Schwarzen Tee überbrühen Sie mit kochendem Wasser, für die Zubereitung grünen Tees muss das Wasser erst auf ca. 70 °C abkühlen. Beachten Sie die Anleitungen bei den jeweiligen Teesorten.

Ein Teelöffel pro Tasse

Von der richtigen Dosierung hängt sehr viel ab. Befolgen Sie daher genau die Anweisungen zu den einzelnen Teesorten. Im Zweifelsfall und ganz besonders bei feinen, kostbaren Teesorten lohnt es sich, den Tee exakt abzuwiegen. Als Faustregel gilt: Nehmen Sie einen Teelöffel pro Tasse und einen Teelöffel extra für die Kanne. Doch Vorsicht: Jede Teesorte hat ein anderes Volumen, das von anderen bis ums Drei- bis Vierfache abweichen kann. Große Blattstückchen brauchen länger zum Ziehen; klein geschnittene Blätter oder Pulvertee bieten dem Wasser viele Angriffsflächen, und der Tee ist schneller fertig.

Setzen Sie den Tee lieber zu stark an, und verdünnen Sie ihn später. Das geht problemlos, einen zu schwachen Aufguss können Sie dagegen nicht mehr verbessern.

Schritt für Schritt zum guten Tee

Es hat seinen Grund, dass man von der Kunst der Teezubereitung spricht. Einfach heißes Wasser über den Tee zu gießen zerstört empfindlich das Aroma und ist dem edlen Produkt Tee nicht angemessen. Wenn der Tee nicht schmeckt, fade oder bitter ist, so liegt es in den seltensten Fällen am Tee. Meist wurde er dann falsch zubereitet.

1. Spülen Sie die Aufgusskanne zum Anwärmen mit heißem Wasser aus. Dann stellen Sie Teekanne sowie Teetassen bereit und wärmen sie ebenfalls mit heißem Wasser vor.
2. Dosieren Sie richtig, und beachten Sie die Angaben auf der

Packung. Feine Teesorten sollten Sie mit einer Tee- oder Diätwaage abwiegen. Stellen Sie die Aufgusskanne auf die Waage,
justieren Sie sie auf Null und geben Sie dann die Teeblätter in
die Kanne, bis das empfohlene Gewicht erreicht ist. Bei einfachen gröberen Sorten reicht die Faustregel: ein gestrichener
Teelöffel pro kleine Tasse (das entspricht
einem Gramm Tee pro 100 ml Wasser). Bei
mehr als vier Tassen geben Sie zusätzlich
einen Teelöffel für die Kanne hinzu.

3. Nun erhitzen Sie die gewünschte Menge an
geeignetem frischem Wasser. Das Wasser
muss kräftig sprudeln, darf aber nur kurz
aufkochen. Bei einigen Teesorten (z. B. grünem Tee) müssen Sie das Wasser wieder auf
eine bestimmte Temperatur abkühlen lassen.

4. Dann überbrühen Sie den Tee mit dem
Wasser und lassen ihn abhängig von der Sorte
ein bis mehrere Minuten lang ziehen. Die
Teeblätter müssen ganz vom Wasser bedeckt
sein. Nicht umrühren! Schwarze Broken-Tees
und alle grünen Tees brauchen etwa drei Minuten, schwarze
Blatt- und Oolong-Tees zwischen fünf und sieben Minuten.

5. Jetzt können Sie den Tee abseihen oder durch ein Küchen-
sieb in die Servierkanne umgießen.

6. Beim Ausschenken gehen Sie folgendermaßen vor: Zuerst
füllen Sie nacheinander jede Tasse zur Hälfte. Dann füllen Sie
in einer zweiten Runde die Tassen voll.

> Tee kann auf Texti-
> lien Flecken hinter-
> lassen. Waschen Sie
> den Fleck sofort mit
> Zitrone oder heißer
> Seifenlauge aus. Bei
> Wolle oder Seide
> können Sie es mit
> einem in warmem
> Wasser aufgelösten
> Eigelb probieren:
> leicht einreiben und
> trocknen lassen.

Teekanne und -tassen

Gönnen Sie sich ein schönes, ansprechendes Teeservice. Die
Kanne sollten Sie nur für Tee verwenden und nicht für andere
Getränke. Mit der Zeit setzt sich in ihr ein Teebelag ab, die so

genannte Patina, welche sich vorteilhaft auf das Aroma auswirkt. Als Materialien für das Teegeschirr eignen sich Porzellan, Ton, Steingut oder Glas gleichermaßen, aber weder Kupfer noch Messing oder sonst ein Metall, da die Gerbstoffe des Tees die Metalle angreifen. Es entstehen dabei unerwünschte chemische Verbindungen, die den Geschmack verderben. Eine einzige Ausnahme von dieser Regel gibt es: Silberkannen. Gusseiserne Kannen sollten innen emailliert sein.

Teetassen gibt es in vielen Größen und Formen. Chinesen und Japaner benutzen gerne kleine Schalen ohne Henkel. In Russland und Marokko serviert man den Tee im Glas. Die Henkeltasse erfanden die Engländer.

Wie viel Tee pro Tasse?

Teetasse	*So viel Tee passt hinein*
Große Teetasse aus grobem Porzellan	*170–200 ml*
Teeservice aus Porzellan	*130–150 ml*
Feines Porzellanservice aus Japan oder China	*80–120 ml*

Spülen Sie das Teegeschirr nur mit heißem oder kaltem Wasser aus, und lassen Sie es an der Luft trocknen. Das reicht völlig, wenn Sie es gleich nach Gebrauch tun. Spülmittel verbindet sich mit der Teepatina und verdirbt mit der Zeit den Geschmack.

Tee-Requisiten von A bis Z

Lu-Yu beschrieb in seinem Teebuch 24 verschiedene Requisiten für die Teezubereitung. Auch heute gibt es vielerlei nützliches, aber auch unnötiges Zubehör. Manches ist nur einfach hübsch, anderes praktisch, einige wenige Dinge sind sogar schädlich. Im Grunde reichen für die Zubereitung eine Teekanne, ein Filter oder Sieb, eine Tasse und eine Teedose vollkommen aus.

Aufgusskanne
In ihr wird der Tee zubereitet und schließlich in die angewärmte Servierkanne durch ein Sieb umgegossen.

Bambusbesen
Den kleinen Besen brauchen Sie, wenn Sie wie die Japaner den pulverisierten Matcha-Tee aufschäumen möchten.

Baumwollsiebe oder -netze
Zeitweise waren Siebe und Netze aus Baumwolle sehr beliebt, doch sind sie nicht unproblematisch. Ein Netz lässt (etwa im Unterschied zum Tee-Ei) dem Tee genügend Platz zum Schwimmen. Allerdings nimmt Baumwolle mit der Zeit den jeweiligen Teegeschmack an. Sie bräuchten also für jede Teesorte ein eigenes Netz. Außerdem verfärbt sich das Netz nach einer gewissen Zeit und sieht dann wenig appetitlich aus.

Stövchen
Es ist hübsch anzusehen und schafft eine angenehme Atmosphäre. Vor allem hält ein Stövchen den Tee warm. Bedenken Sie aber: Je länger der Tee warm steht, desto mehr verliert er sein Aroma, und irgendwann schmeckt er nicht mehr.

Tee-Ei

Hier stopft man die Teeblätter in das Ei, verriegelt es und hängt es ins Wasser. Wasser dringt ein, der Tee quillt auf und will sich ausdehnen, doch er kann es nicht, weil im Tee-Ei viel zu wenig Platz ist. Stattdessen verstopft er die Poren des Eis, sodass die Grundsubstanz nicht austreten kann. Der Tee kann kein Aroma entfalten. Lassen Sie deshalb solch ein ›Gefängnis für Teeblätter‹ dekorativ im Küchenregal liegen, aber verwenden Sie es nicht.

Teekanne mit großem Sieb

Für Vieltrinker lohnt sich die Anschaffung einer nicht gerade billigen Teekanne auf jeden Fall, denn sie ist geradezu ideal für die Teezubereitung. Der Tee ist gleich in der Servierkanne, die Teeblätter haben optimal Platz, das Aroma kann sich bestens entfalten, und Sie ersparen sich das Abseihen.

Teewaage

Die richtige Dosierung ist extrem wichtig, aber ziemlich schwer einzuhalten, denn jede Teesorte hat ein anderes Volumen, das bei gleichem Gewicht bis um das Drei- bis Vierfache variieren kann. Die Standardempfehlung »ein Teelöffel pro Tasse« ist daher für spezielle Tees viel zu ungenau. Eine Diätwaage oder Küchenwaage mit Grammanzeige erspart den Kauf einer Teewaage.

Teezange

Ein praktisches Gerät für die gelegentliche Tasse Tee. Doch Achtung: Stopfen Sie die Zange nicht zu voll mit Tee, sondern lassen Sie immer ausreichend Platz, damit sich der Tee entfalten kann. Sonst erleben Sie nämlich das Gleiche wie beim Tee-Ei: Der Platzmangel beeinträchtigt das Aroma.

Thermometer

Tee reagiert empfindlich auf eine falsche Wassertemperatur. Vor allem beim grünen Tee ist es wichtig, dass Sie das Wasser je nach Sorte auf 70–80 °C abkühlen lassen. Zu heißes Wasser zerstört das zarte Aroma. Ein Thermometer leistet hier gute Dienste.

Wasserfilter

Bei kalkreichem, hartem Wasser wird oft ein Wasserfilter empfohlen. Er macht das Teewasser zwar weich, doch bedenken Sie, dass falsch behandelte Wasserfilter zu regelrechten Keimherden werden können. Sie müssen deshalb das Gerät sorgfältig warten und regelmäßig den Filter wechseln. Lassen Sie sich beraten, welches System für Ihr Wasser das richtige ist.

Wasserkessel

Verwenden Sie keine Kessel aus Aluminium, da Bestandteile dieses schädlichen Metalls ins Wasser übergehen können.

Wasserkocher

Angesichts der geringen Kosten (einen Wasserkocher gibt es ab 20 Mark) lohnt sich die Anschaffung eines elektrischen Wasserkochers auf alle Fälle, denn er bringt das Wasser schnell sowie mühelos zum Kochen und ist stromsparender als ein Wasserkessel.

Zeitschaltuhr

Solch eine kleine Stoppuhr ist praktisch, aber nicht unbedingt nötig. Sie zeigt an, wie lange der Tee zieht. Das können Sie natürlich auch an einer ganz normalen Küchenuhr ablesen.

Zutaten zum Tee – nichts für Puristen

Zutaten ja oder nein. Das ist meist eine Frage der Zeit und des Ortes. Die Chinesen tranken viele Jahrhunderte hindurch ihren grünen Tee mit süßer Milch und Salz. Die Engländer versetzen ihren schwarzen Tee mit Milch und Zucker. Ostfriesen schätzen Tee nur mit Kandiszucker und Sahne, trinken aber auch nur sehr herbe, kräftige Sorten. Generell gilt: Ein richtig dosierter und zubereiteter Tee braucht keine Geschmackskorrektur. Deshalb trinken ihn viele Teeliebhaber pur, denn nur so haben sie das ganze unverfälschte Aroma. Andererseits verlockt der Tee zum Experimentieren. Der Kreativität sind dabei keine Grenzen gesetzt. Auch gibt es immer wieder Situationen, in denen Tee mit einer Zutat den spezifischen Anforderungen und Bedürfnissen besser gerecht wird. Bei einer Erkältung geben Sie Zitronen- oder Grapefruitsaft dazu. Im Sommer möchten Sie den Tee vielleicht als Eistee. An langen kalten Winterabenden wärmt Tee mit Rum den Körper auf. Und warum sollten Sie nicht mal den Tee mit einer Zimtstange umrühren oder einige Nelken in die Kanne geben?

Entsprechende Rezepte finden Sie im weiteren Verlauf des Buches jeweils bei den einzelnen Teesorten.

Die Klassiker: grüner und schwarzer Tee

Grüner Tee

Der grüne Tee ist eines der ältesten Heilmittel der Welt. Seinen hohen gesundheitlichen Wert kennen und schätzen die Chinesen seit Jahrtausenden. Und sie haben Recht, denn grüner Tee ist Gesundheit pur.

Grüner Tee schmeckt, stärkt Seele, Geist sowie Nerven, und der hilft die Gesundheit zu erhalten. Er beugt zudem vielerlei Erkrankungen vor – vom banalen Schnupfen über viele unserer so genannten Zivilisationskrankheiten bis hin zu bestimmten bösartigen Tumoren. Mit seinem Genuss unterstützen Sie Ihre natürlichen Selbstheilungskräfte. Im 17. Jahrhundert fasste das der holländische Arzt Nicolas Diveks mit den Worten zusammen: »Nichts kann den Tee überbieten. Teetrinken hält den Menschen fern von allen möglichen Krankheiten und fördert ein langes Leben.«

Grüner und schwarzer Tee stammen vom selben Teestrauch. Der Unterschied zwischen beiden liegt in der Herstellung: Schwarzer Tee wird fermentiert, grüner nicht (vergleiche hierzu Seite 36). Grüntee enthält daher noch alle Inhaltsstoffe des Teeblattes in ihrer natürlichen Form und Zusammensetzung.

Oolong-Tee *Ein Mittelding zwischen schwarzem und grünem Tee ist der Oolong. Bei dieser taiwanesischen Spezialität werden die Teeblätter zwar fermentiert, die ablaufenden Reaktionen jedoch alsbald unterbrochen. Man sagt, der Tee sei halb fermentiert – außen schwarz, innen grün. Oolong verbindet auf harmonische Weise das Aroma des schwarzen Tees mit den wertvollen Inhaltsstoffen des grünen Tees.*

Er schmeckt feiner und zarter als der schwarze Tee. Wer Kaffee und Kakao gewohnt ist, wird zunächst überrascht sein, doch bald den Grünen zu genießen wissen.

Die Inhaltsstoffe

Muntermacher Koffein

Dem Koffein verdankt der Tee in erster Linie seinen Siegeszug rund um die Welt. Wir trinken Tee deshalb so gerne, weil er schmeckt und weil wir unmittelbar danach eine wohltuende Wirkung verspüren. Diese bewirkt das Koffein. Ein getrocknetes Teeblatt enthält zwischen 1 und 4,5 Prozent Koffein. Im Einzelfall hängt das von der Teesorte, dem Alter des Blattes, seiner Herkunft und dem Zeitpunkt seiner Ernte ab. Der chinesische Gunpowder zählt mit 56 mg Koffein pro großer Tasse Tee (150 ml) zu den koffeinreichen Sorten. Der japanische Bancha enthält erheblich weniger Koffein; mit seinen 20 mg pro Tasse gilt er als ein Tee für die ganze Familie.

> Kaffee enthält im Vergleich zum Tee die doppelte bis dreifache Menge Koffein.

Mit der Art, wie Sie den Tee zubereiten, können Sie den Koffeingehalt beeinflussen. Während der ersten ein bis zwei Minuten des Ziehens löst sich das Koffein; erst ab der dritten Minute werden die Gerbstoffe frei. Wünschen Sie den Tee koffeinarm, so machen Sie zwei Aufgüsse. Den ersten Aufguss lassen Sie knapp zwei Minuten lang ziehen und schütten ihn fort. Im zweiten Aufguss ist dann kaum noch Koffein enthalten; er sollte drei bis vier Minuten lang ziehen.

Was bewirkt das Koffein? Wir alle kennen und schätzen seine aufmunternde sowie belebende Wirkung. Es vertreibt die Morgenträgheit und das Nachmittagstief, wir werden wacher, aufmerksamer, konzentrieren uns besser und reagieren schneller. Organisch gesehen aktiviert es den Kreislauf und den Stoffwechsel, erhöht die Herzleistung und treibt den Harn. Doch im Unterschied zum Koffein im schwarzen Tee oder im Kaffee regt das des Grüntees zwar an, aber nicht auf. Chemisch gesehen bleibt Koffein zwar immer Koffein, doch ist es beim grünen Tee an Gerbstoffe gebunden und wird erst allmählich freigesetzt. Seine stimulierende Wirkung setzt also langsamer ein und hält länger an.

Wenn Sie unter zu hohem Blutdruck leiden, brauchen Sie auf grünen Tee (in Maßen genossen) nicht zu verzichten. Sein Koffein nützt einem Menschen mit niedrigem Blutdruck und schadet nicht bei Bluthochdruck.

Grüner Tee enthält außerdem Theophyllin und Theobromin, nahe chemische Verwandte des Koffeins. Sie treiben den Harn, erweitern die Gefäße und regen das Herz an. Theophyllin erweitert zusätzlich die Bronchien und entspannt die Atemmuskulatur. Deshalb wird es häufig medikamentös bei Asthma eingesetzt. Ebenso wie Koffein verteilen sich auch diese beiden Inhaltsstoffe rasch im ganzen Körper. Über die Blut-Hirn-Schranke gelangen sie ins Gehirn, durch die Plazenta zum Fötus, und mit der Muttermilch zum Baby.

»Mehrzweckwaffe« Gerbstoffe

Fast ein Viertel vom Gewicht eines getrockneten Teeblattes entfällt auf die Gerbstoffe. Sie machen einen großen Teil des hohen gesundheitlichen Wertes von Tee aus, indem sie das Koffein an sich binden, und bestimmen maßgeblich den Geschmack sowie das Aroma des Tees. Blumig-fruchtige Tees enthalten weniger Gerbstoffe, herb-kräftige Sorten eher mehr. Je mehr Gerbstoffe Tee enthält, desto schneller wird er bitter. Bei der Fermentation zum schwarzen Tee werden die Gerbstoffe nicht nur um-, sondern auch abgebaut, und sie bilden dabei einige hundert ätherische Öle und Aromastoffe.

Gerbstoffe sind komplizierte chemische Verbindungen, welche die Haut dazu bringen, sich zusammenzuziehen. Sie beruhigen auf diese Weise nervöse Schleimhäute, lassen Wunden schneller heilen und lindern Entzündungen aller Art. In der Natur sind Gerbstoffe weit verbreitet, man findet sie in Blättern, Pflanzenstängeln und in Hölzern, in Samen und in Früchten.

Grüner Tee wird bitter, wenn das Wasser beim Überbrühen zu heiß ist, der Tee zu lange zieht oder überdosiert ist.

Sie schützen die Pflanzen vor Fäulnis, Viren- und Bakterienangriffen, Pilzbefall und, weil sie meist bitter schmecken, vor Fressfeinden. Für die Pflanzen sind sie also eine Mehrzweckwaffe gegen Feinde aller Art, und ähnlich wirken sie auch beim Menschen: Sie entziehen den Keimen den Nährboden, sodass diese sich nicht weiter vermehren können. Gerbstoffhaltige Tees helfen deshalb bei Blasenentzündung, Halsschmerzen und den meisten Verdauungsproblemen, regen den Appetit an, aktivieren die Speichel- und Verdauungsdrüsen, beruhigen und stabilisieren Magen sowie Darmkanal, erleichtern die Verdauung und lindern Durchfall.

Flavonoide für die Gesundheit

Die so genannten Flavonoide wurden erst in den letzten Jahren als vielfältige Gesundmacher erkannt. Sie kommen in allen Pflanzen vor und sorgen bei ihnen neben den Karotinoiden für die bunten Farben von Blüten und Beeren, Obst und Gemüse. Sie färben Äpfel rot, Paprika gelb und Teeblätter grün. Ihren Namen haben sie vom lateinischen »flavus« = goldgelb. Bei uns Menschen haben Flavonoide andere Wirkungen. Vorrangig sind sie (ebenso wie die Gerbstoffe) die natürlichen Feinde aller Keime. Sie machen Viren, Bakterien sowie Pilzen das Leben schwer und halten sie weitgehend fern. Und überdies sind Flavonoide außerordentlich gute Antioxidantien, das heißt, sie fangen freie Radikale. Freie Radikale entstehen bei jeder chemischen Reaktion mit Sauerstoff, wandern durch unseren Körper und greifen Zellen, Gewebe, Blutgefäße und sogar die Erbsubstanz an. Sie gelten als Ursache zahlreicher Erkrankungen und lassen uns zudem altern. Die Flavonoide bekämpfen diese Schädlinge. Je mehr Flavonoide wir aufnehmen, desto stärker sinkt das individuelle Risiko einer Herz-Kreislauf-Erkrankung. Sie verringern den Gehalt an schädlichem LDL-Cholesterin und erhöhen den des »guten« HDL-Cholesterins, senken den Blutdruck, fördern den Blutfluss und verhindern die Bildung unerwünschter Blutgerinnsel, die Herzinfarkt, Schlaganfall und Embolien auslösen können, sie stärken das Immunsystem und schützen möglicherweise sogar vor bestimmten Krebserkrankungen.

Ein Kürzel erregt Aufsehen: EGCG

EGCG heißt im Klartext »Epigallocatechingallat«. Diese Substanz kommt nur in Teeblättern vor und sorgt seit einigen Jahren für Furore unter Medizinern und Pharmazeuten, denn der Zungenbrecher stellt etwas ganz Besonderes dar:

▶ EGCG gilt als vielversprechende Substanz in der *Krebstherapie*. Es beeinflusst ungewöhnlich stark das Wachstum von bösartigen Geschwulsten, kann möglicherweise eine Tumorbildung verhindern, sein Wachstum bremsen und Metastasen vermeiden. Die Wissenschaftler konnten bisher eine Wirkung bei Lungenkrebs, Magen- und Darmtumoren, Leberkrebs sowie Hautgeschwüren nachweisen, vorausgesetzt, die Dosis war hoch genug. Allerdings steht die Forschung noch am Anfang und ist zu allgemeinen Aussagen oder gar Empfehlungen noch nicht in der Lage.

▶ EGCG hält das *Blut flüssig*. In den Blutgefäßen kommt es immer wieder zu Zusammenballungen der Blutplättchen. Sie verkleben zwar Haarrisse und halten die Gefäße dicht, doch können diese Zusammenballungen auch zu Blutgerinnseln, einem so genannten Thrombus, anwachsen und sich ablösen. Der Thrombus schwimmt dann mit dem Blut mit und bleibt an einem Engpass oder einem Hindernis, etwa an einer verkalkten Arterie oder an Cholesterinablagerungen, stecken. Das Gewebe erhält dann zu wenig Blut und wird nicht genügend versorgt. Im schlimmsten Fall verstopft der Thrombus das Gefäß vollständig, und es kommt zum Herzinfarkt, Schlaganfall oder zu einer Embolie. EGCG verhindert nun ganz ähnlich wie die Acetylensalicylsäure ASS, bekannter unter dem Markennamen Aspirin, dass sich die Blutplättchen miteinander verklumpen. So verbessert EGCG den Blutfluss und beugt den wichtigsten Herz-Kreislauf-Erkrankungen vor.

▶ EGCG bekämpft auch *Viren*, unsere häufigsten Krankheitserreger. Es legt die alltäglichen Erkältungsviren und meist auch die gefährlicheren Grippeviren lahm, aber es kann noch mehr: Pharmakologisch aufbereitet und in konzentrierter Form schränkt die Substanz auch das HIV-Virus geringfügig ein – nicht mehr, aber auch nicht weniger. Grüner Tee schützt jedoch auf keinen Fall vor einer AIDS-Erkrankung.

▶ EGCG kann *Karies* vorbeugen. Karies oder Zahnfäule wird von bestimmten Bakterien ausgelöst, und grüner Tee hemmt ein Stoffwechselprodukt dieser Keime.

▶ EGCG normalisiert den *Zuckergehalt* im Blut. Das wiederum wirkt sich günstig bei Diabetes aus.

Kleine Mengen, große Wirkung: Mineralstoffe

Grüner Tee enthält eine ganze Reihe wichtiger Mineralstoffe und Spurenelemente, auf die 4 bis 6 Prozent des Gesamtgewichts eines getrockneten Teeblattes entfallen. Wir brauchen diese Substanzen, damit unsere Körperfunktionen reibungslos funktionieren, ein Mangel an ihnen macht uns auf die Dauer krank.

Eine Tasse grüner Tee (3 Gramm Tee auf 1/4 Liter Wasser) enthält folgende Mineralstoffe:

Substanz	Gehalt	Tagesbedarf
Aluminium	geringe Mengen	–
Eisen	0,312–1,14 mg	12–18 mg
Fluor	0,121–0,258 mg	1 mg
Kalium	28,8–84 mg	3–4 g
Kalzium	8,1–22,2 mg	800 mg
Mangan	1–3 mg	2–5 mg
Natrium	0,09–0,33 mg	2–3 g
Zink	0,1 mg	15 mg

Der Teestrauch speichert in seinen Blättern ungewöhnlich viele Fluoride, grüner und auch schwarzer Tee enthalten entsprechend viel *Fluor*. Unser Körper nimmt das Tee-Fluor sehr gut auf: Bis zu 80 Prozent der gesamten Menge können wir verwerten. Fluor härtet den Zahnschmelz, schützt ihn vor Säureangriffen sowie Bakterien und festigt außerdem die Knochen. Das Mineral ist also eine gute Prophylaxe gegen Karies und Osteoporose.

Ein Liter grüner Tee deckt etwa die Hälfte unseres täglichen Bedarfs an *Mangan*. Dieses stärkt Bindegewebe, Knorpel und Knochen, unterstützt die Blutgerinnung und ist für eine gut funktionierende Abwehr nötig. Ähnliches bewirkt auch *Zink*, das zusätzlich für eine schöne Haut und fülliges Haar sorgt. Beide Mineralstoffe sind an vielen Enzymreaktionen im Stoffwechsel beteiligt, und der Körper kann sie weder ersetzen noch auf sie verzichten.

Leider enthält grüner Tee auch geringe Mengen Aluminium. Das Leichtmetall gilt als giftig, doch nimmt der Körper beim Teetrinken fast nichts davon auf. Es wandert durch den Darm hindurch, und die wenigen resorbierten Mengen scheiden gesunde Nieren rasch wieder aus. Schädliche Wirkungen sind extrem unwahrscheinlich, ganz im Gegenteil: Im Magen neutralisiert das Aluminium überschüssige Säure und hilft so bei Sodbrennen oder anderen Reizungen der Magenschleimhaut. Man schätzt die Menge auf etwa ein bis drei Prozent.

Die übrigen in der Tabelle aufgeführten Mineralstoffe können hier vernachlässigt werden, da selbst überreichlicher Teegenuss nicht im Entferntesten den Tagesbedarf unseres Körpers decken kann.

Unentbehrliche Vitamine

Grüner Tee enthält Vitamine in bemerkenswerten Mengen. Am wichtigsten ist das Vitamin C, gefolgt von den Vitaminen der B-Gruppe.

Vitamine im grünen Tee und ihre Wirkungsgebiete

Vitamin A bzw. seine Vorstufe Beta-Karotin: Sehkraft, Haut- und Schleimhäute, Wachstum, Schutz vor freien Radikalen
Vitamin B_1 (Thiamin): Nervenzellen und Muskeln, Stoffwechsel
Vitamin B_2 (Riboflavin): Energiestoffwechsel, Zellatmung
Vitamin B_3 (Niazin): Haare, Haut und Nägel, Schleimhäute, Gehirnstoffwechsel
Vitamin B_5 (Pantothensäure): Stoffwechsel, Entgiftungsreaktionen

Vitamin C (Ascorbinsäure): Vielfältige Wirkungen, unter anderem auf Abwehr, Haut und Bindegewebe, Knochen, Zähne, Wundheilung, Eisenverwertung, Schutz vor freien Radikalen
Vitamin E (Tocopherol): Schutz vor freien Radikalen und UV-Strahlung, Wirkung auf Durchblutung und Blutgefäße, Bindegewebe, Keimdrüsen und Schwangerschaft
Vitamin K: Blutgerinnung, Knochen

Weitere Inhaltsstoffe

Aromastoffe und *ätherische Öle* verleihen jeder Teesorte ihre spezielle charakteristische Note, machen ihren typischen Geruch und Geschmack aus. Schwarzer Tee enthält bis zu 500 verschiedene ätherische Öle, die überwiegend beim Fermentieren aus den Gerbstoffen entstehen. Grüner Tee besitzt entsprechend weniger.

Sogenannte *Saponine* gelten als Cholesterinfänger. Sie haben ihren Namen vom lateinischen »sapo« = Seife, weil sie in einer Flüssigkeit Schaum bilden. Das hat einen sehr positiven Effekt: Ebenso wie Seife den Schmutz löst, binden Saponine das Fett an sich, vor allem das Cholesterin. In dieser Form kann die Darmschleimhaut das Cholesterin nicht aufnehmen, und es passiert unreduziert den Darm. Gleichzeitig sorgen die Saponine dafür, dass Cholesterin aus dem Blut abgezogen und zu Gallensäuren umgebildet wird.

Die Aminosäure *Theanin* trägt erheblich zum Genuss des grünen Tees bei. Sie ist charakteristisch für den Tee und macht dessen herbe Substanzen verträglich. Theanin wirkt außerdem der anregenden Wirkung des Koffeins entgegen.

Zusammenfassung: So wirkt grüner Tee

Grünen Tee können Sie jederzeit in beliebigen Mengen trinken (es müssen ja nicht gerade 100 Tassen täglich sein, wie einst Cornelius Bontekoe empfohlen hat). Ein kleines Teeritual als Unterbrechung der Alltagshektik verleiht Ruhe sowie Gelassenheit. Und es dient der Gesundheit: Grüner Tee verhindert oder verzögert den Ausbruch zahlreicher Krankheiten, lindert deren Beschwerden und unterstützt herkömmliche Therapien. Der grüne Tee schützt vor:

- Infektions- und Erkältungskrankheiten,
- Entzündungen aller Art,
- Magen-Darm-Beschwerden,
- Herz-Kreislauf-Erkrankungen,
- Stoffwechselerkrankungen wie Diabetes, Rheuma, Gicht und Harnsteinen,
- Zahnschäden und Knochenschwund,
- Krebserkrankungen,
- nachlassender Leistungsfähigkeit und Müdigkeit.

Sorten, Varianten und ihre Zubereitung

Fachgeschäfte bieten mittlerweile eine große Auswahl an Grünteesorten. Das war nicht immer so, denn bis vor kurzem galt der grüne Tee bei uns als Exot, nach dem allenfalls passionierte Teeliebhaber verlangten. Die wichtigsten Anbau- und Lieferländer sind China und Japan. Taiwan produziert den Oolong-Tee. Indien und Sri Lanka bieten erst seit kurzem grünen Tee an.

Übersicht über die häufigsten Teesorten:

Herb-kräftige Sorten: Gunpowder, Chun Mee, Toucha
Frische Sorten: Sencha, Bancha, Grüner Assam, Kokeicha
Blumig-leichte Sorten: Lung Ching, Kukicha, Grüner Darjeeling
Sorten für den Alltagstee: Gunpowder, Chun Mee, Sencha, Bancha, Hojicha, Kokeicha, Grüner Assam, Grüner Darjeeling
Besonderheiten und Spezialitäten: Pi Lo Chun, Gyokuro, Oolong, Matcha, Genmaicha, Toucha, Teerose, Jasmintee, Weißer Tee

China

Mehr als 16 chinesische Provinzen bauen Tee an, und insgesamt produziert China ein Viertel des gesamten Tees der Welt. 80 Prozent davon werden zu grünem Tee verarbeitet. Dabei reicht das Spektrum vom einfachen herben Alltagstee bis hin zu blumig-leichten Kostbarkeiten und aromatisierten Tees. Kein anderes Land stellt so viele verschiedene Teesorten her wie China.

Grüner Tee **67**

Gunpowder

Geschmack und Farbe: Ein klarer, kräftig-herber Tee mit einer gelbgrünlichen Farbe. Edle Sorten haben ein feineres Aroma.

Merkmale und Besonderheiten: Seine Blätter sind zu kleinen festen Kügelchen gerollt, die an Schrotkörner erinnern (daher der Name »Gunpowder« = Schießpulver). Wenn die Kügelchen mit heißem Wasser aufgegossen werden, knistern sie. Je feiner die Kügelchen gerollt sind, desto besser ist der Tee. Gunpowder ist der beliebteste grüne Tee, er wird am häufigsten verlangt. Man kann ihn pur trinken, mit anderen Sorten mischen oder mit diversen Zutaten verfeinern. In Marokko beispielsweise trinkt man den Gunpowder mit Zucker und Minzblättern. Sein Koffeingehalt ist eher hoch. Vorsicht, der Tee wird leicht bitter. Dann schütten Sie den ersten Aufguss weg und trinken den zweiten bzw. dritten.

Zubereitung:
12 Gramm Teeblätter auf 1 Liter 90 °C heißes Wasser, 1 Minute ziehen lassen. Feinere Qualitäten nur mit 75 °C heißem Wasser übergießen und 2 Minuten ziehen lassen.

Chun Mee

Geschmack und Farbe: Er hat den für Grüntees typischen herben, kräftigen Geschmack, wirkt aber dennoch leicht. Sein Aufguss ist gelb bis hellgrün.

Merkmale und Besonderheiten: Der Name Chun Mee leitet sich von »Zhenmei« ab und bedeutet »schöne Augenbrauen«. Seine Blätter sind stark gerollt, teils sogar kugelig.

Zubereitung:
12 Gramm Teeblätter auf 1 Liter 90 °C heißes Wasser, 1 Minute ziehen lassen.

Lung Ching

Geschmack und Farbe: Ein milder, würziger Tee mit vielseitigem Aroma, blumigem bis fruchtig-süßem Geschmack und smaragdgrünem Aufguss.

Merkmale und Besonderheiten: Lung Chung heißt übersetzt »Drachenbrunnen« oder »Drachenquelle«. Die Spezialität aus der Provinz Zhejiang galt im 18. Jahrhundert als der Tee des Kaisers. Es ist tatsächlich eine erlesene Sorte, seine Blätter sind jadegrün und kurz. Er schmeckt warm wie kalt und eignet sich somit auch und gerade an heißen Tagen.

Zubereitung:
13 Gramm Teeblätter auf 1 Liter 70 °C heißes Wasser, 2 Minuten ziehen lassen. Der Tee kann auch länger ziehen, ohne dass er bitter wird.

Mao Feng

Geschmack und Farbe: Der Tee hat ein blumig-mildes Aroma und einen kräftigen Geschmack, in Spuren sogar süß. Der Aufguss ist von gelbgrüner Farbe.

Merkmale und Besonderheiten: Ein hochwertiger Tee, den man nicht »nebenbei« trinken sollte. Ideal zum Genießen und Abschalten.

Zubereitung:
12 Gramm Teeblätter auf 1 Liter 70 °C heißes Wasser, 2 Minuten ziehen lassen.

Grüner Toucha

Geschmack und Farbe: Schmeckt mild-herb und ergibt einen hellgrünen Aufguss.

Merkmale und Besonderheiten: Tou heißt »kleine Bucht am

Grüner Tee **69**

Flusslauf« und auch »Vogelnest«, Cha bedeutet »Tee«. Toucha wird in Form von kleinen Vogelnestern angeboten, er ist gepresst und ungewöhnlich lange haltbar. Man schreibt ihm besondere gesundheitsfördernde Eigenschaften zu.

Zubereitung:
2 Stück auf 1/2 Liter 90 °C heißes Wasser, 3–4 Minuten ziehen lassen.

Mu Dan
Geschmack und Farbe: Ein zarter Tee von hellgrüner Farbe.
Merkmale und Besonderheiten: Man nimmt für Mu Dan die zartesten Triebe des Teestrauchs und bindet sie in Handarbeit zu Teerosen zusammen. In der Kanne hält der Bindfaden die Blätter zusammen, was hübsch aussieht und außerordentlich praktisch ist.

Zubereitung:
1 Teerose auf 1 Glas (ca. 250 ml) 90 °C heißes Wasser, 3 Minuten ziehen lassen. Das Glas mehrmals wieder auffüllen.

Jasmintee
Geschmack und Farbe: Ein duftig-blumiger, aromatischer Tee von meist hellgelber Farbe. Es gibt ihn in sehr vielen unterschiedlichen Sorten.
Merkmale und Besonderheiten: Jasmintee ist eine chinesische Spezialität. Man erntet im Morgengrauen frische Jasminblüten, kühlt sie und ordnet sie schichtweise zwischen gerösteten Teeblättern an. Nach einer Weile werden die Blüten wieder aussortiert und durch frische Blüten ersetzt. Dies wird bis zu sechsmal praktiziert. Der Tee nimmt dabei das Aroma der Jasminblüten an. Weil das Verfahren sehr aufwendig ist, ist der

Tee entsprechend teuer. Erheblich preiswerter sind Tees, die vom Hersteller mit naturidentischem Jasminaroma behandelt wurden.
Jasminblüten verstärken die verdauungsfördernde Wirkung des grünen Tees.

Zubereitung:
12 Gramm Teeblätter auf 1 Liter kochendes Wasser,
2 Minuten ziehen lassen.

Pai Mu Tan, Weißer Tee
Geschmack und Farbe: Weiße Tees schmecken duftig, blumig, aromatisch und etwas würziger als der klassische grüne Tee. Der Aufguss ist hell bis goldgelb.
Merkmale und Besonderheiten: Weißer Tee wird aus Tees verschiedener Sorten nach uralter Methode von Hand hergestellt. Die silbrig-weißen Blätter und die Blattspitzen werden nur leicht fermentiert und bleiben ungerollt. Weißer Tee ist für Kenner ein Hochgenuss.

Zubereitung:
11 Gramm Teeblätter auf 1 Liter 70 °C heißes Wasser,
2 Minuten ziehen lassen.

Japan

Japan erzeugt fast ausschließlich grünen Tee und verbraucht den größten Teil selbst. Die Japaner trinken insgesamt mehr grünen Tee, als sie in ihrem Land ernten können, weshalb auch China, Vietnam und Indonesien japanische Sorten produzieren und sie exportieren. Das Hauptanbaugebiet liegt am Fuße des Fudschijama südwestlich von Tokio. Japanische Teegärten sehen sehr »aufgeräumt« aus, die Sträucher stehen wie Zierbüsche da. Es werden nur wenige Sorten hergestellt, die aber sind Klassiker. Sie schmecken frisch, zart und oft etwas grasig. 80 Prozent des produzierten Tees ist Sencha.

Sencha

Geschmack und Farbe: Ein frischer, leicht herber Tee. Bessere Qualitäten schmecken in Spuren süßlich. Sein Aufguss ist hell, gelblich grün.
Merkmale und Besonderheiten: Der Tee riecht angenehm nach frischem Gras. Sencha heißt »gedämpfter Tee«; die Blätter werden nach dem Pflücken leicht gedämpft, mehrmals gerollt, getrocknet und gepresst. Sencha gibt es in mehreren Varianten von einfach bis edel und hochwertig. Je dunkler das Blatt, desto besser ist die Qualität. In Japan gilt Sencha als Alltagstee. Informieren Sie sich bei Ihrem Teehändler.

Zubereitung:
Einfacher Sencha: 11 Gramm Teeblätter auf 1 Liter 90 °C heißes Wasser, 1 Minute ziehen lassen. Edler Sencha: 12 Gramm Teeblätter auf 70 °C heißes Wasser, 3 Minuten ziehen lassen.

Bancha

Geschmack und Farbe: Ein frisch-herber Tee mit süßlichem Nachgeschmack. Der helle, gelbgrüne Tee belebt und schmeckt wie die meisten japanischen Sorten leicht grasig.
Merkmale und Besonderheiten: Bancha heißt übersetzt »Großblatt-Tee«; entsprechend besteht er aus großen und nur leicht gerollten Blättern, die erst gegen Ende der Saison gepflückt werden. In Japan gilt der Bancha als klassischer Alltagstee. Weil er sehr wenig Koffein enthält, können ihn alle Familienmitglieder trinken – auch Kinder, ältere Menschen und Stil-

lende – und man nimmt ihn gern zum Essen. Er ist einfach, preiswert, und man findet ihn auch bei uns überall.

Zubereitung:
11 Gramm Teeblätter auf 1 Liter 80 °C heißes Wasser,
1 Minute ziehen lassen.

Hojicha

Geschmack und Farbe: Der würzig-herbe Hojicha erinnert an einen leichten Schwarztee.

Merkmale und Besonderheiten: Für den Hojicha verwendet man einfachere Qualitäten des Bancha, röstet sie und wertet sie im Geschmack auf.

Zubereitung:
11 Gramm Teeblätter auf 1 Liter 80 °C heißes Wasser,
1–2 Minuten ziehen lassen.

Kukicha

Geschmack und Farbe: Der Geschmack ist leicht und feinherb, frisch und aromatisch, der Aufguss hell-gelb.

Merkmale und Besonderheiten: Kukicha kommt vom selben Strauch wie der Sencha, allerdings verarbeitet man neben den Blättern auch die Stängel und die Blattrippen. Er enthält verhältnismäßig wenig Gerbstoffe und Koffein, was ihn milde macht. Kukicha schmeckt auch kalt.

Zubereitung:
11 Gramm Teeblätter auf 1 Liter 70 °C heißes Wasser,
2 Minuten ziehen lassen.

Gyokuro

Geschmack und Farbe: Er schmeckt fruchtig-süß, hat ein kräftiges Aroma und färbt goldgrün.

Merkmale und Besonderheiten: Gyokuro heißt übersetzt »edler Tautropfen«. Der Teestrauch wächst im Schatten von Laubbäumen, und man verwendet nur die ersten zarten Triebe. Seine Blätter sind tief dunkelgrün. Gyokuro ist ein Tee der Spitzenklasse und entsprechend teuer, weshalb die Japaner ihn nur zu besonderen Anlässen trinken. Da er reichlich Koffein enthält, wirkt er stark anregend. Gyokuro schmeckt auch kalt.

Zubereitung:
11 Gramm Teeblätter auf 1 Liter 60 °C heißes Wasser,
2 Minuten ziehen lassen.

Matcha

Geschmack und Farbe: Der Tee hat einen fein-herben Geschmack und ist von tiefgrüner Farbe.

Merkmale und Besonderheiten: Matcha ist ein hochwertiger Pulvertee und wird traditionell zur japanischen Teezeremonie verwendet. Der Strauch wächst im Schatten und enthält reichlich Koffein.

Zubereitung:
3–5 Gramm Teepulver in eine große Matcha-Schale (300 bis 400 ml) geben, mit ca. 60 °C heißem Wasser übergießen und dann mit Hilfe eines Bambusbesens das Pulver verquirlen, bis sich Schaum bildet.

Kokeicha

Geschmack und Farbe: Er hat ein angenehm frisches, herbes Aroma; etwas süßlich. Der Aufguss ist hellgelb.

74 *Die Klassiker: grüner und schwarzer Tee*

Merkmale und Besonderheiten: Die Teeblätter werden pulverisiert, mit Reis vermischt und zu Stäbchen gepresst, die an Tannennadeln erinnern. Kokeicha heißt auf Japanisch »gepresster Tee«. Es ist kein typischer Grüntee, besitzt aber eine interessante Note.

Zubereitung:
11 Gramm Teeblätter auf 1 Liter 90 °C heißes Wasser,
1 Minute ziehen lassen.

Genmaicha
Geschmack und Farbe: Aufgrund seiner ungewöhnlichen Zusammensetzung schmeckt dieser Tee recht eigenartig, doch angenehm-würzig; er ist auf alle Fälle einen Versuch wert.
Merkmale und Besonderheiten: Genmaicha ist eine besondere Spezialität. Man nimmt einen Alltagstee und vermischt ihn mit Reis sowie Popcorn. In Japan ist dieses interessante Unikum ungemein beliebt.

Zubereitung:
12 Gramm Teeblätter auf 1 Liter 90 °C heißes Wasser, 1 Minute ziehen lassen. Vorsicht, der Tee wird schnell bitter!

Taiwan/Formosa
Taiwan erzeugt sehr feine grüne Teesorten. Die meisten hat man sich von den Festlandchinesen abgeschaut und noch verbessert. Eine Spezialität sind die halb fermentierten Oolong-Tees. Taiwanesischer Tee trägt meist noch den Namen Formosa als Herkunftsland.

Grüner Tee **75**

Pi Lo Chun

Geschmack und Farbe: Ein mild duftender, hocharomatischer Grüntee. Der Aufguss ist sehr hell.

Merkmale und Besonderheiten: Der Pi Lo Chun ist ein überaus edler Tee und eine besondere Spezialität aus Taiwan. Er heißt übersetzt »Jadespirale des Frühlings«, denn man rollt seine Blätter zu kleinen Schnecken. Chun ist der Frühling, die Erntezeit des Tees. Der Teestrauch steht neben Obstbäumen wie zum Beispiel Aprikosen, Pfirsichen oder Pflaumen. Damit möchte man erreichen, dass sich die Aromen der Obstblüten auf die Teeblätter übertragen. Pi Lo Chun schmeckt auch kalt.

Zubereitung:
12 Gramm Teeblätter auf 1 Liter 90 °C heißes Wasser,
3 Minuten ziehen lassen.

Oolong

Geschmack und Farbe: Oolong-Tees schmecken kräftig, ihr Aufguss färbt sich je nach Art von hellgrün bis orangerot.

Merkmale und Besonderheiten: Der Name »Oolong« stammt aus dem Chinesischen und bedeutet »Schwarzer Drache«. Es ist traditionell der Name für halb fermentierte Tees. Sie bilden in Herstellung und Geschmack eine Mittelstellung zwischen grünem und schwarzem Tee. Man lässt die Blätter fermentieren, bricht diesen Prozess aber auf halbem Weg wieder ab. Die Inhaltsstoffe entsprechen denen des grünen Tees, der Geschmack erinnert an einen schwarzen Tee, ist allerdings feiner und zarter.

Zubereitung:
12 Gramm Teeblätter auf 1 Liter kochendes Wasser,
3 Minuten ziehen lassen.

Südasien

Indien und Ceylon liefern von jeher schwarzen Tee. Erst seit einigen Jahren erzeugen sie auch grünen Tee. Der Grüne Assam gilt als robuster Alltagstee, während der Grüne Darjeeling fruchtiger bzw. blumiger schmeckt. Dennoch gilt auch er als recht robust, sodass selbst Tee-Neulinge ihre Freude an ihm finden.

Grüner Assam

Geschmack und Farbe: Er ist wie alle Assam-Tees frisch, angenehm herb und hat eine hellgelbe Farbe.

Merkmale und Besonderheiten: Der Grüne Assam ist ein robuster Alltagstee und leicht zuzubereiten. Man kann kaum etwas verkehrt machen. Er eignet sich auch für hartes Wasser.

> *Zubereitung:*
> *13 Gramm Teeblätter auf 1 Liter 70 °C heißes Wasser,*
> *1 Minute ziehen lassen.*

Grüner Darjeeling

Geschmack und Farbe: Der Darjeeling schmeckt fruchtig-blumig sowie frisch und zeigt eine hellgelbe Farbe.

Merkmale und Besonderheiten: Er stammt von derselben Teepflanze wie der Assam-Tee, schmeckt aber fruchtiger, ist nicht ganz so anspruchsvoll wie die chinesischen oder japanischen blumigen Tees und somit auch für Tee-Einsteiger geeignet.

> *Zubereitung:*
> *11 Gramm Teeblätter auf 1 Liter 90 °C heißes Wasser,*
> *2 Minuten ziehen lassen.*

Die spezielle Zubereitung von grünem Tee – Tipps und Tricks

Die wichtigsten Grundsätze der Teezubereitung haben Sie schon auf den Seiten 45ff. kennengelernt. Deshalb seien hier nur noch die Besonderheiten beim grünen Tee aufgeführt.

Wasser (1)
Hartes Wasser verdirbt das zarte Aroma von grünen Tees. Verwenden Sie daher weiches beziehungsweise gefiltertes Wasser zur Zubereitung. Notfalls können Sie auch auf stilles Mineralwasser ausweichen.

Wasser (2)
Zu heißes Wasser macht grünen Tee bitter. Lassen Sie deshalb das Wasser nur kurz aufkochen und dann unbedingt auf die jeweils angegebene Temperatur abkühlen. Je zarter der Tee, desto stärker muss das Wasser abkühlen. Als Faustregel können Sie sich merken: Nach 3–4 Minuten fällt die Wassertemperatur auf etwa 90 °C ab, nach einer Viertelstunde beträgt sie etwa 75 °C. Bei den gebräuchlichsten Sorten erreichen Sie mit 80 °C ein zufriedenstellendes Ergebnis. Dazu muss das Teewasser etwa fünf Minuten lang abkühlen.

Ziehdauer
Zu langes Ziehen macht den Tee bitter. Die Ziehdauer beeinflusst daher erheblich Geschmack und Wirkung. Zuerst löst sich das Koffein, dann werden die Gerbstoffe frei, später wird der Tee bitter.

Ziehdauer und Wirkung:

1–2 Minuten: Koffein ist frei, der Tee wirkt vor allem anregend.

3 Minuten: Die Gerbstoffe sind frei, der Tee entfaltet seine maximale gesundheitsfördernde Wirkung.

Länger als 5 Minuten: Die Gerbstoffe machen den Tee jetzt bitter

Dosierung

Die meisten Dosierangaben sind so bemessen, dass der jeweilige Tee beim ersten Aufguss sein volles Aroma entwickelt.

Mehrere Aufgüsse

Sie können die Blätter ohne weiteres mehrmals aufgießen (in China tut man das bis zu viermal). Der erste Aufguss ist für den Geschmack, er enthält das meiste Koffein. Der zweite Aufguss gilt dem Aroma, das nun seine ganze Vielfalt offenbart. Der dritte Aufguss zeugt eine kräftige Farbe und erfreut das Auge. Der vierte Aufguss dient der Entspannung, denn er enthält nahezu kein Koffein mehr.

Das mehrmalige Aufgießen zeitigt bei den Chinesen nur deshalb so gute Erfolge, weil sie den Tee sehr viel stärker dosieren, als dies bei uns üblich ist. Falls auch Sie die Blätter mehrmals aufgießen möchten, sollten Sie sie reichlich dosieren und mit weniger Wasser überbrühen.

Teesorten

Als Grüntee-Anfänger beginnen Sie am besten mit robusten Teesorten, die leichter einen Zubereitungsfehler verzeihen als zarte oder blumige Arten. Robuste Sorten mit kräftigem

Geschmack sind Bancha, Gunpowder, Chun Mee, Grüner Assam oder Jasmintee. Liebhaber von schwarzem Tee nähern sich dem grünen Vetter am einfachsten über den Oolong-Tee. Fortgeschrittene und Kenner wissen auch blumig-fruchtige Sorten zu schätzen, die eine besondere Sorgfalt bei der Zubereitung und einen geschulten Geschmack zum vollen Genuss erfordern.

Zutaten

Chinesen und Japaner trinken ihren Tee pur, so wie es um 780 n. Chr. der Dichter und Teekenner Lu Yü empfohlen hat. Ein richtig dosierter und zubereiteter grüner Tee braucht nämlich keine Geschmackskorrektur.

Dennoch gibt es immer mal Gelegenheiten, in denen Tee mit einer Zutat den jeweiligen Anforderungen und Bedürfnissen besser gerecht wird. Rezepte dafür finden Sie auf den folgenden Seiten.

Grüner Tee als Muntermacher

Dem Koffein sei Dank: Grüner Tee vertreibt die Müdigkeit, verzögert den Schlaf und steigert die Konzentration. Das geistige Hoch hält lange an und klingt nur langsam wieder ab. Das macht Tee dem Kaffee weit überlegen. Ein Nebeneffekt dabei ist: Der grüne Tee löst Verspannungen und macht den Kopf frei, sodass Sie sich auf das Wesentliche konzentrieren können. Er ist daher ideal für Schicht- und Nachtdienste, kurzfristige Höchstleistungen und Prüfungen. Verbinden Sie die Teezubereitung immer mit einer Pause. Wählen Sie eine koffeeinreiche Sorte, und lassen Sie den Tee nur kurz ziehen. Gegen chro-

Sie steigern Ihre geistige Fitness, wenn Sie in den Tee 1 Teelöffel Honig und etwas Bananensirup geben: Das liefert neue Energie und Nahrung für das Gehirn

nische Müdigkeit hilft eventuell eine Teekur. Dabei trinken Sie mindestens drei Wochen lang von morgens bis zum Nachmittag insgesamt einen Liter Tee pro Tag. Den Morgentee lassen Sie nur kurz ziehen, die späteren länger.

Ich-bleibe-wach-Trunk für die Nachtschicht
Zutaten: 1/2 Liter Gunpowder-Tee, 1/2 Liter kohlensäurearmes Mineralwasser, Saft einer halben Grapefruit.
Zubereitung: Tee 1:1 mit Mineralwasser mischen und Grapefruitsaft zugeben.

Grüner Tee für die Gesundheit

Mit grünem Tee können Sie genussvoll allerlei Erkrankungen vorbeugen und im tatsächlichen Krankheitsfall die Symptome lindern. Wählen Sie dazu eher koffeinarme, aber gerbstoffreiche Teesorten, und lassen Sie den Tee drei bis fünf Minuten lang ziehen, denn erst dann können die Gerbstoffe ihre Wirkungen voll entfalten. Bei entsprechender Dosierung können Sie auch mehrere Aufgüsse zubereiten. Gehen Sie jedoch unbedingt zum Arzt, wenn sich die Symptome nach drei Tagen nicht bessern.

Abwehrschwäche
Eine besondere Stärke des grünen Tees liegt darin, dass er die körpereigene Abwehr kräftigt und vor Infektionen sowie Entzündungen schützt. Machen Sie unter gegebenen Umständen eine Teekur, zum Beispiel dann, wenn eine Grippewelle anrollt, harte Zeiten auf Sie zukommen oder wenn Sie über einen längeren Zeitraum hinweg unter starkem Stress stehen. In diesen Fällen ist Ihre Abwehr besonders gefordert. Eine Abwehrschwäche äußert sich durch häufige Infektionen, Blasenentzündungen, Pilzbefall oder eine ungewöhnliche Müdigkeit.

Teekur bei Abwehrschwäche
Zutaten: Grüner Tee, Zitrone oder Grapefruit.
Zubereitung: Morgens, mittags und nachmittags je zwei Tassen grünen Tee trinken und in jede Tasse den Saft einer viertel Zitrone oder Grapefruit geben.

Erkältungskrankheiten

Ca. 150 verschiedene Erreger können unsere Schleimhäute attackieren und Schnupfen, Halsweh oder Grippe verursachen. Im Frühjahr und im Herbst sind ihre Chancen besonders groß, weil der Wechsel der Jahreszeiten den Körper zu einer immensen Umstellung zwingt. Das launische Wetter führt dann oft zu einer unterkühlten Nasenschleimhaut, was Viren den Angriff erleichtert. Im Frühjahr ist, bedingt durch den langen Winter, die Abwehr zusätzlich angeschlagen. Der grüne Tee hilft hier in

> Beugen Sie mit einer Teekur vor (siehe oben unter »Abwehrschwäche«).

zweierlei Hinsicht: Zum einen stärkt er die Abwehr, und zum anderen sind seine Gerbstoffe wirkungsvolle Bakterien- sowie Virenfeinde.

Erkältung allgemein
Zutaten: 1 Tasse grüner Tee, Saft einer halben Zitrone, 1 Teelöffel Honig, 1/2 Teelöffel Ingwer.
Zubereitung: In den Tee Zitronensaft, Honig sowie Ingwer geben und alles gut umrühren. Über den Tag verteilt mehrere Tassen trinken.

Inhalationen bei Schnupfen und Erkältung
Zutaten: 3 Esslöffel grüne Teeblätter, 1 Esslöffel Kamillenblüten.
Zubereitung: Tee und Kamillenblüten in eine große Schüssel geben und 2–3 Liter kochendes Wasser darüber gießen. Den Kopf über die Schüssel beugen, mit einem Handtuch Kopf

sowie Schüssel abdecken und 10 Minuten lang die Dämpfe inhalieren.

Entzündungen im Mund-, Hals- und Rachenbereich

Viele Keime nutzen jede Abwehrschwäche und verursachen schmerzhafte Entzündungen an den Schleimhäuten.

Entzündungen und Aphthen an der Mundschleimhaut

Zutaten: 1 Teelöffel grüner Tee, 1 Teelöffel Salbeiblätter.
Zubereitung: Beide Teeblätter mischen, mit 1/4 Liter heißem Wasser überbrühen und 10 Minuten ziehen lassen. Mehrmals täglich damit gurgeln.

Halsschmerzen

Zutaten: 1 Tasse grüner Tee, Saft von einer halben Zitrone, 1 Teelöffel Honig.
Zubereitung: In den heißen Tee Zitronensaft und Honig geben, alles gut umrühren und reichlich davon trinken.

Mundgeruch

Zutaten: 1 Teelöffel grüne Teeblätter, 1 Teelöffel Pfefferminzblätter.
Zubereitung: Beide Tees mischen, mit 1/4 Liter heißem Wasser übergießen und 5 Minuten ziehen lassen. Kräftig damit gurgeln.

Magen-, Darm-, Verdauungsprobleme

Jeder Dritte hat mindestens einmal im Jahr unter Magen-Darm-Beschwerden zu leiden. Sie reichen von leichten funktionellen Störungen bis hin zu schweren Erkrankungen. Gerbstoffhaltige Heilpflanzen, und dazu gehört der grüne Tee, sind von jeher das Mittel der Wahl bei Verdauungsproblemen. Der grüne Tee ist daher das ideale Getränk zu den Mahlzeiten. Er wirkt vor allem beruhigend auf einen nervösen Magen.

Appetitlosigkeit
Eine Stunde vor jeder Mahlzeit mindestens eine Tasse grünen Tee trinken. Das regt den Appetit an.

Sodbrennen
Zu jeder Mahlzeit eine Tasse grünen Tee trinken. Er neutralisiert überschüssige Magensäure und beruhigt die Magenschleimhaut.

Blähungen
Zutaten: 1 Tasse grüner Tee, 1 Tasse Fencheltee.
Zubereitung: Die beiden Tees 1:1 miteinander mischen und trinken.

Verdauungstee
Zutaten: 1 Teelöffel Anissamen, 3 Tassen grüner Tee, 2–4 geriebene Walnüsse.
Zubereitung: Anissamen mit 1 Tasse kochendem Wasser überbrühen und 10 Minuten lang ziehen lassen, abseihen. Anis- sowie Grüntee mischen und Walnüsse zugeben. Zum oder nach dem Essen trinken.

Durchfall
Zutaten: 1 Tasse grüner Tee, 200 ml kohlensäurearmes Mineralwasser, Zitronensaft, Jodsalz, Apfel, Banane oder Heidelbeeren.
Zubereitung: Tee 1:1 mit Mineralwasser verdünnen, Zitronensaft und Jodsalz zugeben. Über den Tag verteilt reichlich trinken, dazu etwas Obst essen. Die Mischung schmeckt auch kalt.

Hauterkrankungen und -verletzungen
Auch kleinere Hautverletzungen, Infektionen, Entzündungen und Sonnenbrand können Sie mit grünem Tee behandeln. Es sind erneut die Gerbstoffe, welche die Heilung beschleunigen.

Insektenstiche
Legen Sie übergossene Teeblätter auf die Einstichstelle, das lindert den Juckreiz.

Kleinere Verbrennungen und Sonnenbrand
Kühler Umschlag für die Erstversorgung: 4 Esslöffel grüne Teeblätter mit 2 Liter heißem Wasser übergießen, 10 Minuten ziehen lassen, ein Leinentuch mit dem Tee tränken und auf die verbrannte Stelle legen.
Quark-Umschlag: 1 Tasse grünen Tee mit 250 Gramm Quark verrühren und 10 bis 20 Minuten in den Kühlschrank stellen. Auf ein Leinentuch streichen und dieses auf die entzündeten Stellen legen. Der Umschlag sollte mindestens zweimal täglich 20 bis 30 Minuten lang einwirken. Alternativ können Sie auch Joghurt verwenden.

Fußpilz
Zutaten für ein Fußbad: 4 Esslöffel grüne Teeblätter, 2 Esslöffel Salbeiblätter.
Zubereitung: Tee- und Salbeiblätter in eine Schüssel geben, mit heißem Wasser übergießen und 8 Minuten ziehen lassen. 10 Minuten lang die Füße darin baden, gründlich abtrocknen.

Schön sein mit grünem Tee

Im alten China galt der Spruch: »Grüner Tee lässt die Haut glänzen und die Augen funkeln«. Das gilt auch heute noch, denn grüner Tee macht doppelt schön: Er dient zur Schönheitspflege sowohl von innen als auch von außen. Grünteehaltige Pflegemittel ergänzen den schmackhaften Schönheitstrank. Allerdings sollten Sie den Tee nur in Maßen anwenden: Auf Dauer können seine Gerbsäuren nämlich die Hautzellen angreifen und ledrig machen.

Grüner Tee für Haut und Haar

Grüner Tee eignet sich vor allem für die Pflege der normalen und trockenen Haut. Sie können ihn in Ihre Pflegeprodukte mischen oder diese auch selber herstellen.

Gesichtswasser

Einen Wattebausch mit grünem Tee tränken und das Gesicht damit betupfen. Dies belebt müde Haut und strafft sie.

Gesichtscreme

Zubereitung: 2 Teelöffel grüne Teeblätter in 1/2 Liter heißem Wasser 8 Minuten ziehen lassen, den abgekühlten Tee behutsam in eine Gesichtscreme einrühren.

Gesichtsmaske für unreine Haut

Zutaten: Grüner Tee aus 2 Teelöffeln Teeblätter auf 1/2 Liter Wasser, 2 Esslöffel Heilerde.
Zubereitung: Den Tee zubereiten, 8 Minuten ziehen und abkühlen lassen. Ihn mit der Heilerde verrühren, bis alles eine streichfähige Masse ergibt. Diese dünn auftragen und 30 Minuten einwirken lassen. Danach das Gesicht mit warmem Wasser gründlich reinigen.

Gesichtsmaske für trockene Haut

Zutaten: 1 Tasse grüner Tee (8 Minuten ziehen lassen), 2 Teelöffel Honig, 2 Esslöffel Weizenkleie, 1 Teelöffel Avocadofleisch.
Zubereitung: 4 Teelöffel des noch warmen Tees mit dem Honig vermischen. Weizenkleie sowie Avocado zugeben und alles zu einem Brei verrühren. Diesen dünn auftragen und 20 Minuten einwirken lassen. Dann das Gesicht mit lauwarmem Wasser reinigen und mit kaltem Wasser nachspülen.

Pflegebad für trockene, gereizte Haut
Zutaten: 1 Liter grüner Tee, 1/4 Liter Milch.
Zubereitung: Den Tee mit der Milch vermischen und alles ins Badewasser geben. Nicht länger als 15 Minuten baden, und das Wasser nicht heißer als 38 °C werden lassen.

Haarspülung
Zutaten: 2 Teelöffel grüne Teeblätter, 2 Esslöffel Kamillenblüten.
Zubereitung: Teeblätter und Kamillenblüten mit 1 Liter heißem Wasser übergießen, 10 Minuten ziehen lassen. Die Haare nach dem üblichen Waschen mit der Teemischung spülen, es verleiht ihnen einen frischen Glanz und neue Spannkraft.

Grünteerezepte mit diversen Zutaten

Grüner Tee für die ganze Familie
Koffeinarme Teesorten wie zum Beispiel der Bancha können in Maßen auch Jugendliche und Schulkinder trinken. In Japan ist Bancha der »Tischwein«. Kleinkinder dürfen noch keinen koffeinhaltigen Tee trinken, bei ihnen sollten Sie auf einen geeigneten Kräuter- oder Früchtetee ausweichen. Kinder lieben Mischungen aus Tee sowie Fruchtsäften, und auch Erwachsenen bekommen sie gut als Alltagsgetränk. Zusätzlich können Sie die Mischungen mit Mineralwasser verdünnen.

Geben Sie Kindern und Jugendlichen am späten Nachmittag bzw. am Abend keinen Tee mehr. Sie könnten sonst zu munter sein und nicht einschlafen.

Familientee
Zutaten für 1 Liter: 6 Teelöffel Bancha-Tee auf 1 Liter Wasser, Fruchtnektar oder -sirup (Menge nach Wahl), z. B. von Apfel, Orange, Pfirsich, Johannisbeere, Banane, Honig.

Zubereitung: Den Tee zubereiten, etwas Honig und Frucht-
sirup zugeben, nach Wunsch mit etwas Mineralwasser verdünnen.

Grüner Tee mit Apfel

Zutaten für 1/2 Liter: 4 Teelöffel grüner Tee auf 1/2 Liter Wasser, 2 in Scheiben geschnittene Äpfel, 200 ml Apfelsaft, etwas
Zitronensaft.
Zubereitung: Den Tee zubereiten und abkühlen lassen. Apfel-
und Zitronensaft mischen, die Apfelscheiben hineinlegen und
einwirken lassen. Den Saft in Gläser geben und dann mit Tee
auffüllen.

Grüner Tee für Sportler

Dieser Tee eignet sich ideal als Durstlöscher nach der Turn-
stunde oder dem Sport; er schmeckt und gleicht nebenbei den
durch das Schwitzen verursachten Mineralstoff- und Salz-
verlust aus.
Zutaten für 1/2 bis 1 Liter: 4 Teelöffel grüner Tee auf 1/2 Liter
Wasser, Saft einer Grapefruit oder Zitrone, Mineralwasser,
1 Prise Meersalz.
Zubereitung: Den Tee zubereiten. Machen Sie einen zweiten
Aufguss, und verwenden Sie nur diesen koffeinarmen Teil. Den
Tee kalt stellen, Grapefruit- oder Zitronensaft zugeben, nach
Wunsch mit Mineralwasser verdünnen und zum Schluss
Meersalz unterrühren.

Seniorentee

Grüner Tee hilft gegen die natürlichen Beschwernisse des
Älterwerdens. Er stärkt das Herz, regt den Appetit an und fördert die Konzentration sowie das Gedächtnis. Wenn Sie
abends nicht einschlafen können, versuchen Sie auf den Mit-
tagsschlaf zu verzichten. Der Tee hilft Ihnen über das Nachmittagstief hinweg.

Zutaten für 1/2 Liter: 4 Teelöffel Bancha-Tee, 1 Teelöffel Kamillenblüten, 1 Teelöffel Honig, etwas Zitronensaft.
Zubereitung: Die Teeblätter und Kamillenblüten mischen, mit 1/2 Liter 90 °C heißem Wasser aufbrühen und 5 Minuten ziehen lassen. Dann den Honig und Zitronensaft zugeben.

Aufwärmtee für Große
Folgende Mischung wärmt an kalten, langen Winterabenden.
Zutaten für 1 Liter: 5 Teelöffel grüner Tee, 1 Teelöffel schwarzer Tee, 2 Esslöffel Rum, 4 Teelöffel Honig.
Zubereitung: Grüne und schwarze Teeblätter mischen, mit 1 Liter 90 °C heißem Wasser übergießen und vier Minuten ziehen lassen. Rum sowie Honig untermischen und das Ganze sehr warm trinken.

Kalter Vitamindrink für unterwegs
Zutaten für 1,5 Liter: 6 Teelöffel Bancha-Tee auf 1/2 Liter Wasser, 1/2 Liter schwarzer Johannisbeersaft, 1/2 Liter Mineralwasser, Honig.
Zubereitung: Den Tee zubereiten und kalt stellen. Dann mit gekühltem Johannisbeersaft sowie Mineralwasser mischen und mit Honig süßen.

Kraftspender für zu Hause und unterwegs
Zutaten für 1 Liter Tee: 6 Teelöffel koffeinreiche grüne Teeblätter, Saft einer Zitrone, 1 Teelöffel Honig.
Zubereitung: Den Tee zubereiten. In den warmen Tee Zitronensaft und Honig einrühren, den Tee in eine Thermoskanne füllen und mit Mineralwasser auffüllen. Der Energiespender schmeckt warm und kalt.

Brotaufstrich aus Jasmintee
Zutaten: 6 Teelöffel Jasmintee auf 1 Liter Wasser, 3 cm lange Vanilleschote, 500 Gramm Gelierzucker, Saft von 1 Zitrone.

Zubereitung: Den Jasmintee zubereiten. Die Vanilleschote zerreiben und zugeben. Den Tee zusammen mit Gelierzucker und Zitronensaft zum Kochen bringen und 1 Minute lang kochen lassen; es muss richtig sprudeln. Dann in verschließbare Einmachgläser füllen.

Grüntee-Kekse

Zutaten: 360 Gramm Weizenmehl, 1 Päckchen Backpulver, 50 Gramm Zucker, etwas Salz, 2 frische Eier, 100 ml starker fertiger Grüntee, 50 Gramm Butter.

Zubereitung: Mehl, Backpulver, Zucker und Salz vermischen. Die Eier mit grünem Tee und Butter verrühren. Alle Zutaten zusammengeben und daraus einen Teig kneten. Diesen ausrollen, Quadrate ausschneiden und zu Dreiecken zusammenschlagen. Diese auf ein gefettetes Backblech legen, mit Grüntee bepinseln und im vorgeheizten Ofen bei 180 °C etwa 25 Minuten lang backen.

Eistees

Den Amerikanern haben wir zwei gravierende Neuerungen im Zusammenhang mit Tee zu verdanken: Sie erfanden den Teebeutel und entdeckten den Eistee. Zum Eistee kamen sie so: Auf der Weltausstellung in St. Louis im Jahr 1904 bot der Händler Richard Blechynden Tee aus Indien und Ceylon an. Doch war es drückend warm, und kein Besucher wollte den heißen Tee kosten. Die Kaltgetränke, die rechts und links von seinem Stand angeboten wurden, verkauften sich dagegen prächtig. Kurzerhand nahm Blechynden Longdrink-Gläser, füllte sie mit Eisstückchen und goss den heißen Tee darüber. Als dieser abgekühlt war, bot er den seltsamen braunen Trunk als Neuigkeit an – und hatte Erfolg. Schnell er-

Als Getränk für Erwachsene dürfen Sie den Tee großzügig dosieren (bis zu einem Esslöffel Teeblätter pro Glas), für Kinder sollten Sie den koffeinarmen Bancha nehmen und diesen sparsamer dosieren.

oberte der Eistee einen US-Staat nach dem anderen und stieg zu einem der beliebtesten Getränke auf.

Eistee ist keineswegs nur ein kalter oder gar erkalteter, abgestandener Tee. Das Besondere an ihm ist, dass der frisch zubereitete heiße Tee schockartig abgekühlt wird und sein volles Aroma behält. Er erfrischt, löscht den Durst und ist zu Recht ein Super-Sommer-Getränk.

Grundrezept Eistee, Tea on the Rocks

Zutaten für ein Glas (200 ml): 2 Teelöffel grüner Tee pro Glas, Eiswürfel, Zucker, Zitronensaft.

Zubereitung: Den Tee zubereiten. Ein hohes Glas zu zwei Dritteln mit Eiswürfeln füllen, den heißen Tee darüber gießen und mit Zucker oder Zitronensaft abschmecken.

Beim Eistee können Sie Ihrer Fantasie freien Lauf lassen. Erlaubt ist, was schmeckt. Es dürfte selbstverständlich sein, dass sämtliche flüssigen Zutaten kühlschrankkalt verwendet werden, sofern kein Eis oder keine Eiswürfel zur Rezeptur gehören. Hier einige Vorschläge:

Eistee mit Fruchtsaft und Mineralwasser

Zutaten für 1,5 Liter: 1 Esslöffel grüner Tee auf 1/4 Liter Wasser, 1/2 Liter Traubensaft, 1/4 Liter Grapefruitsaft, 1/2 Liter Mineralwasser.

Zubereitung: Den Tee zubereiten. Mit Säften und Mineralwasser mischen.

Eistee für Sportler

Zutaten für 1/2 Liter: 2 Teelöffel grüner Tee auf 200 ml Wasser, 200 ml Birnensaft, 1/2 Teelöffel Traubenzucker, 100 ml Mineralwasser, etwas Meersalz.

Zubereitung: Den Tee zubereiten, restliche Zutaten zugeben und gut mischen.

Eistee mit Gewürzen

Zutaten für 1 Liter: 1 Teelöffel gemahlener Ingwer, 1 Teelöffel Zimt, 4 Gewürznelken, 10 grüne Pfefferminzblätter, 12 Teelöffel grüner Tee auf 1 Liter Wasser, etwas Honig, Saft von 3 Zitronen.

Zubereitung: Die Gewürze vermischen und im Mörser zerkleinern, mit den Teeblättern vermischen und heißes Wasser darüber gießen, 4 Minuten ziehen lassen. Nach Geschmack süßen und Zitronensaft zugeben. Eiswürfel in ein Glas füllen und mit Tee aufgießen.

Eistee mit Zimt

Zutaten für 1 Liter: 6 Teelöffel grüner Tee auf 1 Liter Wasser, 1/2 Zimtstange, 3 Teelöffel Honig, Zitronensaft.

Zubereitung: Den Tee mit der zerkleinerten Zimtstange zubereiten. In den warmen Tee Honig und Zitronensaft geben, eventuell mit Angostura-Bitter abschmecken und zum Schluss kalt stellen.

Eistee mit Schuss

Für Ihre Sommerparty können Sie Eistee auch mit Alkoholika mischen. Es passen Gin, Cognac, Rum oder Campari.

Zutaten für 1/2 Liter: 12 Teelöffel grüner Tee auf 1/2 Liter Wasser, Saft von einer Zitrone, 4 cl Alkohol nach Geschmack.

Zubereitung: Den Tee zubereiten. Zwei Gläser halb mit Eiswürfeln füllen und jeweils den Saft einer halben Zitrone dazugeben. Den heißen Tee darüber geben und je 2 cl Alkohol hinzufügen.

Süßes mit Tee, erfrischende Kaltspeisen

Wenn Sie die folgenden Leckereien auch Kindern servieren wollen, sollten Sie dafür den zweiten Aufguss eines koffeinarmen Tees verwenden.

Jasmintee mit Kirschen

Zutaten für 1 Liter: 1/2 Liter Kirschsaft, 150 Gramm Süßkirschen (halbiert und entkernt), etwas Zucker, Saft einer halben Orange, 6 Teelöffel Jasmintee auf 1 Liter Wasser.

Zubereitung: Den Kirschsaft im Gefrierfach zu Würfeln gefrieren lassen. Die Kirschen zuckern, den Orangensaft darüber gießen und die Kirschen 30 Minuten lang durchziehen lassen. Den Jasmintee zubereiten und 10 Minuten abkühlen lassen. Tee, Saft und Kirschen vermischen, in Gläser geben und zusammen mit den Eiswürfeln aus Kirschsaft servieren.

Süße Nachspeise

Zutaten für 4 Portionen: 2 Teelöffel grüner Tee auf 1/2 Liter Wasser, 200 ml Orangensaft, 1 Esslöffel Ahornsirup oder Kandiszucker, 4 Kugeln Vanilleeis, Schlagsahne.

Zubereitung: Den Tee zubereiten und kalt stellen. Ihn dann mit Orangensaft und Ahornsirup vermischen. Das Vanilleeis in 4 Gläsern anrichten, die Teemischung darüber gießen und mit Schlagsahne garnieren.

Tee-Shake mit Aprikosen

Zutaten für 2 Portionen: 2 Teelöffel grüner Tee auf 1/2 Liter Wasser, 8 Aprikosenhälften aus der Dose, 2 Teelöffel Puderzucker, Saft von 1 Zitrone, 4 Kugeln Vanilleeis, 2 Zweige Zitronenmelisse, Eiswürfel.

Zubereitung: Den Tee zubereiten. Die Aprikosen zerkleinern, mit Puderzucker und Zitronensaft mischen. Die Vanilleeiskugeln zu den Aprikosen geben, den Tee darüber schütten und alles zu einer homogenen Masse pürieren. Zum Anrichten mit Zitronenmelisse und Eiswürfeln garnieren.

Milchshake mit Grüntee

Zutaten für 2 Gläser: 1 Banane, 400 ml Vollmilch, 2 Teelöffel Matcha-Teepulver.
Zubereitung: Banane zerkleinern und mit Milch sowie Teepulver verquirlen.

Eis aus grünem Tee

Zutaten für 4 Portionen: 2 Teelöffel Matcha-Teepulver, 1/4 Liter süße Sahne, 1/4 Liter Vollmilch, 90 Gramm Zucker, etwas Salz.
Zubereitung: Alle Zutaten miteinander verrühren und im Kühlfach gefrieren lassen. Als Variante können Sie einen Eisbecher nach japanischer Art servieren: Dazu geben Sie in eine Eisschale Tee-Eis, Ingwerwürfel und Erdbeersahne.

Feine Eiscreme

Zutaten für 6–8 Portionen: 8 Teelöffel Matcha-Teepulver auf 1 Liter Wasser, 2 frische Eigelb, 1/2 Liter Schlagsahne, 1/4 Liter Orangensaft, etwas Zucker.
Zubereitung: Den Tee zubereiten. Die Eigelbe verquirlen und mit Schlagsahne sowie Orangensaft vermischen, zuckern. Das Ganze im Tee aufbrühen, aber nicht kochen lassen. Danach im Gefrierfach erstarren lassen.

Rezepte aus den Ursprungsländern

Marokkanischer Minztee

Marokko ist das Heimatland des Minztees. Er basiert auf grünem Gunpowder aus China und wird so süß, wie es irgend geht, getrunken. Dazu gießt man den Tee mehrmals von einer

Kanne in eine andere um und gibt nach und nach weißen Kandiszucker hinzu.

Zutaten für 1 Liter: 5 Teelöffel Gunpowder auf 1 Liter Wasser, 4 Teelöffel frische Pfefferminzblätter, 4 Teelöffel Kandiszucker, etwas Zitronensaft.

Zubereitung: Den Tee mit 3/4 Liter 90 °C heißem Wasser aufbrühen und 3 Minuten ziehen lassen. In eine zweite Kanne Minzblätter und Zucker geben, mit 1/4 Liter kochend sprudelndem Wasser überbrühen und 4 Minuten ziehen lassen. Beide Tees zusammengeben und gut umrühren. Mit Zitronenspritzern abschmecken und mit Minzeblättch garnieren.

Kaschmir-Tee

Zutaten für 1 Liter: 1 Teelöffel Grüner Assam, 3 Teelöffel Schwarzer Assam, 5 Kapseln Kardamom, 2 Gewürznelken, 1 Zimtstange, 1 Vanillestange, weißer Kandiszucker.

Zubereitung: Grüne und schwarze Teeblätter mischen, mit 1 Liter 90 °C heißem Wasser übergießen und drei Minuten ziehen lassen. Die Gewürze in die Teekanne geben und fünf Minuten einwirken lassen. Kandiszucker in die Tasse füllen und den Tee durch ein Sieb einschenken.

Afghanischer Rahmtee

Zutaten für 1 Liter: 4 Teelöffel grüner Tee, 1 Teelöffel Natron, 1,5 Liter Vollmilch, Schlagsahne, etwas Kardamom, Zucker.

Zubereitung: 1 Liter Wasser zum Kochen bringen. Tee sowie Natronpulver zufügen und 10 Minuten lang kochen lassen. Der Sud färbt sich braun. Danach abseihen. In ein zweites Gefäß zwei Esslöffel kaltes Wasser geben. Dann den braunen Sud langsam und in dünnem langem Strahl in das zweite Gefäß laufen lassen. So lange wiederholen, bis der braune Sud rötlich wird. Den rötlichen Sud in die Milch gießen, mit Kardamom würzen und erhitzen. In die Gläser füllen, süßen und mit Schlagsahne garnieren.

Grüner Tee **95**

Jasmin- oder Oolongtee mit Zimt
Zutaten für 1 Liter: 1/2 Zimtstange, 2 Gewürznelken, 6 Teelöffel Jasmin- oder Oolong-Tee auf 1 Liter Wasser, Kandiszucker oder Honig.
Zubereitung: Zimtstange und Gewürznelken im Mörser zerkleinern, gut mit den Teeblättern vermischen, mit 1 Liter heißem Wasser überbrühen und 3–4 Minuten ziehen lassen. Nach Bedarf süßen.

Gewürztee
Zutaten für 1 Liter: Zimtstange, Gewürznelke, Vanille, 6 Teelöffel grüner Tee, Honig und Angostura-Bitter.
Zubereitung: Die Gewürze im Mörser zerkleinern und mit den Teeblättern mischen. Alles in eine Kanne geben und mit heißem Wasser übergießen. 4 Minuten ziehen lassen. Mit Honig süßen und mit Angostura-Bitter abschmecken.

Grüner Tee mit Apfel und Ingwer
Zutaten für 4 Tassen: 1/4 Liter Apfelsaft, 1 Scheibe Ingwerwurzel, 4 Teelöffel grüner Tee, 1 Esslöffel Honig.
Zubereitung: 1/2 Liter Wasser, Apfelsaft und Ingwer in einen Topf geben, aufkochen und etwa 5 Minuten abkühlen lassen. Damit die Teeblätter überbrühen, 5 Minuten ziehen lassen, mit Honig süßen.

Für die Party
Grünen Tee können Sie auch auf einer Party anbieten. Lassen Sie sich von folgenden Rezepten anregen:

Grüntee-Cocktail
Zutaten für 1 Glas: 30 ml grüner Tee, frisch zubereitet, 30 ml Sekt, 30 ml Orangensaft.
Zubereitung: Den Tee akühlen lassen. Sekt sowie Orangensaft zugeben und auf Eiswürfeln servieren.

Tee-Früchte-Bowle ohne Alkohol
Zutaten für 3 Liter: 12 Teelöffel grüner Tee auf 1 Liter Wasser,
200 Gramm Zucker, 1/2 Liter Orangensaft, 1/4 Liter Zitronensaft, 2 geschälte Orangen, 1 geschälte Zitrone, Früchte der
Saison.
Zubereitung: Den Tee zubereiten, den Zucker einrühren und
den Tee kalt stellen. Dann den Orangen- und Zitronensaft
untermischen. Die Früchte klein schneiden und zugeben. Alles
mit Eiswürfeln servieren.

Einfacher Tee-Punsch
Zutaten für 2 Liter: 2 Teelöffel grüner Tee auf 1/2 Liter Wasser,
1–2 Flaschen Weißwein, Saft von 1 Zitrone, Zucker.
Zubereitung: Den Tee aufbrühen und 4–10 Minuten ziehen
lassen (darauf achten, dass er nicht bitter wird). Den
Weißwein zusammen mit dem Zitronensaft erhitzen. Den Tee
zugießen und süßen.

Japanischer Tee-Punsch
Zutaten für 3 Liter: 2 Teelöffel grüner Tee auf 1/2 Liter Wasser,
250 g Zucker, abgeriebene Schale einer unbehandelten Zitrone
oder Zitronenaroma, 2 Flaschen Rotwein, 1 Flasche Arrak.
Zubereitung: Den Tee zubereiten und 3 Minuten ziehen lassen.
Den Zucker und die geriebene Zitronenschale (bzw. das Zitronenaroma) dem Tee zufügen, umrühren und durch ein Sieb in
einen Topf gießen. Wein und Arrak zugeben, alles erhitzen,
aber nicht aufkochen lassen. Heiß servieren.

Chinesischer Tee-Punsch
Zutaten für 4 Liter: Saft und abgeriebene Schalen von 2 unbehandelten Orangen, 1/8 Liter Kirschwasser, 1/8 Liter Arrak,
150 ml Lychee-Sirup, 200 Gramm Kandiszucker, 1 Vanilleschote, 6 Teelöffel grüner Tee auf 1 Liter Wasser, 2 Flaschen
Rotwein.

Zubereitung: Orangensaft, Kirschwasser, Arrak, Lychee-Sirup, Kandiszucker und Vanille gut miteinander mischen. Stehen lassen, bis sich der Zucker aufgelöst hat. Den Tee zubereiten. Zusammen mit dem Wein und den abgeriebenen Orangenschalen erhitzen. Beide Mischungen zusammenfügen, umrühren und durch ein Sieb in Gläser füllen.

Schwarzer Tee

200 Jahre lang importierten die Europäer Tee vom anderen Ende der Welt, ohne zu wissen, wie Tee angebaut, verarbeitet und gemischt wird. Die Chinesen behielten ihr Wissen über die Verarbeitung der Teeblätter streng für sich, doch als es schließlich aufgedeckt war, konnte niemand mehr den schwarzen Tee aufhalten. Die Briten überzogen eine Kolonie nach der anderen mit Teeplantagen, und der schwarze verdrängte den grünen Tee fast vollständig vom Markt. Heute werden 80 Prozent der Welternte zu schwarzem Tee verarbeitet.

Herber und kräftiger Geschmack

Der schwarze Tee mit seinem herben und kräftigen Geschmack entspricht eher dem, was Europäer und Nordamerikaner wünschen. Auch seine Farbe spricht viele Menschen stärker an als das blasse Gelbgrün des Grüntees. Er passt zu Milch und Zucker, verträgt allerlei Zutaten, und die europäischen süßen Backwaren und sonstigen Leckereien schmecken ausgezeichnet dazu. Jede Nation konnte den Tee ihren Vorlieben und Eigenarten entsprechend verfeinern.

Der gravierende Unterschied zwischen grünem und schwarzem Tee liegt in der Fermentation. Dabei entwickeln sich die ätherischen Öle, und der Gehalt an Gerbstoffen verringert sich, die Blätter bekommen ihre rotbraune bis schwarze Farbe und den typischen aromatischen Duft. Schwarzer Tee enthält rund 500 ätherische Öle, die meisten entstehen erst während der Fermentation. Streng genommen ist der Begriff »Fermentation« falsch, denn bei einer echten Fermentation sind Bakterien und andere Mikroorganismen beteiligt und zersetzen das Laub. Bei der Fermentation des Tees laufen jedoch nur Reaktionen mit Luft-Sauerstoff und den Zellsäften ab. Allerdings hat die Fermentation zum Schwarztee auch einen Nachteil: Die für die Gesundheit so wichtigen Gerbsäuren des Teeblattes verschwinden zu einem erheblichen Teil, hochwertige Vitamine werden zerstört.

Sorten, Varianten und ihre Zubereitung

Beim schwarzen Tee schwanken die Qualitäten zum Teil erheblich. Mehr als beim Grüntee entscheidet das Herkunftsland über die Güte und den Preis.

Übersicht über die wichtigsten Herkunftsländer:

Indien: Assam, Darjeeling, Nilgiri
Sri Lanka: Ceylon-Tees
China: Kenam im Osten (Jangtsekiang)
Indonesien: Java, Sumatra
Afrika: Kenia, Tansania

Indien

Die Engländer führten im 19. Jahrhundert in Indien den Tee ein. Zuerst versuchten sie chinesischen Tee (*Camellia sinensis*) anzubauen, doch vergeblich. Dann wurde der Assam-Strauch (*Camellia assamice*) gefunden. An 120 verschiedenen Orten entnahmen die Pflanzer den wilden Teepflanzen Saatgut, mischten und vermehrten es und begannen in Assam mit dem Anbau in großem Stil. Knapp zwanzig Jahre später fand der gesamte Ernteertrag in London finanzstarke Abnehmer, und man begann immer mehr Provinzen mit Teeplantagen zu überziehen.

Assam-Teesorten

Assam ist eine mäßig hohe Ebene im Nordosten Indiens und erstreckt sich beidseitig am Brahmaputra. Der Strom und seine Nebenflüsse prägen die Landschaft, der Monsunregen macht die Landschaft zu einer der fruchtbarsten Regionen des Subkontinents. Hier liegt das größte zusammenhängende Teeanbaugebiet der Welt. Assamtee schmeckt kräftig, würzig sowie herb, und der Aufguss ist von dunkler Farbe. Sein starkes Aroma verträgt jedes Wasser; selbst hartes Wasser kann ihm wenig anhaben. Während der Regenzeit wachsen die Teesträucher schnell, die Ernte liefert einen großen Ertrag. Die Qualität nimmt jedoch ab, und man spricht vom sogenannten Regentee.

Assamtee harmoniert mit Milch und Zucker, Sahne, Früchten und Alkoholika. Diese Vielfalt macht ihn zum meistgetrunkenen Tee weltweit, und man nimmt ihn auch gerne für Teemischungen.

Zubereitung: 12 Gramm Teeblätter auf 1 Liter kochendes Wasser, 3 bis 4 Minuten ziehen lassen. Mit einem Stück Kandis servieren.

Assam First Flush

Geschmack und Farbe: Die erste Ernte liefert einen duftig-blumigen, aber dennoch würzigen Tee. Der Aufguss hat eine helle, goldgelbe Farbe.

Merkmale und Besonderheiten: Im Februar beginnt die erste Ernteperiode, der so genannte First Flush. Nach der Vegetationspause im Winter sind die Pflanzen sehr zart und enthalten noch wenig Gerbstoffe. Die Teeblätter verlieren schnell an Frische.

Assam Second Flush

Geschmack und Farbe: Dieser Assamtee ist kräftig, würzig und von dunkelroter bis dunkelbrauner Farbe.

Merkmale und Besonderheiten: Die Blätter aus der Sommerernte Mitte Mai bis Ende Juni liefern den besten und am meisten typischen Assamtee.

Darjeeling-Teesorten

Darjeeling ist ein kleines Städtchen im Hochland an den Südhängen des Himalaja und gab dieser feinen Teesorte den Namen. Wärme und Regenmenge in dieser Region sind ideal für den Tee-Anbau. In der Nacht kühlt es so weit ab, dass die Teesträucher langsam wachsen und ein volles Aroma entwickeln können. Die Teeplantagen liegen in einer Höhe von 800 bis 2000 Metern und erzeugen die exklusivsten Tees der Welt. Darjeeling-Tees sind so zart und fein, dass sie fast immer pur und unvermischt auf den Markt kommen. Ende Juni bis Anfang Juli setzt der große Monsunregen ein. Jetzt ist die Ernte reichlich, aber die Qualität lässt nach.

Zubereitung: 12 Gramm Teeblätter auf 1 Liter weiches kochendes Wasser, 3 Minuten ziehen lassen. Schmeckt am besten ungesüßt.

Darjeeling First Flush

Geschmack und Farbe: Der Tee schmeckt zart, frisch sowie blumig und liefert einen hellgoldenen Aufguss. Leichtes Aroma.

Merkmale und Besonderheiten: Je nach Witterung findet von März bis Ende April die erste Ernte statt. Die Blätter sind dann noch jung und zart. Anfangs kommt man an einem Tag auf bis zu 150 kg versandfertigen Tee, später werden es von Monat zu Monat mehr.

Darjeeling In Between

Geschmack und Farbe: Der In Between steht zwischen dem First und Second Flush; er ist aromatisch, leicht blumig und mild. Der Aufguss wird hellrötlich.

Merkmale und Besonderheiten: Die Ernte beginnt im April, gleich nach dem First Flush. Im Mai tendiert der Tee schon zum kräftigen Second Flush.

Darjeeling Second Flush
Geschmack und Farbe: Der Aufguss schimmert wie helles Kupfer, ist aromatisch, duftig und vollmundig.
Merkmale und Besonderheiten: Im Sommer entwickeln die Blätter ihr volles Aroma; der Aufguss dieser Ernte ist kräftiger, man spricht vom Second flush. Erntezeit ist von Ende Mai bis Ende Juni; Hauptmassse der Jahresernte.

Darjeeling Autumnals
Geschmack und Farbe: Der Tee bietet ein duftiges, leichtes und aromatisches Getränk von heller Farbe.
Merkmale und Besonderheiten: Der Herbsttee kennzeichnet die Ernten ab Oktober. Nun sind die Blätter gröber, aber dennoch sehr aromatisch. Die Qualität liegt immer noch über dem Durchschnitt.

Nilgiri
Geschmack und Farbe: Der Tee hat ein frisches, lebhaftes Aroma. Der Aufguss färbt sich goldgelb.
Merkmale und Besonderheiten: Im südindischen Hochland wird dieser Tee in Höhenlagen zwischen 800 und 2000 Metern angebaut. Zur Trockenzeit zwischen Januar und März entwickelt er ein feines, weiches Zitronenaroma und erinnert damit an die Ceylontees.
Zubereitung: 12 Gramm Teeblätter auf 1 Liter weiches, kochendes Wasser, 3 Minuten ziehen lassen.

Sri Lanka
Die Insel erzeugt herbe, aromatische Teesorten, die man nach dem früheren Landesnamen noch heute Ceylontees nennt.

Zum Tee kam Ceylon spät. Von 1656 bis 1796 herrschten dort die Holländer, dann kamen die Briten und legten riesige Kaffeeplantagen an.

Ende des 19. Jahrhunderts vernichtete ein Kaffeepilz die Plantagen, und erst jetzt begannen einige Pflanzer mit dem Anbau von Tee. Heute ist Sri Lanka der zweitgrößte Tee-Exporteur der Welt.

Der Tee wird im zentralen Hochland angebaut. Dabei unterscheidet man drei Höhenkategorieren:

▶ *Lowgrows:* Die Teesträucher wachsen in einer Höhe von bis zu 650 Metern. Es ist der Tee aus den niedrigeren Lagen und hat weniger Aroma als Highgrows.

▶ *Mediums:* Die Plantagen liegen in Höhenlagen zwischen 650 und 1300 Metern.

▶ *Highgrows:* Sie liefern den Hochlandtee mit seinem zarten, blumigen Aroma. Die Teegärten liegen zwischen 1300 bis 2500 Metern Höhe.

Zubereitung: Je nach Sorte 10–13 Gramm Teeblätter auf 1 Liter weiches, kochendes Wasser, 2 Minuten ziehen lassen.

China

China ist das Ursprungsland des Tees, doch erst während der Ming-Dynastie begannen die Chinesen, ihren Tee mit heißem Wasser aufgebrüht zu trinken. Zwei Drittel des erzeugten Tees verbrauchen die Chinesen selbst. Schwarzer Tee macht nur einen geringen Teil der Mengen aus.

Keemun

Geschmack und Farbe: Der Schwarztee ist aromatisch sowie zart und ergibt ein bräunliches, weiches, leicht würziges Getränk.

Merkmale und Besonderheiten: Das hügelige Keemun liegt in der Provinz Anhui im Osten Chinas am Unterlauf des Jangtsekiang. Von dort stammt diese wohl bekannteste Schwarzteesorte aus China.

Zubereitung: 13 Gramm Teeblätter auf 1 Liter weiches, kochendes Wasser, 2 Minuten ziehen lassen.

Lapsang-Souchong (Rauchtee)

Geschmack und Farbe: Diese chinesische Spezialität schmeckt rauchig und leicht aromatisch.

Merkmale und Besonderheiten: Souchong ist ein besonders großblättriger Tee, nämlich von der Knospe aus gesehen das vierte bis sechste Blatt. Die Blätter werden nach der Fermentation aromatisiert. Dazu legt man sie auf eine heiße Eisenplatte und röstet sie an; danach kommen die Blätter auf Bambushürden, und zwar über ein Feuer aus frischen, harzigen Nadelholzzweigen, die einen starken Rauch entwickeln, und werden so geräuchert. Einen nur kurz geräucherten Tee nennt man »Lapsang«, der länger geräucherte Tee heißt »Tassy Souchong«.

Zubereitung: 13 Gramm Teeblätter auf 1 Liter weiches, kochendes Wasser, 2 Minuten ziehen lassen. Schmeckt gut mit einem kleinen Löffel Kandis.

Spezialitäten: Rosentee, Litschi-Tee

Die Teeblätter werden zusammen mit Rosenblüten oder Litschi gedämpft und erhalten so ihren duftigen, blumigen Geschmack.

Indonesien

Die Teesorten aus Java und Sumatra erinnern an Assamtee, man nimmt sie überwiegend für Mischungen. Java liegt südlich vom Äquator; den besten Tee erntet man nach der Regenzeit im August und September. Das Klima in Sumatra ist ausgeglichen. Die Insel liegt direkt unter dem Äquator und liefert das ganze Jahr hindurch wegen der idealen Bedingungen für das Wachstum der Teepflanzen eine gleichbleibende Qualität.

Schwarzer Tee   105

Afrika

Kenia ist das erfolgreichste junge Teeland Afrikas, ist im internationalen Teehandel aber eher unbedeutend. Die produzierten Tees werden meist zu englischen Mischungen, und hier vor allem für Teebeutel, verarbeitet. Aus dem kenianischen Hochland kommen Qualitäten, die als so genannter »Gartentee« in den Handel gelangen.

Teemischungen

In der Fachsprache heißen sie »Blended Tea« oder einfach »Blend«. Teemischungen können bis zu zwanzig verschiedene Teesorten enthalten, meist sind weniger üblich. Sie bringen viele Vorteile für den Hersteller und den Kunden. Jahreszeitliche Schwankungen der Ernte und Unterschiede in der Qualität lassen sich so ausgleichen. Tatsächlich schmeckt nur ein Blend immer gleich, und man kann ihn zu jeder Jahreszeit kaufen. Außerdem kann der Produzent den Tee den Vorlieben seiner Kunden anpassen, auf regionale Gegebenheiten wie zum Beispiel die Wasserhärte eingehen und seine Mischung darauf einstellen.

Ostfriesische Mischung

Alle Friesen, egal ob aus dem Osten, Westen oder Norden, sind begeisterte Teetrinker. Der Pro-Kopf-Verbrauch liegt dort bei 2,5 Kilogramm pro Jahr. Sie haben ihre eigenen so genannten »Ostfriesen-Mischungen«. Darin überwiegt mit bis zu 80 Prozent der herbe Assamtee. Er verträgt von jeher das Trinkwasser der Küstenregionen und schmeckt ausgezeichnet mit Kandis sowie Milch. Zum klassischen Nachmittagstee gehören Waffeln mit Pflaumenmus und Sahne.

Geschmack und Farbe: Es sind kräftige, würzige Mischungen, malzig sowie sehr ergiebig; sie bilden einen dunklen Tee.

Merkmale und Besonderheiten: Assam Second Flush bildet meist die Basis der Mischung, ergänzt durch preiswertere Sorten aus Java und Ceylon. Die Friesen trinken den Tee mit einem Stück Kluntje (Kandis) und einem kleinen Löffel Sahne pro Tasse beziehungsweise Koppke. Es wird nicht umgerührt! *Zubereitung:* 14 Gramm Teeblätter auf 1 Liter kochendes Wasser, 5 Minuten ziehen lassen.

Englische Mischungen

Diese English Blends enthalten meist kräftige Teesorten, wobei der Tee relativ häufig nach dem so genannten CTC-Verfahren produziert wurde. Dabei wird der Tee maschinell zermalmt, zerrissen sowie gerollt und erreicht eine durchschnittliche, seltener gehobene Qualität. Es gibt spezielle Mischungen für das Frühstück, den Fünf-Uhr-Tee und für andere Gelegenheiten.
Geschmack und Farbe: Würzige und aromatische Mischungen bei dunkler Farbe.
Merkmale und Besonderheiten: Die Mischungen aus Assam-, Darjeeling- und Ceylon-Teesorten vertragen sich gut mit Sahne und Milch. Dazu passt süßes Gebäck ebenso wie der klassische Teekuchen oder ein Sandwich.
Zubereitung: 14 Gramm Teeblätter auf 1 Liter kochendes Wasser, 5 Minuten ziehen lassen. Mit weißem Kandis und Sahne oder Milch trinken.

Russische Teemischungen

Russland entdeckte den Tee erst spät, nämlich, als Karawanen aus China die kostbaren Blätter durch das weite Land nach Europa transportierten. Dann aber wurde er ebenso wie in der Türkei und in Persien zum Nationalgetränk.
Der russische Tee wird traditionell im Samowar zubereitet, einem speziellen, sehr kunstvoll verzierten Teekocher aus Kupfer, Bronze oder Silber; wahrscheinlich haben ihn die Mongolen oder nordchinesische Völker erfunden. Der Samowar besteht aus einem großen Wasserkessel und einem Kännchen. Die eingebaute Heizquelle (einst ein kleines Kohlebecken,

heute ein elektrisches Kochfeld) hält das Teewasser ständig heiß. Über dem Wasserkessel steht das Teekännchen, gefüllt mit sehr viel Tee und wenig Wasser. Will man ein Glas Tee trinken, so nimmt man zuerst etwas vom sehr starken Tee im Kännchen und füllt das Glas mit heißem Wasser auf.

Russische Mischungen bestehen aus leichten Schwarzteesorten; teils stammen sie aus eigenem Anbau, teils werden sie aus China, Ceylon und Indien importiert. Es sind in der Regel einfache Qualitäten. Samowartee ist sehr dunkel, denn er zieht lange, wobei viele Gerbstoffe frei werden. Das Koffein verliert sich durch die Ziehdauer, sodass dieser Tee kaum aufmunternd wirkt. Dafür entfaltet er eine beruhigende Wirkung auf Magen und Darm.

Geschmack und Farbe: Aromatische Mischungen mit dunkler Farbe.

Merkmale und Besonderheiten: Russische Mischungen sind meist von einfacher bis mittlerer Qualität. Sie vertragen sich gut mit Milch, Sahne, Zitrone oder Zimt.

Zubereitung: 13 Gramm Teeblätter auf 1 Liter kochendes Wasser, 3 Minuten ziehen lassen.

So bereiten Sie den Tee im Samowar zu
Den großen Kessel mit Wasser füllen und dieses zum Kochen bringen. In einer Extra-Kanne 25 Gramm Teeblätter mit 1/2 Liter kochendem Wasser überbrühen, 4 Minuten ziehen lassen und durch ein Sieb in die Samowar-Kanne umgießen. Den Teekessel auf den Aufsatz des Samowars stellen, dort bleibt er über Stunden hinweg heiß.

Aromatisierte Tees
Der Teekenner nennt aromatisierte Tees auch »Scented Tea«. Die Chinesen lieben von jeher aromatisierte Tees, und es ist interessant, die verschiedenen Varianten auszuprobieren, die

es in großer Auswahl gibt. Zum Aromatisieren nimmt man meist mittlere Teequalitäten und besprüht sie mit ätherischen Ölen oder versetzt sie mit getrockneten Blüten, Blättern, Gewürzen, Schalen oder Fruchtstückchen, sodass sie deren Geruch und Geschmack annehmen. Pro 100 Gramm Teeblätter werden durchschnittlich zwei Gramm Aromen benötigt. Am bekanntesten sind unter den aromatisierten Grüntees der Jasmintee, bei den Schwarztees sind es Vanille- und Orangentees sowie der Earl Grey mit Bergamottöl.

Beachten Sie genau die auf der Packung angegebene Ziehdauer. Nur so erhalten Sie möglichst viel aromatischen Duft und Geschmack in der Tasse.

Beispiele für aromatisierte Tees

Tee mit Fruchtstücken: Apfel, Aprikose, Banane, Brombeere, Erdbeere, Himbeere, Johannisbeere, Kokos, Litschi, Mango, Maracuja, Pfirsisch, Wildkirsche
Tee mit Schalen: Limette, Orange, Pflaume, Zitrone
Tee mit Ölen: Bergamotte, Pfefferminze, Orange
Tee mit Blüten oder Blättern: Hibiskus, Jasmin, Magnolie, Rose, Sonnenblume, Saflor
Tee mit Gewürzen: Anis, Honig, Ingwer, Karamell, Kardamom, Mandel, Nelken, Vanille, Zimt
Sonstige: Kakao, Rum, Sahne, Whiskey

Earl Grey Tea

Dies ist der bekannteste aromatisierte Tee. Es ist ein schwarzer Tee aus China, Indien bzw. Ceylon oder eine entsprechende Mischung, versetzt mit Bergamottöl. Benannt wurde er nach dem britischen Außenminister Charles Earl of Grey, der im Jahr 1830 erstmals den mit Bergamottöl aromatisierten Tee von einer Reise nach China mit nach England brachte.

Geschmack und Farbe: Der Tee schmeckt nach Zitrusfrüchten und duftet nach Parfüm. Abhängig von der verwendeten Schwarzteemischung ist der Earl Grey von goldgelber bis dunkler Farbe.

Merkmale und Besonderheiten: Ein kräftiger Klassiker unter den aromatisierten Tees.

Zubereitung: 13 Gramm Teeblätter auf 1 Liter kochendes Wasser, 2–3 Minuten ziehen lassen. Mit weißem Kandis süßen.

Tee für alle: Von Namen und Marken

Bis zum Ende des 19. Jahrhunderts verkauften Einzelhänder und Apotheker den Tee offen. Man wog die gewünschte Menge ab, verpackte sie in eine Tüte und verlangte viel Geld dafür – bis Thomas Lipton den ersten abgepackten Tee unter seinem Namen auf den Markt brachte.

Lipton

Thomas Lipton wurde 1850 in Glasgow geboren. Seine Eltern stammten aus Irland und waren erst zwei Jahre zuvor nach Schottland übersiedelt. Lipton selbst zog es später einige Jahre nach Amerika, wo er moderne Geschäfts- und Werbemethoden kennen lernte. Wieder heimgekehrt, eröffnete er einen kleinen Laden und wurde durch sein aggressives Marketing rasch über Glasgow hinaus bekannt. Als Lipton 1894 nach London kam, war er schon Millionär.

Zu dieser Zeit litten die Kaffeeplantagen auf Ceylon unter massivem Pilzbefall, und die Kaffeepflanzer standen vor dem Ruin; Lipton kaufte ihre Plantagen auf und ließ darauf Tee anbauen. Doch er tat noch mehr. Er umging die Zwischenhändler und startete die Kampagne: »Von der Teeplantage direkt auf Ihren Tisch!« Von nun an gab es Lipton-Tee in fertigen Mischungen, und der Kunde konnte sich auf eine gleichbleibende Qualität verlassen. Für jede Wasserbeschaffenheit bot Lipton die passende Teemischung. Auf den Päckchen waren der Preis, das Gewicht, der Name und die Qualität des Tees angegeben. Lipton brachte so die ersten Marken in den Handel.

Twining

Twining ist der Name der ältesten britischen Tee-Dynastie. Sie wurde von Daniel Twining gegründet, einem Weber, der sich im Jahre 1684 mit seinem Sohn Thomas in London niederließ. Dieser ging bei einem großen Teehändler in die Lehre und eröffnete 1706 sein erstes eigenes Lokal, das »Tom's Coffee House«, später noch das »Golden Lion«. Kaffeehäuser waren damals weit verbreitet, doch Thomas Twinning ließ als erster dort auch Tee verkaufen und trug so erheblich zu dessen Verbreitung in London bei.

Fortnum & Mason

Die dritte große Teemarke Fortnum & Mason geht auf William Fortnum zurück, der im Jahre 1705 nach London kam und sich mit dem kleinen Gemischtwarenhändler Hugh Mason anfreundete. Ihre gemeinsame Firma wuchs rasch zu einer Nobelfirma für Luxusgüter an, wozu damals auch Tee gehörte.

Die Zubereitung von schwarzem Tee – Tipps und Tricks

Schwarzer Tee ist in seiner Zubereitung weit weniger empfindlich als grüner. Besonders die Assamsorten vertragen nahezu jede Wasserqualität. Dennoch, und erst recht, wenn Sie die feineren Darjeelings probieren, sollten Sie folgende Punkte beachten:

▶ Wärmen Sie Kanne und Tasse vor. Wenn kochendes Wasser

auf eine kalte Kanne trifft, kühlt es schlagartig ab. Der Tee braucht jedoch das Wasser kochend, sonst kann er seine Inhaltsstoffe nicht voll entfalten.

▶ Nehmen Sie ausreichend viel Tee. 1 Teelöffel entspricht etwa 2 Gramm, das ist die Mindestmenge für eine Tasse. Tee sollte kräftigen und beleben, ein zu dünner Aufguss schmeckt nicht.

▶ Das Wasser muss sprudelnd kochen, aber lassen Sie es nur kurz aufkochen.

▶ Ein 3–4-Minuten-Tee regt an, ein 5-Minuten-Tee beruhigt den Magen. Zuerst löst sich das Koffein, später werden die Gerbsäuren frei.

▶ Schwarzer Tee verträgt sich gut mit Milch, Zucker, Sahne, Alkohol, Gewürzen und Früchten bzw. Fruchtsäften.

▶ Werfen Sie die Teeblätter nach dem Ziehen nicht weg. Sie ergeben einen wertvollen Dünger für die Zimmerpflanzen.

Schwarzer Tee (auch) für die Gesundheit

Der schwarze Tee ist, in Maßen getrunken, ein gesunder Genuss – trotz der Einschränkungen durch die Fermentation. Die »Mehrzweckwaffe« Gerbstoffe ist natürlich abgestumpft und das phantastische EGCG entzaubert; dennoch bleiben einige medizinische Wirkungen übrig. Dafür schmeicheln die ätherischen Öle der Nase und rufen angenehme Gefühle hervor.

Erkältungskrankheiten
Nicht ohne Grund sind die Friesen und die Holländer die eifrigsten Teetrinker auf dem Kontinent. Bei ihnen fegen die

112 Die Klassiker: grüner und schwarzer Tee

Herbst- und Winterstürme ungebremst über das flache Land und fordern die körpereigene Abwehr ganz besonders heraus. Instinktiv wählten die Küstenbewohner ein Getränk, das schmeckt, ganz natürlich vor Erkältungen schützt und im Krankheitsfall die Heilung fördert.

Wenn ein Schnupfen länger als zwei Wochen anhält, besteht der Verdacht auf eine Nebenhöhlenentzündung. Gehen Sie dann bitte zum Arzt.

Die bakterien- und virushemmenden Wirkungen sind beim grünen und schwarzen Tee gleich. Beide helfen bei Erkältungen, Grippe und Infektionserkrankungen.

▶ *Teekur bei Erkältung:* Trinken Sie über den Tag verteilt mindestens fünf Tassen kräftigen Tee mit 1 Esslöffel Honig und Milch.

▶ *Halsweh:* Gurgeln Sie mit schwarzem Tee.

▶ *Geschwollene Augen und Lider:* Machen Sie Umschläge mit kaltem Tee. Die Schwellungen lassen bald nach.

Übrigens sind weder Kälte noch Nässe die einzigen Übeltäter bei einer Erkältung, sie alleine machen nicht krank. Dies tun vielmehr die Erkältungs- und Grippeviren, denen Kälte und Nässe den Zutritt in unseren Körper erleichtern. In einem gesunden Menschen überleben diese Viren nicht lange. Das feuchte warme Nasensekret schützt vor den Eindringlingen, erst die Kälte entzieht den Schleimhäuten die Wärme. Nase, Hals und Rachen kühlen aus und werden trocken. Kalte Füße fördern das Austrocknen. Nun können die Viren den Schutzwall durchdringen.

Durchfall

Durchfall geht immer mit einem großen Verlust an Flüssigkeit und Mineralstoffen einher. Sie müssen daher viel trinken. Die Ursachen sind meist harmlos – Stress, ein Darmvirus, unverträgliches Essen oder Angst. Doch gehen Sie zum Arzt, wenn der Durchfall nach zwei Tagen nicht besser wird.

Schwarzer Tee **113**

▶ Trinken Sie täglich bis zu vier Tassen schwarzen Tee. Dazu überbrühen Sie 1 gehäuften Teelöffel Tee mit 250 ml kochendem Wasser und lassen ihn zugedeckt 10 Minuten lang ziehen.

Müdigkeit

Der schwarze Tee hilft eine schläfrig-müde Stimmung zu überwinden. Der Effekt ist etwas stärker als beim grünen Tee. Durch die Fermentation ändert sich der Koffeingehalt zwar nur gering, doch weil sich das Koffein teilweise von den Gerbstoffen löst, wird es wirksamer. Allerdings verpufft die aufmunternde Wirkung durch Gewöhnung.

Vorsicht, Nebenwirkungen!

▶ Es gibt auch ein Zuviel an Koffein, die Menge ist individuell verschieden. Empfindliche Menschen klagen schon nach vier Tassen Tee über Unruhe, Nervosität und Schlafstörungen. Sie sollten nach 16 Uhr keine koffeinhaltigen Getränke mehr zu sich nehmen. Zwölf Tassen Tee können ausreichen, um Muskelzittern, Herzklopfen und Pulsrasen auszulösen. Auch schwangere und stillende Frauen sollten Tee und Kaffee nur in Maßen zu sich nehmen.

▶ Wenn Sie regelmäßig viel schwarzen Tee trinken, so kann dieser dem Körper Eisen entziehen. Das merken Sie, wenn Sie häufig blass und müde sind.

▶ Bei einer Überfunktion der Schilddrüse darf der Patient keinen schwarzen Tee trinken.

▶ Manch einer reagiert auf schwarzen Tee mit Sodbrennen.

▶ Wenn Kinder gelegentlich auch grünen Tee trinken dürfen, so bleibt der schwarze Tee dennoch tabu, denn er ist viel zu stark.

Schwarzer Tee zum Genießen: Rezepte und Empfehlungen

Aroma und Geschmack

aromatisch, blumig:	Darjeeling-Tee
voll-kräftig:	Assam-Tee, Ostfriesen-Mischungen
herb, aber blumig:	Ceylon-Tee
fein und zart:	China-Keemun
pikant:	Rauchtee, aromatisierter Tee

Klassischer englischer Tee

Zutaten pro Tasse: 5 Teelöffel englische Mischung auf 1 Liter Wasser, frische Milch, Zucker

Zubereitung: Tee mit kochendem Wasser überbrühen, 3–5 Minuten ziehen lassen und abseihen. Tassen vorwärmen, mit etwas kalter Milch füllen, Zucker hineingeben und schließlich mit heißem Tee aufgießen.

Tipp: Reichen Sie dazu getoastetes Weißbrot, gesalzene Butter und Orangenmarmelade.

Ostfriesischer Tee

Zutaten für 1,5 Liter: 8 Teelöffel Ostfriesische Teemischung auf 1,5 Liter Wasser, weißer Kandiszucker (fries.: Kluntje), frische Sahne

Zubereitung: Tee zubereiten, dabei 5 Minuten ziehen lassen. Auf einem Stövchen warm halten. In jede Tasse ein Kluntje legen, den Tee darüber gießen und mit einem Löffel vorsichtig die flüssige Sahne darauf geben. Nicht umrühren. Man trinkt beziehungsweise schlürft den ostfriesischen Tee schichtweise.

Tipp: Sie können auch eine »steife Briese« machen: Saft von zwei Zitronen mit 120 ml Weinbrand mischen, den frisch aufgebrühten Tee und 120 ml Rum dazu geben und alles noch einmal erhitzen. Nicht aufkochen lassen. Mit Honig süßen.

Schwarzer Tee **115**

Irischer Tee

Zutaten für 4 Gläser: 6 Teelöffel Assamtee, 16 cl irischer Whiskey, 8 Teelöffel brauner Zucker, 120 ml Sahne
Zubereitung: Tee mit 1/2 Liter Wasser aufbrühen, 5 Minuten ziehen lassen. 4 Große Gläser mit Whiskey ausschwenken und über einer Flamme drehend erwärmen, bis der Whiskeyrest brennt. Je 4 cl Whiskey sowie 120 ml heißen Tee zugeben, mit 2 Teelöffeln Zucker süßen. Schlagsahne halb schlagen und einen Löffel davon auf den Tee geben. Den heißen Tee vorsichtig durch die kühle Sahne schlürfen.

Indischer Gewürztee

Zutaten für 1 Liter: 5 Teelöffel Assamtee, 1 Zimtstange, 1 Stückchen Muskatblüte, 2–3 Gewürznelken, 1/2 Liter Milch, Zucker
Zubereitung: Alle Zutaten mit 1/2 Liter Wasser aufsetzen, zum Kochen bringen und bei schwacher Hitze 10 Minuten sieden lassen.

Himalaja-Tee

Zutaten für 1 Liter: 10 Teelöffel Darjeeling-Tee, kandierter Ingwer, weißer Kandis, heißes Wasser in einem Extra-Glas
Zubereitung: Tee mit 1 Liter kochendem Wasser überbrühen, 5 Minuten ziehen lassen und abseihen. Ingwer klein schneiden, in die Tasse geben und die Tasse zur Hälfte mit Tee füllen. Nach Geschmack heißes Wasser zugeben.

Anistee

Zutaten für 1/2 Liter: 1 Teelöffel schwarzer Tee, 1 Teelöffel Anissamen
Zubereitung: 1/4 Liter Anistee und 1/4 Liter schwarzen Tee zubereiten, jeweils fünf Minuten ziehen lassen. Beide Tees miteinander mischen.

116 *Die Klassiker: grüner und schwarzer Tee*

Klassischer Eistee

Der Tee erkaltet nicht, sondern er erleidet einen Kälteschock. Dadurch bleibt er klar und steht nicht ab.

Zutaten: 8 Teelöffel Assamtee auf 1/2 Liter Wasser, 500 g Eiswürfel, 1 Zitrone, Zucker

Zubereitung: Tee zubereiten, 3 Minuten ziehen lassen. Eiswürfel in einen Krug geben, Tee darüber gießen und mit Zitronensaft sowie Zucker abseihen.

Tipp 1: Der Tee muss doppelt so hoch dosiert sein wie üblich (mindestens zwei Teelöffel pro Tasse).

Tipp 2: So wird aus dem klassischen Eistee ein karibischer Longdrink: Eiswürfel in das Glas geben. Pro Glas je 50 ml Orangen- und Ananassaft sowie einen Schuss Rum zugeben. Mit kaltem Tee auffüllen und umrühren. Das Glas mit Ananas und Minze garnieren.

Tee-Zitronenlimonade

Zutaten: 8 Teelöffel Assamtee auf 1 Liter Wasser, 60 Gramm Zucker, 2 Zitronen, Eiswürfel

Zubereitung: Zucker im kochenden Wasser auflösen, damit die Teeblätter überbrühen und 5 Minuten ziehen lassen; abseihen und Zitronensaft darüber geben. Eiswürfel in die Gläser geben und Tee einschenken.

Tipp 1: Probieren Sie andere Fruchtsäfte aus, zum Beispiel Johannisbeersaft.

Tipp 2: Machen Sie aus dem Fruchsaft Eiswürfel, und geben Sie diese hinzu.

Tee-Shake

Zutaten für 2 Gläser: 3 Teelöffel Ceylon-Tee auf 150 ml Wasser, 2 Kugeln Vanilleeis, 2 Esslöffel Sahne, 1 Teelöffel Bourbon-Vanillezucker, Schokoraspeln, Eiswürfel

Zubereitung: Tee zubereiten, dabei 3 Minuten ziehen lassen. Eiswürfel in eine kleine Kanne geben, heißen Tee darüber gießen. Sie sollten etwa 1/3 Liter kalten Tee erhalten. Vanilleeis, Sahne, Vanillezucker und kalten Tee zusammengeben und mit dem Pürierstab schaumig pürieren. Sofort servieren, mit Schokoraspeln garnieren.

Tee-Eis

Zutaten: 3 Teelöffel Assamtee auf 1/4 Liter Wasser, 1/2 Liter Milch, 4 Eigelb, 150 Gramm Zucker, Rum oder Cognac
Zubereitung: Tee zubereiten, dabei 5 Minuten ziehen lassen. Die Eigelbe mit Zucker schaumig rühren, mit Milch und Tee vermischen. Die Mischung langsam erhitzen, ständig rühren, bis kurz vor dem Siedepunkt. Abkühlen lassen und in das Gefrierfach stellen. Eis in ein Glas geben, einen Schuss Rum oder Cognac darüber geben, mit Sahne bedecken.

Englische Teecreme

Zutaten: 6 Teelöffel englische Teemischung, 1/3 Liter Milch, 4 frische Eier, 150 Gramm Zucker, 250 Gramm Sahne
Zubereitung: Milch aufkochen und damit den Tee aufbrühen, 5 Minuten ziehen lassen. Eier und Zucker schaumig schlagen, den heißen Tee darauf abseihen, dabei rühren. Cremig schlagen und kalt stellen. Vor dem Servieren die steif geschlagene Sahne unterheben.
Tipp: Reichen Sie dazu einen echt englischen Früchtekuchen.

Tee mit Sekt

Zutaten für 8 Gläser: 3 Teelöffel guter Ceylon-Tee auf 1/4 Liter Wasser, 2 Flaschen halbtrockener Sekt, Saft einer Zitrone, Kandiszucker
Zubereitung: Tee zubereiten, dabei 3 Minuten ziehen lassen. Mit Kandiszucker süßen und Zitronensaft zugeben, kalt stellen. Vor dem Servieren mit Sekt auffüllen. Gläser mit Zitronenscheiben garnieren.

Tee-Ananas-Bowle

Zutaten: 8 Teelöffel englische Teemischung auf 3/4 Liter Wasser, 1 mittelgroße Ananas oder Dosenananas, 100 ml dunkler Rum, 1 Liter kohlensäurehaltiges Mineralwasser, 4 Esslöffel Zucker, 250 Gramm Eiswürfel

Zubereitung: Ananas schälen, zerkleinern und in eine Bowleschüssel geben. Zucker darüber streuen und den Rum angießen. 1 Stunde stehen lassen. Tee mit 3/4 Liter aufbrühen, auf den Ananasansatz abseihen, umrühren und 5 Minuten ziehen lassen. Eiswürfel dazu geben and abkühlen lassen. Dabei umrühren. Die Bowle sollte etwa 2 Stunden lang im Kühlschrank ziehen. Vor dem Servieren Mineralwasser dazugießen.

Tipp: Eine zu süße Bowle bekommt nicht gut. Achten Sie auf Ausgewogenheit.

Teebowle mit Früchten

Zutaten für etwa 12 Gläser: 12 Teelöffel Assamtee auf 1/2 Liter Wasser, 1 Flasche Rotwein, 1 Flasche trockener Sekt, 2 cl Crème de Cassis, 3 cl Cognac oder Weinbrand, 125 Gramm Erdbeeren, 125 Gramm blaue Trauben, 2 Pfirsische, 2 Kiwis, 5 Esslöffel Zucker, Saft von 1/2 Limette

Zubereitung: Obst waschen, putzen, gegebenenfalls entkernen, in Stücke schneiden und in ein Bowlegefäß geben. Mit Zucker bestreuen und Limettensaft, Crème de Cassis und Weinbrand darüber geben. Vorsichtig durchmischen, Rotwein zugeben und alles für zwei Stunden kalt stellen. Starken Tee zubereiten, den Tee 20 Minuten im Gefrierfach abkühlen lassen und in den Bowletopf geben. Nochmals 30 Minuten kalt stellen. Sekt darüber gießen und servieren.

Teegrog

Zutaten für 8–10 Gläser: 8 Teelöffel Assamtee auf 1/2 Liter Wasser, 1/4 Liter echter Rum, 1 großes Stück Kandis pro Glas, 2 Zitronen, 1 Sternanis

Zubereitung: Tee und Sternanis mit 1/2 Liter sprudelnd kochendem Wasser aufbrühen, 5 Minuten ziehen lassen. Zucker in 1/2 Liter kochendem Wasser auflösen, mit Zitronensaft, Rum und Tee vermischen. Mit Zitronenscheiben garnieren und so heiß wie möglich trinken.

Tee-Punsch

Das Wort Punsch stammt vom indischen »Pantsch« und heißt fünf oder fünferlei. Fünf Hauptzutaten hatte der Punsch auch ursprünglich, nämlich Tee, Rum, Arrak, Zitrone und Zucker. Achten Sie bei der Zubereitung darauf, dass der Punsch nicht kocht. Er verliert dadurch sein Aroma.

Tipp: Probieren Sie eigene Punschrezepte aus: Nehmen Sie Cognac statt Arrak, Orangen statt Zitronen.

Tee-Orangen-Punsch

Zutaten: 4 Teelöffel Assamtee, 1/2 Flasche Rum, Saft von 1/2 Zitrone, Saft von 5 Blutorangen, Zucker

Zubereitung: Tee mit 1,5 Liter Wasser aufbrühen, 3 Minuten ziehen lassen, abseihen. Zitronen- und Blutorangensaft zugeben, zuckern und Rum hinzufügen. Heiß servieren.

Tee-Ingwer-Punsch

Zutaten für 10–12 Gläser: 6 Teelöffel Assamtee auf 1/2 Liter Wasser, 1 Flasche Rotwein, 125 Gramm Zucker, 2 Stückchen Ingwerwurzeln, 200 ml Rum, 2 Nelken, Zitrone

Zubereitung: Zucker, Ingwerwurzel und Nelken mit 1/4 Liter Wasser 10 Minuten kochen lassen. Topf dabei geschlossen halten. Tee zubereiten. Die Flasche Rotwein bis zum Kochen erhitzen. Alles durch ein feines Sieb in den Rotwein geben, Saft einer Zitrone und Rum zugeben.

Tee-Vanille-Punsch

Zutaten für 20 Gläser: 6 Teelöffel Assamtee auf 1/2 Liter Wasser, 1 Flasche Weißwein, 1/4 Liter Madeira, Saft einer Apfelsine, 1 Vanillestange

Zubereitung: Tee aufbrühen und 4 Minuten mit der aufgeschnittenen Vanillestange ziehen lassen. Apfelsinensaft zugeben, abseihen. Mit dem Zucker zu Weißwein und Madeira geben. Alles erhitzen.

Nordfriesischer Teepunsch

Zutaten für 10 Gläser: 8 Teelöffel Assamtee auf 1/2 Liter Wasser, 1 Flasche Rotwein, 1/2 Flasche Weinbrand, 1/4 Liter Rum, 100 Gramm brauner Kandis, 3 Zimtstangen, 4 Nelken, Saft und Schale einer Zitrone, Saft und Schale einer Orange

Zubereitung: Orange in Scheiben schneiden und in den Weinbrand legen. Abgeriebene Orangenschale mit Zitronensaft in den Weinbrand geben. Alles etwa 3 Stunden ziehen lassen. Starken Tee aufbrühen, abseihen, in einen großen Topf geben und erhitzen. Rotwein, Rum, Weinbrand und Orangenschalen hinzufügen, ebenso Zimt und Nelken.

Kleines ABC des Tees

Aromatisierter Tee:
Schwarzer oder grüner Tee, dessen Geschmack mit Aromen und Zutaten verändert wurde.
Assam Tee:
Hochlandtee von kräftigem Aroma.
Autumnal Flush:
Herbstaustrieb nach dem großen Monsunregen.
Autumnal Tea:
Herbsttee. Man erntet ihn nach dem Monsunregen, bevor das Wachstum eine Pause einlegt. Die Qualität hängt sehr von der Witterung ab; der Tee enthält nur wenig Gerbsäure und viel Aroma.

Black Tea:
Bezeichnet alle schwarzen Tees.
Blatt-Tee:
Tee aus ganzen Blättern.
Blend, Blended Tea:
Teemischung.
B.O.P.:
Broken Orange Pekoe. Schwarzer Tee mit zerkleinertem, gebrochenem Blatt. Hauptsorte der Broken Teas, hohe Qualität.
B.P.:
Broken Pekoe. Schwarzer Tee mit zerkleinertem, gebrochenem Blatt. Mittlere Qualität.
Broken-Tea:
Zerkleinerter Tee. Die Teeblätter werden durch Rollen, Reißen sowie Schneiden zerkleinert und liefern einen kräftigen Aufguss.

122 Die Klassiker: grüner und schwarzer Tee

Ceylon-Tee:
Sammelbezeichnung für Tees aus Sri Lanka.
Clean:
Tee ohne jeden Beigeschmack; man sagt auch »sauberer« Tee.
Crop:
Ernte einer Plantage.
CTC-Verfahren:
Crushing, tearing, curling (übersetzt: zermalmen, zerreißen, rollen). Maschinelle Verarbeitung der Blätter zum schwarzen Tee, vor allem in Afrika und Russland gebräuchlich.

Darjeeling:
Teeanbaugebiet an den Hängen des Himalaya. Spitzentees mit zartem, blumigem Aroma.
Dust:
Teestaub, fein ausgesiebter Tee, sehr ergiebig.

Earl Grey:
Klassischer, mit reinem Bergamottöl aromatisierter Schwarztee.
Early Morning Tea:
Teemischung für das englische Frühstück.

Fannings:
Feine Teepartikel, die meist für Teebeutel verwendet werden.
F.B.O.P.:
Flowery Broken Orange Pekoe. Zerkleinerter Tee mit etwas Knospenanteil, gute Qualität.
Fermentation:
Oxidationsprozess, beim dem das grüne Teeblatt zum schwarzen Tee wird. Der Gerbstoffgehalt nimmt ab, ätherische Öle und Aromastoffe entstehen.
First Flush:
Erster Austrieb im Frühjahr nach dem Monsunregen.

Flavor:
Duft und Aroma des jeweiligen Tees.

Flowery F:
Junge Blattknospe, das jüngste Blatt des geernteten Triebes ist im Aufblühen.

Flush:
Neuer Trieb am Teestrauch. Siehe auch First Flush, Second Flush.

F.O.P.:
Flowery Orange Pekoe. Wird gepflückt, wenn die Triebe im Aufblühen sind.

Gartentee:
Tee aus einer bestimmten Plantage, der auch nach ihr benannt ist.

G.B.O.P.:
Golden Broken Orange Pekoe. Hochwertiger Broken-Tee mit goldenen Tips.

G.F.O.P.:
Golden Flowery Orange Pekoe. Hochwertiger Blatt-Tee mit goldenen Tips.

Golden Tips:
Junge, weißliche Blattspitzen mit wenig Gerbsäuren.

Grade, Blattgrade:
Gibt die Sortierung des Tees nach Blattarten und -größen an. Wird mit Buchstaben gekennzeichnet.

Grüner Tee:
Unfermentierter Tee.

Instant Tea:
Sofort löslicher Pulvertee, in den USA sehr beliebt, Qualität oft weniger gut.

Jasmintee:
Halbfermentierter chinesischer Tee mit echten Jasminblüten.

Kaltwettertee:
Besonders hoch geschätzter, während der kalten Jahreszeit geernteter Tee. Wegen der kalten Witterung wachsen die Blätter nur langsam und entwickeln ein besonders intensives Aroma.

Natural Leaf:
Natürlich belassenes Teeblatt, also ganz und ungerollt.

O.F.:
Orange Fannings, zweitkleinste Sortierung.

Oolong:
Halb fermentierter Tee, steht zwischen grünem und schwarzem Tee.

O.P.:
Orange Pekoe, längliches Blatt, das erste Blatt ist dabei bereits entfaltet.

Orange:
Tee höchster Qualität.

Pekoe:
Jüngster Spross des Teestrauchs, trägt noch einen weißen Flaum (chin. = »Frauenhaar«).

Pekoe Souchong:
Der Tee wird aus der groben Pflückung gewonnen und ist das vierte bis sechste Blatt. Aus ihm stellen die Chinesen den Rauchtee (siehe unten) her.

Pflückung, Tee-Ernte:
Je jünger und zarter die gepflückten Triebe sind, desto höher ist die Tee-Qualität. Gepflückt werden zwei Blätter und die Knospe.

Rauchtee:
Chinesischer Tee, der geröstet und über harzreichen Hölzern geräuchert wird.
Regentee:
Wird während des Südwestmonsuns in Nordindien geerntet. Ertragreich, aber meist geringere Qualität.

Scented Tea:
Fachausdruck für aromatisierte Tees.
Second Flush:
Zweiter Austrieb im Laufe einer Vegetationsperiode. Ergibt meist einen sehr hochwertigen Tee.
Sortierung:
Der fertige schwarze Tee wird nach Größen sortiert; man unterscheidet Blattgrade und Broken-Grade.
Spiced Tea:
Gewürztee. Der Tee wird mit tropischen Gewürzen aromatisiert.
Stalks:
Grobe Pflückung. Der Tee enthält Blattrippen und Stiele.

T.G.F.O.P.:
Tippy Golden Flowery Orange Pekoe. Dünnes ganzes Blatt mit hohem Knospenanteil.
Tip, Tippy:
Blattspitzen, Hüllblatt der Blattknospe.
Tired:
Müder Tee. Der Tee hat sein Aroma eingebüßt als Folge einer zu langen Lagerung, oder er kommt von schon verbrauchten Sträuchern.

Gesundmacher aus aller Welt

# Pu-Erh-Tee

Chinesen trinken und schätzen den Pu-Erh-Tee seit 1700 Jahren. Eine erste große Popularität hatte er unter den Kaisern der Tang-Dynastie (618–907), doch dann geriet er fast in Vergessenheit, während der grüne Tee bis ins 20. Jahrhundert dominierte.

Das Königreich der Pflanzen

Die Provinz Yunnan im Südwesten Chinas zeichnet sich durch eine Besonderheit aus: Auf einer Fläche so groß wie Kalifornien findet man alle Klimazonen der Welt – tropische Gebiete, daneben subtropische und gemäßigte Zonen sowie sehr kalte Hochgebirgslandschaften. Der Monsunwind bringt Regen, es gibt Schnee und wenige Kilometer weiter tropisch-feuchte Hitze. Bei einer so vielfältigen Landschaft gedeihen dementsprechend die unterschiedlichsten Pflanzen. Man findet einzigartige Kräuter und ungewöhnliche Pilze. Die Botaniker zählten hier über 18 000 verschiedene Arten – mehr als in irgendeiner anderen Region der Welt. 80 Prozent der Heilpflanzen der traditionellen chinesischen Medizin haben in Yunnan ihre Heimat. Zu Recht nennen die Chinesen diese Provinz auch das »Königreich der Pflanzen«.

Im südlichen Yunnan, genauer im Distrikt Simao, liegen ein Gebiet mit dem Namen »Sechs Teeberge« und die Stadt Pu-Erh. Dort stehen uralte Teebäume, und vor etwa 40 Jahren entdeckten Botaniker darunter den »König aller Teebäume«, einen Qingmao-Baum von über 32 Metern Höhe, der fast 2000 Jahre alt sein soll. Dieser Baum gilt als Stammvater des Pu-Erh-Tees und liefert noch heute Teeblätter von höchster Qualität. Für die Botaniker ist er eine Unterart des Teestrauchs

Camellia sinensis; für die Teeliebhaber liefert er einen ganz besonderen Tee: den Pu-Erh-Tee. Man begann den Teebaum neu zu kultivieren und züchtete einen ertragreichen Baum mit besonders breiten und dicken Blättern, die Grundpflanze des Pu-Erh-Tees. Heute wird sie auch in anderen Provinzen angebaut, doch der wirklich echte Pu-Erh-Tee kommt nach wie vor nur aus Yunnan.

Ein roter Tee

Pu-Erh ist ein »roter« Tee, sein dunkelroter Aufguss schmeckt erdig. Daher ist er gewöhnungsbedürftig und mundet nicht jedem. Trotz des ungewöhnlichen Geschmacks erlebt Pu-Erh-Tee derzeit eine große Nachfrage als Gesundheitselixier und Schlankheitstee, denn er belebt den Stoffwechsel wie kein anderer Tee und bringt den Körper dazu, speziell das Nahrungsfett schneller umzusetzen und zu verbrauchen als üblich. Wie gewinnt man diesen roten Tee? Zunächst werden die Blätter getrocknet, dann bei hoher Luftfeuchtigkeit gelagert (oft in Höhlen) und schließlich erneut getrocknet sowie gewogen und verpackt. Die übliche Lagerzeit beträgt zwischen drei und sechs Monate, Spitzentees lagern bis zu fünf Jahre, im Einzelfall sogar zehn Jahre lang. Währenddessen fermentieren die Blätter äußerst langsam und werden zum roten Pu-Erh-Teeblatt mit seinem ganz besonderen Charakter.

Die Zubereitung

Pu-Erh-Tee gibt es in zehn verschiedenen Qualitäten. Je länger die Blätter gelagert wurden, deste besser konnten sie fermentieren. Kaufen Sie den Tee nur bei einem Händler, der Sie über die Qualität seiner Ware informieren kann.

Wie immer bei der Teezubereitung gilt auch hier: Verwenden Sie frisches, weiches, kalkarmes Wasser. Näheres über Wasserqualitäten und allgemeine Regeln der Teezubereitung finden Sie auf den Seiten 45ff.

So bereiten Sie Pu-Erh-Tee zu:
Nehmen Sie 5 Teelöffel Pu-Erh-Tee auf 1 Liter Wasser. Die Teeblätter übergießen Sie mit dem sprudelnd kochenden Wasser, lassen den Tee 3 bis 5 Minuten ziehen und seihen ihn dann ab. Die Teeblätter können Sie bis zu viermal aufbrühen. Damit der Tee seine gesundheitlichen Wirkungen entfalten kann, müssen Sie mindestens drei bis fünf Tassen täglich trinken, und das über einen längeren Zeitraum hinweg.

Tipp: Geben Sie 1–2 kandierte Ingwerstückchen in den Tee. Der eigenartige Geschmack regt zu seltsamen Mischungen an: Probieren Sie einmal Pu-Erh-Tee mit gemahlenem schwarzem Pfeffer und Kardamom.

Gesund und schlank mit Pu-Erh

Yin und Yang

Pu-Erh-Tee sorgt für einen Ausgleich zwischen Yin und Yang und stabilisiert dadurch die Gesundheit des Teetrinkers. Yin und Yang sind zwei zentrale Begriffe der chinesischen Medizin. Ursprünglich bezeichnete Yin die Schattenseite eines Berges, Yang seine Sonnenseite. Bald teilten die Chinesen alle Dinge in Yin und Yang ein. Yin und Yang bilden zwei Gegensätze – Sommer und Winter, Tag und Nacht, Regen und Trockenheit, Geburt und Tod. Jedes trägt den Keim des anderen in sich, und keines kann ohne das andere existieren. Solange das Yin und das Yang des Körpers in Harmonie zueinander stehen, fließt die Lebensenergie, das Qi. Wenn eines der beiden überwiegt oder eines geschwächt ist, gerät das System ins Schwanken. Es kommt zu Überschuss und Mangel, das Qi kann nicht ungehindert fließen, und eine Krankheit bricht aus.

Katerstimmung vertreiben

In nahezu allen Kontinenten entdeckten die Menschen die natürliche Gärung von Fruchtsäften und Getreide. Sie lernten Alkohol herzustellen und schätzten seine entspannende sowie berauschende Wirkung. Im »Gilgamesch«-Epos heißt es von Enkidu:»... er trank sieben Krüge Bier. Da wurde er entspannt und heiter, er wurde glücklich, und sein Gesicht strahlte.« Die Bibel berichtet von Weinanbau und Weinkonsum. Nach der Sintflut pflanzte Noah Weinberge und genoss den Rebensaft. Von jeher wird Alkohol ebenso gelobt und besungen wie verdammt – letzteres wohl vor allem deshalb, weil Alkoholgenuss allzu oft Folgen hat, an die man vorher nicht gedacht hat oder nicht denken wollte: den »Kater«. Der Betroffene klagt über einen Brummschädel und leidet an Übelkeit oder Magenverstimmung.

Hier hilft Pu-Erh-Tee, den man in solch einem Fall reichlich trinken sollte. Er löscht den Nach-Durst und verhilft rasch zu einem klaren Kopf, beruhigt die Magenschleimhäute und belebt den ganzen Körper. Außerdem kann der Körper mit Hilfe von Pu-Erh-Tee den Alkohol schneller abbauen. Sie werden schneller wieder fit, und er entlastet die Leber.

Abnehmen mit Pu-Erh-Tee

Pu-Erh-Tee gilt bei uns auch als ein natürlicher Schlankheitstee. Nach Berichten aus China soll man mit ihm in einer Woche zwischen drei und neun Kilogramm abnehmen können. Kritiker nennen solche Angaben unseriös, und Sie sollten

132 Gesundmacher aus aller Welt

Versprechungen in dieser Größenordnung auch nicht allzu ernst nehmen. Allerdings aktiviert Pu-Erh den Stoffwechsel und ist daher das ideale Getränk und eine hervorragende Ergänzung für jede Art Diät. Erfahrungen zeigen, dass übergewichtige Männer und Frauen im Alter zwischen 40 und 50 Jahren sehr gut auf eine Diät mit Pu-Erh-Tee ansprechen. Warum gerade in dieser Altersgruppe der Erfolg am größten ist, weiß man allerdings nicht.

So geht es
Trinken Sie während einer Diät als einziges Getränk Pu-Erh-Tee, eventuell noch zusätzlich bis zu eineinhalb Liter natriumarmes Mineralwasser täglich. Damit unterstützen Sie Ihren Körper beim Abnehmen.

Der Teepilz: Kombucha

Kombucha ist etwas recht Eigenartigess. Für den einen ist sie – Kombucha ist weiblich – Energietrank, Schönheitselixier und Entschlackungshilfe in einem, Gesundheit pur und dazu prickelnd frisch, für den anderen ist sie ein sonderliches Gebräu aus Bakterien und Hefen, Zucker und Tee. Keiner jedoch bestreitet, dass Kombucha den Stoffwechsel auf Trab bringt und das Immunsystem stärkt. Der Trank hilft die Gesundheit zu erhalten und kann nahezu jede medizinisch notwendige Therapie begleiten. Kombucha ist es deshalb wert, ausprobiert zu werden.

Die Kombucha – ein Name mit Geschichte(n)

Wahrscheinlich kannten schon die Menschen im alten China den Teepilz. Er soll vor rund zweitausend Jahren während der Han-Dynastie (206 v.Chr. – 220 n.Chr.) als Heilmittel gegen allerlei Beschwerden verwendet worden sein. Darüber, wie er zu seinem Namen kam, gibt es mehrere Geschichten. Eine spielt in Japan: Um 400 n.Chr. kam der koreanische Wanderarzt Kombu zum japanischen Kaiser Inkyo, der unter chronischen Magenschmerzen litt. Kombu bereitete ein Getränk aus dem Teepilz zu und konnte den Kaiser erfolgreich kurieren. Zum Dank dafür nannte der Kaiser den Teepilz »Tscha des Kombu« (»Tee des Arztes Kombu«), und daraus wurde Kombucha.

Andere Namen sind Gichtqualle, Hongo, Indischer Tee- oder Weinpilz, Japanisches Mütterchen, Japanischer Pilz, Mo-Gu, Russische Qualle, Tee-Kwass-Pilz, Wolgameduse, Wolgaqualle, Zauberpilz.

Nach einer anderen Geschichte entstand der Teepilz als Zufallsprodukt, und zwar in Russland. Die Russen waren von jeher begeisterte Teetrinker, doch der schwarze Tee aus China war einst kostbar und teuer. Viele Familien bereiteten sich deshalb als Ersatz einen Tee aus einer Braunalge zu, die *Laminaria japonica* heißt; ihr japanischer Name lautet Conbu. »Kombucha« leitet sich demnach aus »Conbu« und »cha« für Tee ab und hieß ursprünglich Conbu-Cha-Tee aus der Braunalge. Doch die Russen beließen es nicht bei dem reinen Algentee. Durch Zufall kamen bestimmte Bakterien sowie Pilze in Kontakt mit dem Tee und vergoren ihn zu einem völlig neuen Trank. Es war ein erfrischendes, durststillendes Getränk, das an einen leichten Apfelwein erinnerte – der Kombucha-Trank. Gärgetränke haben in Russland Tradition; weit über die Grenzen hinaus bekannt sind zum Beispiel Kefir, Wasserkefir, Joghurt und Kwass. Beim letzteren vergären Milchsäurebakterien in Wasser eingeweichtes Roggenbrot oder Getreide. Dazu gibt man noch Malz, Mehl, Sirup, Zucker, Pfefferminze, Früchte oder andere Zutaten.

In Taiwan kennt man den Trunk als »K'un-Pu-chá«. Das heißt übersetzt »Leben-das-aus-dem-Meer-stieg-Tee«, verweist also ebenfalls auf eine Herkunft aus dem Meer. Heute bezeichnet man offiziell mit Kombucha sowohl das fertige Gärgetränk als auch den Teepilz – eine Kultur aus Hefen und Bakterien.

Kombucha hat auch bei uns Tradition

Kombucha ist hierzulande keineswegs neu. Der erste deutsche Bericht über sie stammt vom Anfang des 20. Jahrhunderts aus dem Baltikum. Dort verwendete das Dienstpersonal den Pilz als Mittel gegen alle möglichen Krankheiten. In den Zwanzigerjahren tauchte Kombucha in Ungarn und in den slawischen Ländern auf. Vom Osten her eroberte der Teepilz Polen, Sachsen und Schlesien, kam nach Dänemark und gelangte allmählich nach Westen bis ins Ruhrgebiet. Kombucha war durchaus verbreitet und keineswegs unbekannt. Einige Apotheker brachten die Kombucha sogar in einer haltbaren Trockenform auf den Markt. In den Jahren nach dem Zweiten Weltkrieg waren schwarzer Tee und Zucker knapp, und niemand dachte mehr an Kombucha.

Mitte der Fünfzigerjahre stieg Kombucha zeitweilig zum Getränk der italienischen High Society auf. Man trank sie als erfrischenden Sommerdrink oder Aperitif, und bald fanden auch die Menschen in Spanien sowie Frankreich Gefallen daran. In Deutschland pflegten nur einige Naturheilkundler ihre Kombucha-Kultur, ansonsten hatte man ihn vergessen.

Erst der praktische Arzt Dr. Rudolf Sklenar (1912–1987) aus Lich in Oberhessen entdeckte den Heiltrank wieder. Er hatte Kombucha während seines Studiums kennengelernt und erlebte später als Truppenarzt in Russland, wie die einheimischen Bauern Kombucha als Heilmittel nutzten. Nach dem Krieg führte er in seiner Praxis eigene Studien durch. Seine Veröffentlichungen in den Sechzigerjahren trugen erheblich zur Verbreitung der Kombucha bei. Sklenar empfahl sie gegen die verschiedensten Stoffwechselkrankheiten wie Rheuma, Gicht, Magen-Darm-Leiden, Bluthochdruck, Diabetes und erhöhte Cholesterinwerte. Zeitweise galt Kombucha sogar als Heilmittel gegen Krebserkrankungen, doch gibt es keinerlei Beweise dafür, dass Kombucha eine diesbezügliche Wirkung hat. Als therapiebegleitende Maßnahme ist sie jedoch nach Rücksprache mit dem Arzt durchaus zu empfehlen.

Das ist und kann Kombucha

Zeitweise hielt man Kombucha für einen Schwamm, weil sie aus dem Meer stammte und so ähnlich aussah. Tatsächlich aber ist Kombucha weder ein Schwamm noch eine Flechte, als die sie vielerorts noch bezeichnet wird. Unter einer Flechte verstehen die Biologen eine enge Lebensgemeinschaft aus Meeresalgen und Pilzen. Beide Partner profitieren von der »Ehe«, sie könnten ohne ihren Partner nicht überleben. Man spricht hier von einer »Symbiose«. Der Pilz bietet seinem kleineren Partner Alge ein Miniatur-Meerwasseraquarium. In ihm findet sie alles, was sie braucht: Salzwasser und Mineralstoffe. Die Alge wiederum versorgt den Pilz mit Nahrung, denn sie erzeugt durch Photosynthese Zucker, was ihr Wirt nicht kann. Die beiden Partner sind derart ideal aufeinander abgestimmt, dass sie nicht einfach durch einen anderen ersetzt werden können. Eine andere bekannte Flechte ist das Isländisch Moos, das man ebenfalls in der Naturheilkunde nutzt. Insgesamt kennt man etwa 16 000 Flechtenarten. Weil in der Kombucha jedoch keine Photosynthese stattfindet, ist sie keine Flechte.

Die Gärung

Die runde, flache und Pilz genannte Kombucha ist so, wie wir sie heute kennen, eine Lebensgemeinschaft aus Hefezellen und Bakterien. Die Hefen vergären den Zucker zu Alkohol und Kohlendioxid, was man an den kleinen Bläschen sehen kann, die in der Tee-Zucker-Lösung aufsteigen. Die Bakterien wiederum verarbeiten den Alkohol und produzieren dabei wertvolle Säuren, vor allem Essigsäure. In diesem sauren Milieu können Fäulnisbakterien und Krankheitserreger nicht überleben. Nur die Gärungshefe hat sich der Säure angepasst. So schützen die Bakterien die Hefe. Gleichzeitig setzen die Bakterien ebenfalls Zucker um und erzeugen Traubenzucker, Fruchtzucker sowie Zellulose. Die quallenartigen Scheiben des Teepilzes bestehen aus Zellulose, sodass der Teepilz ständig wächst. Er ist praktisch unsterblich.

Wertvolle Inhaltsstoffe

Bei regelmäßigem Genuss übt Kombucha seine Wirkungen auf den ganzen Körper aus. Das ist seinen vielfältigen und hoch-

Das alles ist in Kombucha enthalten

Organische Säuren	Glukuronsäure, Milchsäure, Essigsäure, Kohlensäure, Glukonsäure, Apfelsäure, Weinsäure, Zitronensäure, Oxalsäure u.a.

Polysaccharide

Hefen

Enzyme	Invertase, Amylase, Katalase, Saccharase, Labenzym, Proteasen u.a.

Vitamine	B1, B2, B3, B6, B12, Folsäure, C, D, E, K

Mineralien	Eisen, Kalium, Kalzium, Kupfer, Magnesium, Mangan, Natrium, Zink

Koffein

Alkohol

wertigen Inhaltsstoffen zu verdanken. Viele Befindlichkeitsstörungen nehmen ab, und das Wohlbefinden steigt. Auch bei ernsteren Erkrankungen eignet sich eine Kombucha-Kur als Begleittherapie.

Medizinische Wirkungen
Die gesundheitlich wichtigste Säure ist die so genannte *Glukuronsäure*. Ein gesunder Mensch bildet sie ausreichend in der Leber, denn wir brauchen sie zur Entgiftung unseres Körpers.

Die Säure geht nämlich mit schädlichen Substanzen eine chemische Verbindung ein, beschleunigt deren Abbau und sorgt dafür, dass sie schnell über den Darm oder mit dem Urin ausgeschieden wird. Glukuronsäure baut Umwelt- und Nahrungsgifte, Nikotin, Alkohol, Medikamente und andere Fremdstoffe ab. Die mit der Kombucha aufgenommene Glukuronsäure entlastet die Leber und verstärkt die Entgiftungsleistung des Körpers.

Kombucha enthält ferner reichlich *Säuren*, vor allem die rechtsdrehende Milchsäure. Diese versorgt Gehirn sowie Muskulatur mit neuer Energie und stabilisiert eine gesunde Darmflora, indem sie das Wachstum nützlicher Bakterien fördert und unerwünschte Keime fern hält. Außerdem regt sie die Darmmuskulatur an und erleichtert den Stuhlgang. In den zwanziger Jahren gewannen die Apotheker aus Kombucha natürliche Abführmittel. Die Essigsäure spielt überall im Stoffwechsel eine zentrale Rolle. Kohlensäure verursacht das angenehme Prickeln des Kombucha-Trunks. Viele andere Säuren, wie zum Beispiel die Apfel-, Wein- oder Zitronensäure, verleihen dem Trunk sein fruchtig-frisches Aroma.

Jeder Milliliter Kombucha enthält etwa 10 Millionen aktive *Hefezellen*, welche die Darmflora und damit die Abwehr stabilisieren. Äußerlich angewendet pflegen und reinigen Kombucha-Hefen die Haut. Die Polysaccharide oder Mehrfachzucker unterstützen das Immunsystem. Auch der geringe Alkohol wirkt sich positiv aus. Da er bei einem halben bis maximal einem Prozent liegt und man täglich nur drei bis vier Gläser Kombucha trinken soll, entfaltet er durchaus erwünschte Wirkungen, denn Alkohol in Maßen fördert die Durchblutung.

Der Teepilz: Kombucha **139**

Kombucha
- aktiviert den Stoffwechsel,
- stabilisiert das Immunsystem,
- reguliert den Säure-Base-Haushalt,
- entschlackt und entgiftet,
- erleichtert die Verdauung,
- bringt eine gestörte Darmflora wieder ins Gleichgewicht,
- hilft bei bakteriellen Magen-Darm-Erkrankungen,
- beugt Lebererkrankungen vor,
- kann den Cholesterin- und Harnsäurespiegel günstig beeinflussen,
- pflegt äußerlich angewandt die Haut,
- beruhigt das Zentralnervensystem,
- wirkt allgemein ausgleichend.

Kombucha zubereiten und anwenden

Kombucha können Sie trinkfertig kaufen oder selbst zubereiten. Dazu benötigen Sie nur Tee, Zucker und einen Pilz. Diesen bekommen Sie in der Apotheke oder von anderen Hobby-Kombuchazüchtern. Achten Sie auf eine gute Qualität und darauf, dass keine Verunreinigungen an der Kultur sind. Einen guten Pilz können Sie über Jahre, wenn nicht gar Jahrzehnte hinweg ziehen. Traditionell wird der Teepilz Kombucha mit schwarzem Tee und weißem Zucker angesetzt. Andererseits können Sie mit speziellen Teesorten die Heilwirkung von Kombucha noch steigern und Ihren besonderen Bedürfnissen anpassen. Tatsächlich addieren sich die Wirkungen nicht nur, sondern potenzieren sich.

Kombucha-Fertiggetränke erhalten Sie in großer Auswahl im Reformhaus, im Naturkostladen oder direkt beim Hersteller.

Kombucha mit koffeinhaltigen Tees

▸ Das Koffein im Tee verstärkt die Wirkung der Inhaltsstoffe. Koffein enthalten der schwarze, der grüne, der Oolong- und der südamerikanische Matetee.

▸ Lassen Sie grünen oder schwarzen Tee nicht zu lange ziehen. Es werden sonst zu viele Gerbstoffe frei, was später den Geschmack beeinträchtigt.

▸ Probieren Sie verschiedene Sorten durch. Für den Anfang eignen sich robuste Alltagstees. Beim Schwarztee wäre das ein Assam- oder Ceylon-Tee, beim Grüntee etwa Gunpowder, Chun Mee oder Bancha. Verwenden Sie keinen aromatisierten Tee; seine Aromastoffe könnten dem Teepilz schaden.

▸ Schwarzer Tee mit Weißzucker liefert viel Milchsäure und eignet sich daher hervorragend zur Regeneration der Darmflora.

▸ Grüner Tee ist gesundheitlich besonders hochwertig. Als vorbeugendes Heilmittel wäre er die erste Wahl. Achten Sie auf seine richtige Zubereitung (siehe Seite 66ff.). Grünen Tee dürfen Sie niemals mit kochend heißem Wasser übergießen, das vertragen die zarten Blätter nicht.

Kombucha mit Kräutertee

▸ Kräutertees oder -teemischungen eignen sich grundsätzlich für einen Kombucha-Ansatz. Mischen Sie allerdings nicht mehr als drei Kräuter, denn Heilkräuter müssen in einer bestimmten Menge vorhanden sein, um ihre Wirkung entfalten zu können. Je mehr Sorten Sie mischen, desto geringer wird deren Einzelmenge.

▸ Nicht jedes Heilkraut eignet sich für Kombucha. Ätherische Öle schädigen den Teepilz und beeinträchtigen die Gärung, machen den Bakterien sowie Hefen das Leben schwer und können diese sogar abtöten. Folgende Kräuter dürfen Sie auf keinen Fall unvermischt verwenden: Fenchel, Johanniskraut, Kamille, Liebstöckel, Melisse, Pfefferminze, Rosmarin, Salbei,

Thymian, denn sie enthalten zu viele ätherische Öle. Mischen Sie diese Kräuter im Verhältnis 1:1 mit grünem oder schwarzem Tee.

▶ Probieren Sie Früchtetees, wenn Sie Kombucha vorwiegend als Erfrischungsgetränk verwenden wollen, denn diese Kombination schmeckt besonders ansprechend.

Zucker? Ja, bitte!

Der Teepilz braucht Zucker, und so ungesund es sich auch anhört: Der weiße Haushaltszucker ist dafür der beste. Der Teepilz ernährt sich nämlich von ihm und kann den einfachen Weißzucker am schnellsten erschließen sowie umsetzen. In der fertigen Kombucha ist somit kein Zucker mehr vorhanden. Honig eignet sich weniger zum Süßen, weil er desinfizierende Wirkungen hat und dem Pilz schaden kann.

▶ Wenn Sie auf Honig nicht verzichten wollen, so verwenden Sie ihn nur bei jedem zweiten Ansatz.

Als Faustregel gilt:
125 Gramm Honig auf einen Liter Tee geben, wenn der Tee nur noch lauwarm ist.

▶ Alternativ können Sie Honig, braunen und weißen Zucker zu gleichen Teilen in den Tee geben.

▶ Mit einem Liter Kombucha nehmen Sie zwischen 60 und 150 Kilokalorien zu sich.

Das brauchen Sie

Zubehör:
ein frisch gereinigtes 1,5-Liter-Gefäß aus Glas, Porzellan oder Plastik mit einer großen Öffnung, zum Beispiel ein Einmachglas; ein sauberes, luftdurchlässiges Tuch und einen Gummiring; ein feines Sieb zum Abseihen; einen Holz- oder Plastiklöffel; eine Teekanne.

142 *Gesundmacher aus aller Welt*

Zutaten:
Kombucha-Pilz; frisches, weiches Wasser; 100 Gramm Zucker pro Liter Wasser; 1–2 Teelöffel grüner oder schwarzer Tee beziehungsweise 2–4 Teelöffel Kräutertee pro Liter Wasser; 1/4 Liter fertig vergorene Kombucha.

So geht es

1. Den Tee zubereiten und nach 10 Minuten abseihen.
2. Im heißen Tee den Zucker auflösen.
3. Den Tee, bis er lauwarm ist, abkühlen lassen (Dauer: etwa 15 Minuten).
4. Das Tee-Zucker-Gemisch in das Gärgefäß gießen.
5. Eine Tasse fertig vergorene Ansatzflüssigkeit zugeben.
6. Vorsichtig den Kombucha-Pilz mit einem Holzlöffel aus dem Aufbewahrungsgefäß nehmen und auf den lauwarmen Tee legen (die helle Schicht nach oben, die raue Schicht nach unten).
7. Das Gärgefäß mit einem Tuch abdecken und mit einem Einmachgummi verschließen. Keinen Deckel darauf legen, denn Kombucha braucht Luftsauerstoff zum Arbeiten.
8. Das Gärgefäß ohne Deckel an einen warmen, sonnenlichtgeschützten und vor allem nikotinfreien Ort stellen. Bei 23 bis 27 °C Wärme, Tageslicht und ausreichender Luftzufuhr acht bis zehn Tage gären lassen. Direkten Sonneneinfall vermeiden, das Gefäß nicht unnötig bewegen.
9. Vorsichtig den Pilz herausnehmen und unter fließendem warmem Wasser gründlich abspülen. Die Fäden auf der Unterseite können Sie entfernen. Wenn Sie einen neuen Ansatz herstellen wollen, drehen Sie den Pilz um.
10. Das fertige Getränk durch ein Sieb abgießen und in eine Flasche füllen. Im Kühlschrank aufbewahren.

Tipps

▶ Kombucha verträgt keine heißen Temperaturen. Lassen Sie unbedingt den Tee vorher abkühlen.

▶ Wenn Sie während der Gärung noch Flüssigkeit nachgießen möchten, so verwenden Sie nur abgekochtes und zimmerwarmes Wasser.

▶ Probieren Sie ab und zu von der Gärlösung. Je länger der Ansatz gärt, desto saurer wird das Getränk.

▶ Achten Sie auf eine sorgsame Hygiene. Halten Sie die Utensilien sauber, und reinigen Sie alles gründlich mit kochend heißem Wasser. Wenn die Kombucha von Schimmel befallen sein sollte, müssen Sie sie auf jeden Fall wegwerfen.

▶ Der Kombucha-Trank schmeckt besser, wenn Sie ihn noch einige Tage nachreifen lassen. Gekühlt schmeckt er am besten.

▶ Im Kühlschrank hält sich der fertige Trunk zwei bis drei Wochen lang.

▶ Wenn die Pilzkultur zu groß geworden ist, schneiden Sie mit einer sauberen Schere ein Stückchen ab. Nach drei bis vier Wochen ist die Pilzkultur so dick, dass sich die oberste Schicht ablöst.

▶ Bevor Sie in Urlaub fahren, sollten Sie einen frischen Ansatz bereiten und diesen ihn im Kühlschrank lagern. Dort hält er sich mehrere Wochen lang. Für noch längere Zeit können Sie den Teepilz mit etwas Ansatzflüssigkeit auch einfrieren.

Spezieller Tipp: Kombucha-Essig

Wenn Sie den Kombucha länger gären lassen, dann wandelt er sich in etwa vier Wochen zu Essig um. Den Kombucha-Essig können Sie in der Küche wie gewöhnlichen Essig verwenden.

So verändert sich der Ansatz während der Gärung

Gärdauer 3 Tage

Aussehen: Die Flüssigkeit ist leicht trüb und hat kaum Bodensatz. Eine dünne Pilzhaut schwimmt auf der Oberfläche.
Geruch: riecht nach Tee, zugleich angenehm nach Ester, leicht säuerlich.
Geschmack: erinnert an einen Fruchtsaft mit Tee.
Alkohol: 0,33 Vol.-%.

Gärdauer 6 Tage

Aussehen: Die Farbe ist heller, die Flüssigkeit ist stärker getrübt, und der Bodensatz ist deutlich erkennbar.
Geruch: Der Teegeruch lässt nach und wird deutlich sauer.
Geschmack: angenehm säuerlich-erfrischend, aromatisch.
Alkohol: 0,47 Vol.-%.

Gärdauer 10 Tage

Aussehen: Die Farbe fällt ins Hellbraune. Die Flüssigkeit ist trüb, und an der Oberfläche bilden sich schaumartig zahlreiche Bläschen.
Geruch: vorwiegend sauer.
Geschmack: kräftig sauer, deutlich aromatisch.
Alkohol: 0,73 Vol.-%.

Gärdauer 14 Tage

Aussehen: Der Bodensatz hat erheblich zugenommen. Farbe und Trübung sind unverändert, der Pilz bedeckt die gesamte Oberfläche.
Geruch: stark sauer.
Geschmack: unangenehm sauer
Alkohol: 0,73 Vol.-%.

Gesund und fit mit Kombucha

Jeder kann Kombucha trinken, es ist ein äußerst gesundes und erfrischendes Getränk ohne jede Nebenwirkungen. Seine gesundheitlichen Vorzüge entfaltet Kombucha-Tee aber erst, wenn er über längere Zeit hinweg regelmäßig getrunken wird. Experten empfehlen dreimal täglich ein Glas. Nach vier bis sechs Wochen sollten Sie für einen Monat pausieren und dann von neuem beginnen. Kinder, schwangere Frauen und stillende Mütter sollten wegen des Koffeins und Alkohols auf Kombucha-Tee verzichten.

Hilfreich für das Immunsystem

Abwehrschwäche:
Eine unzureichend arbeitende Abwehr äußert sich in Form von häufigen Erkältungen, Hautentzündungen, Verdauungsstörungen, Candidabefall oder Blaseninfektionen.

Allergische Reaktionen
Bei Heuschnupfen, Asthma oder Neurodermitis schießt die Abwehr über das Ziel hinaus und greift harmlose Substanzen an.
▶ So hilft Kombucha: Bei nahezu allen Störungen der körpereigenen Abwehr sind Darmbakterien mit beteiligt. Im gesunden Menschen besiedeln bestimmte Bakterien die Darmschleimhäute und wehren fremde Keime ab. Diese Mitbewohner schützen uns vor Infektionen und halten die Abwehr fit. Der Darm ist in seiner Ausstattung und von der Fläche her das bedeutendste Immunorgan. 80 Prozent aller Abwehrzellen sitzen in der Darmwand. Hier greift Kombucha ein, bringt die Verhältnisse im Darm wieder in Ordnung, sorgt für ein geeignetes Milieu und harmonisiert die Abwehr.
Fast immer erweist sich eine wenigstens sechswöchige Kombucha-Kur als hilfreich. Trinken Sie dreimal täglich mindes-

tens ein Glas Kombucha-Tee. Nach einer vierwöchigen Pause können Sie die Kur dann wiederholen. Kombucha-Vollbäder unterstützen die Kur von außen. Bei Atembeschwerden mischen Sie heißes Wasser 1:1 mit Kombucha-Essig und inhalieren die Dämpfe von davon.

Hilfreich für die Verdauung und den Magen-Darm-Kanal

Appetitlosigkeit

Kombucha stimuliert ganz allgemein den Magen-Darm-Kanal und der Appetit kehrt zurück. Die Heilwirkung können Sie noch verbessern, wenn Sie Kombucha mit verdauungsfördernden Kräutertees ansetzen, z. B. mit solchen von Kalmus, Ingwer, Engelwurz, Tausendgüldenkraut und Melisse. Trinken Sie eine halbe Stunde vor dem Essen ein Glas von der empfohlenen Teemischung.

Magen-, Galle- und Leberbeschwerden

Trinken Sie zu den Mahlzeiten ein Glas Kombucha-Tee, eventuell angesetzt mit grünem Tee.

Durchfall

Er nimmt immer die Darmflora in Mitleidenschaft. Mit Hilfe von Kombucha regeneriert sich diese ziemlich rasch.

Verstopfung

Kombucha regt die Darmmuskulatur an und besitzt somit eine leicht abführende Wirkung. Früher war dies sogar eine ihrer wichtigsten Anwendungen.

Hilfreich für den Stoffwechsel

Stoffwechselerkrankungen
Naturheilkundler betonen immer wieder den Zusammenhang zwischen einer gesunden Darmflora beziehungsweise einem überlasteten Darm und Stoffwechselerkrankungen wie Diabetes, Rheuma, Gicht, erhöhte Cholesterinwerte. Eine Trinkkur mit Kombucha stabilisiert den Darm und lindert in vielen Fällen negative Symptome. Achten Sie zusätzlich auf eine gesündere Lebensweise!

Heilfasten, Entschlacken, Abnehmen
Kombucha ergänzt jede diesbezügliche Diät. Trinken Sie dreimal täglich ein Glas Kombucha-Tee zu den Mahlzeiten. Kombucha, die mit schwarzem Tee angesetzt wurde, unterstützt die Verdauung, wirkt leicht abführend und entschlackend. Kombucha mit Matetee angesetzt vertreibt den Hunger.

Hilfreich für Gefäße, Herz und Kreislauf

Arteriosklerose, Bluthochdruck, zu niedriger Blutdruck
Kombucha harmonisiert den Blutdruck; ein erhöhter Wert sinkt leicht ab, ein zu niedriger Wert steigt etwas an. Außerdem erschwert Kombucha die Ablagerungen von Cholesterin sowie Kalk an den Gefäßwänden und schützt so vor der gefürchteten Arteriosklerose.

Anwendung
Machen Sie eine Kombucha-Kur, wobei Sie idealerweise den Teepilz mit grünem Tee ansetzen. Falls Sie bereits an Herzbeschwerden leiden, hilft eine Mischung aus grünem Tee, Mistelblättern und Weißdornblüten als Ansatzlösung, denn die Kräuter steigern die Schutzwirkung. Bei zu niedrigem Blutdruck helfen zusätzliche Einreibungen mit Kombucha-Essig.

Durchblutungsstörungen, Krampfadern
Reiben Sie die betroffenen Gliedmaße mit einer gut vergorenen Kombucha ein. Auch kalte Wickel mit in Kombucha-Essig getränkten Leinentüchern fördern die Durchblutung.

Hilfreich für die Haut

Eine Problemhaut lässt sich oft auf eine Stoffwechselstörung zurückführen, die wiederum ihren Ausgang im Darm hat. Kombucha verhilft zu einer gesunden Bakterienflora im Darm und stabilisiert das Immunsystem. Äußerlich angewandt begünstigt sie die rasche Abheilung von Akne und Ekzemen. Eine vierwöchige Kombucha-Kur führt fast immer zu einem besseren Hautbild. Äußerliche Anwendungen wie Abreibungen und Umschläge beschleunigen den Heilungsprozess.

Äußerliche Anwendungen mit Kombucha
Die Haut nimmt die Wirkstoffe von Kombucha problemlos auf, und der prickelnde Zusatz wirkt spürbar wohltuend auf Körper sowie Seele.

Gesichtswasser: Kombucha können Sie direkt als Gesichtswasser verwenden. Tränken Sie Wattepads in der Lösung, und tupfen Sie sich damit ab.

Erfrischungsmaske: Mischen Sie Kombucha im Verhältnis 1:1 mit Sahne oder Quark. Rühren Sie so lange, bis eine homogene Masse entstanden ist. Diese tragen Sie großflächig auf, lassen sie fünf bis zehn Minuten einwirken und waschen sie dann mit reichlich klarem Wasser wieder ab.

Gesichtspackung: Für eine solche Packung benötigen Sie einen jungen Pilz, den Sie mit etwas Ansatzflüssigkeit zu einer geschmeidigen Masse pürieren. Bei unreiner Haut mischen Sie noch Mandelkleie unter.

Haarspülung: Nach dem Haarewaschen massieren Sie Kombucha in Kopfhaut und Haare. Nicht ausspülen, und die Haare an der Luft trocknen lassen.

Vollbad: Geben Sie 1/2 Liter Kombucha-Ansatz ins Badewasser. Das belebt eine müde Haut und hilft bei Muskelkater sowie Verspannungen.

Rezepte für Kombucha-Drinks

Verwenden Sie für die folgenden Rezepte nur frische Kombucha. Die Hefen gären auch in dem fertigen Trunk im Kühlschrank weiter, und die Kombucha schmeckt dann zunehmend säuerlich.

Longdrink
Zutaten für zwei Gläser: 200 Milliliter Kombucha auf Schwarzteebasis, 200 Milliliter Mineralwasser, Saft von zwei Zitronen, Eiswürfel, Zitronenscheiben, frische Minze- oder Zitronenmelisseblätter.
Zubereitung: Kombucha, Mineralwasser und Zitronensaft mischen. Eiswürfel in die Gläser geben und mit der Mischung auffüllen. Mit Zitronenscheiben, frischen Minze- oder Zitronenmelisseblättern garnieren.
Tipp: Feuchten Sie den Rand der Gläser vor dem Eingießen etwas an, und tauchen Sie sie in Streuzucker.

Kombucha-Kindertee
Zutaten pro Glas: 100 Milliliter Tee aus Himbeer-, Johannisbeer- oder Brombeerblättern, 100 Milliliter Kombucha.
Zubereitung: Mischen Sie den Tee mit Kombucha.
Tipp: Setzen Sie die Kombucha mit dem jeweiligen Tee an.

Kombucha-Apfelsaft
Zutaten für 1/2 Liter: 1/4 Liter Apfelsaft, 1/4 Liter Kombucha, evtl. 2 Teelöffel Zitronensaft.
Zubereitung: Kombucha und Apfelsaft zu gleichen Teilen mischen und mit Zitronensaft abschmecken.

Kombucha mit Melone

Zutaten für vier Gläser: 1/2 Honigmelone, 1/2 Liter Kombucha, 8 Eiswürfel.

Zubereitung: Honigmelone schälen, klein schneiden und pürieren. Kombucha zugeben und gut verrühren. Mit jeweils zwei Eiswürfeln servieren sowie Melonenstückchen garnieren.

Vitamin-Cocktail

Zutaten für vier Gläser: 200 Milliliter Kombucha, 100 Milliliter Ananassaft, 100 Milliliter Papayasaft, 1 Kiwi.

Zubereitung: Kombucha, Ananassaft sowie Papayasaft gut mischen und in die Gläser füllen, Kiwi in Scheiben schneiden und dazugeben. Jeweils mit einem Stück Ananas garnieren.

Kombucha-Sekt-Drink

Zutaten für 1 Liter: 2/3 Liter Kombucha, 1/3 Liter Sekt, Limettenscheiben.

Zubereitung: Kombucha und Sekt gut mischen. Dann in die Gläser füllen und mit den Limettenscheiben verzieren.

Erdbeer-Cocktail

Zutaten für 2 Gläser: 1/4 Liter Kombucha, 80 Milliliter weißer Rum, etwas Erdbeerlikör, 6 tiefgefrorene Erdbeeren.

Zubereitung: Kombucha mit Rum und einem Schuss Erdbeerlikör vermischen.
Die gefrorenen Früchte zugeben und den Cocktail servieren.

Ein Schatz der Inkas: der Lapacho-Tee

Schon die Inkas kannten den Lapachobaum und bereiteten aus seinen rotbraunen dünnen Rindenstücken einen erfrischenden sowie heilsamen Tee zu. Noch heute verwenden die Indios Lapacho-Tee bevorzugt gegen eine Vielzahl von Krankheiten. Wie man mittlerweile weiß, haben sie guten Grund dazu, denn im Lapacho steckt eine große Heilkraft.

Der Lapachobaum

Lapacho gewinnt man aus der Rinde des Lapachobaums *Tabebuia avellanedae*. Dieser wächst in den tropischen Regenwäldern Mittel- und Südamerikas zwischen Mexiko sowie Argentinien und kann ein Alter von 700 Jahren erreichen. Seine Rinde ist ziemlich glatt, außen von grauer Farbe und innen rot-braun; in ihr stecken die wirksamen Inhaltsstoffe. Ein Kilogramm Lapachorinde enthält beispielsweise 45 Gramm Kalzium, 250 Milligramm Eisen und 180 Milligramm Kalium. Für den Tee verwendet man nur die innere Rinde, die leicht nach Vanille riecht. Der Lapachobaum trägt von Dezember bis Februar sehr schöne purpurfarbene Blüten die einer Trompete ähneln; damit fängt er Insekten. Lapacho-Tee enthält ungewöhnlich viele Mineralien und seltene Spurenelemente, wertvolle Flavonoide und weitere heilsame Substanzen. Er ist äußerst bekömmlich, für die ganze Familie geeignet und stärkt das Immunsystem.

Die Indianer nennen diesen Fleisch fressenden Baum »Baum des Lebens« und sagen ihm starke Kräfte nach.

Inhaltsstoffe der Lapachorinde

Mineralstoffe
Chlor, Kalium, Kalzium, Magnesium, Natrium, Phosphor

Spurenelemente
Chrom, Eisen, Fluor, Jod, Kobalt, Kupfer, Mangan, Selen, Silizium, Zink

Flavonoide, Saponine, Chinone

Gerbstoffe
Der Gerbstoffgehalt liegt mit 10–18 Prozent sehr hoch. Auf ihm beruht die heilsame Wirkung von Lapacho-Tee bei Haut- und Schleimhauterkrankungen, bei der Wundheilung und bei Beschwerden im Zusammenhang mit der Verdauung.

Seltene Verbindungen
Dazu kommen etwa 20 seltene Verbindungen. Wichtige Vertreter sind Lapachol, Vanillin, Vanillinsäure und Anisaldehyd sowie die Gruppe der Naphthochinone, die das Immunsystem stimulieren. Auf Lapachol gehen zahlreiche der Heilwirkungen des Rindentees zurück. Es befindet sich zwar vor allem in den Gefäßen des Holzes, doch seine geringen Mengen in der Rinde reichen schon aus für große Effekte.

Die Zubereitung von Lapacho-Tee

Baumrinden sind hart und geben ihre Wirkstoffe nicht so schnell frei wie Teeblätter. Deshalb müssen Rindentees anders zubereitet werden als Blatttees. Lapacho muss einige Zeit köcheln und dann relativ lange ziehen. Der fertige Tee schmeckt angenehm und erinnert an den Rooibostee aus Südafrika.

So wird der Tee zubereitet:
1 Liter Wasser aufkochen lassen. 1 gehäuften Esslöffel Lapachorinde hineingeben und im zugedeckten Topf 5 Minuten lang bei niedriger Hitze kochen lassen. Danach den Topf vom Herd nehmen, zugedeckt weitere 20 bis 25 Minuten ziehen lassen und dann den Tee abseihen.

▶ Der Tee kann mit oder ohne Zucker getrunken und mit Honig, Milch, Sahne oder Zitronensaft verfeinert werden. Er schmeckt auch kalt oder mit Fruchtsaft vermischt.
▶ Plastikbecher schaden dem Aroma. Verwenden Sie daher immer ein Glas oder eine Porzellantasse.
▶ Lapacho ist in erster Linie ein Heiltee. Trinken Sie ihn deshalb nicht übermäßig.

Heilen mit Lapacho

Lapacho ist ein Naturheilmittel, das sich sehr vielseitig einsetzen lässt. Es unterstützt die Heilung vieler Erkrankungen auf natürliche Weise. Lapacho wird sowohl innerlich als auch äußerlich angewendet.

Die Lapacho-Kur
▶ Trinken Sie vier bis sechs Wochen lang jeden Tag einen Liter Lapacho-Tee. Die Menge verteilen Sie über den Tag.
▶ Dann machen Sie eine vierwöchige Einnahmepause.
▶ Im Anschluss an die Pause können Sie die Kur wiederholen.

Innerliche Anwendungen: Tee, Tablette, Elixier
Neben dem oben beschriebenen Lapacho-Tee führen die Apotheken Lapacho-Tabletten und Lapacho-Auszug. Letzteren können Sie auch selbst herstellen.

Lapacho-Alkohol-Auszug
Zutaten: 3 Teelöffel Lapachorinde, 100 Milliliter 70-prozentiger Alkohol.
Zubereitung: Rinde in einem Mörser zerstoßen, mit dem Alkohol übergießen und alles gründlich vermischen. Die Mischung in ein dunkles, gut verschließbares Gefäß umfüllen und an einen mäßig warmen Ort stellen. Der Alkohol sollte mindestens zehn Tage lang ziehen. Während der Ziehzeit die Flasche mehrmals schütteln. Dann den Auszug abseihen und in kleine Fläschchen füllen.
Anwendung: Dreimal täglich je 10 Tropfen in etwas Flüssigkeit zu den Mahlzeiten einnehmen.

Äußerliche Anwendungen: Umschläge, Bäder, Spülungen
Sie kommen bei zahlreichen Erkrankungen zur Anwendung, etwa bei akuten oder chronischen Hauterkrankungen, Pilzinfektionen oder Gelenk- und Muskelentzündungen.

Kompressen und Umschläge
Zutaten: 3 Esslöffel Lapachorinde, 1 Liter Wasser.
Zubereitung: Den Lapacho-Tee zubereiten, wie oben beschrieben, abseihen und etwas abkühlen lassen. Ein sauberes Mull- oder Leinentuch damit tränken, leicht auswringen und auf die zu behandelnde Stelle legen.

Vollbad
Zutaten: 8–10 Esslöffel Lapachorinde, 1 Liter Wasser, 3 Tropfen Lavendelöl, 1 Esslöffel Sahne oder 2 Esslöffel Milch.
Zubereitung: Lapacho-Tee in das Wasser geben und langsam aufkochen lassen. Das Wasser um etwa die Hälfte reduzieren (das entspricht etwa einer Stunde Kochzeit) und danach den Tee abseihen. Lapacho-Sud ins Badewasser einlaufen lassen. Das Lavendelöl mit Sahne oder Milch vermischen und ins Badewasser träufeln. Baden Sie nicht länger als 15 Minuten.

Teil- und Sitzbäder

Zutaten: 2 Esslöffel Lapachorinde, 1/2 Liter Wasser.

Zubereitung: Den Lapacho-Tee in Wasser geben, aufkochen lassen und 15 Minuten bei geringer Hitze köcheln, danach weitere 15 Minuten zugedeckt ziehen lassen. Den Sud in das warme Badewasser geben. Teilbäder sollten zwischen zehn und 15 Minuten dauern.

Mundspülungen

Mit Lapacho-Tee gurgeln.

Dampfbäder

Etwa einen Liter Lapacho-Tee frisch zubereiten und in eine Schüssel geben. Etwa 15 Minuten lang die Dämpfe des heißen Tees inhalieren.

Packungen

Zutaten: Lapacho-Tee, Heilerde.

Zubereitung: Ausreichende Mengen Heilerde wie auf der Verpackung beschrieben anrühren, nur dass Sie statt Wasser frisch zubereiteten Lapacho-Tee verwenden. Die Packung auftragen und 30 Minuten einwirken lassen. Sie dann mit einem feuchten heißen Waschlappen abwaschen und mit reichlich Wasser nachspülen.

Immunsystem

Lapacho-Tee stimuliert besonders wirkungsvoll die körpereigene Abwehr. Hierin dürfte eine seiner wichtigsten Anwendungsmöglichkeiten liegen. Führen Sie bei Immunstörungen, etwa bei Abwehrschwäche oder allergischen Reaktionen, eine vier- bis sechswöchige Lapachokur durch (siehe Seite 153). Zusätzlich können Sie über Monate hinweg dreimal täglich 10 Tropfen Lapacho-Alkohol-Auszug einnehmen.

Verdauung

Der hohe Gerbstoffgehalt von Lapacho wirkt sich günstig auf den Magen-Darm-Trakt aus. Gerbstoffe fördern die Verdauung, beruhigen die Schleimhäute, lindern Magenschmerzen und helfen bei Darmbeschwerden.

Akute Beschwerden: Trinken Sie täglich einen Liter Lapacho-Tee.

Chronische Beschwerden: Machen Sie eine Lapachokur, und nehmen Sie zusätzlich dreimal täglich 10 Tropfen Lapacho-Alkohol-Auszug ein.

Darmkrämpfe, Durchfall: Trinken Sie viel Lapacho-Tee und Mineralwasser, im Verhältnis 1:1 gemischt.

Stoffwechsel

Lapacho-Tee eignet sich hervorragend zum Entschlacken, Entsäuern und zur Darmreinigung. Während und nach einer Kur (siehe Seite 153) vermindern sich oftmals die Symptome chronischer Stoffwechselerkrankungen wie Rheuma, Arthritis oder Gicht.

Akute Rheumaschmerzen: Nehmen Sie Lapacho-Vollbäder; tragen Sie auf die schmerzenden Gelenke Packungen aus Heilerde und Lapacho-Tee auf.

Gefäße, Herz und Kreislauf

Die Flavonoide im Lapacho-Tee halten Ihre Blutgefäße intakt und das Blut im Fluss. Der Tee normalisiert in gewissem Rahmen den Blutdruck und beugt der gefürchteten Arteriosklerose vor. Trinken Sie regelmäßig Lapacho-Tee. Am besten machen Sie zweimal im Jahr eine Lapachokur (siehe Seite 153).

Atmung

Lapacho stärkt die Abwehrkräfte und lindert Entzündungen.

Bronchitis, Erkältungen: Trinken Sie während der akuten Phase täglich einen Liter Lapacho-Tee und geben Sie etwas Zitronensaft in den Tee. Lapacho-Dampfbäder befreien die Atemwege.

Asthma: Asthma gehört zu den allergischen Erkrankungen. Eine Lapachokur (siehe Seite 153) kann langfristig die Symptome lindern. Bei den ersten Anzeichen eines Asthmaanfalls machen Sie ein Dampfbad mit heißem Lapacho-Tee.

Halsschmerzen, Mandelentzündung: Gurgeln Sie mit frisch zubereitetem Lapacho-Tee.

Hautprobleme

Bei allen Hautproblemen und -verletzungen kommen die zusammenziehenden, antibakteriellen und entzündungshemmenden Eigenschaften der Gerbstoffe im Lapacho zum Tragen.

Wunden, kleinere Verletzungen: Frische Schnitt-, Schürf-, Kratz- oder Stichwunden desinfizieren Sie mit Lapacho-Alkohol-Auszug. Danach einen Lapacho-Umschlag auf die Wunde legen. Die Gerbstoffe beschleunigen den Heilungsprozess.

Akne, Ekzeme, Abszesse und Furunkel: Lapacho-Tee wirkt sowohl innerlich als auch äußerlich. Waschen Sie die betroffenen Körperregionen regelmäßig mit lauwarmem Lapacho-Tee, und legen Sie dann Kompressen oder Packungen mit Lapacho auf. Abszesse können Sie zusätzlich mehrmals täglich mit einigen Tropfen Lapacho-Alkohol-Auszug betupfen oder mit einer Mischung von 5 Tropfen Auszug mit 1 Esslöffel Avocado- oder Jojobaöl dünn einreiben. Wenn Sie öfter unter Hauterkrankungen leiden, sollten Sie Ihre Abwehr mit einer Lapachokur stärken (siehe Seite 153).

Neurodermitis: Machen Sie regelmäßig ein Lapacho-Vollbad. Akute Erscheinungen behandeln Sie wie Ekzeme.

Infektionen und Pilzbefall

Candidabefall: Eine Lapacho-Teekur (siehe Seite 153) wirkt sich positiv bei einer Infektion mit dem Pilz Candida albicans aus. Nehmen Sie zusätzlich über mehrere Monate hinweg dreimal täglich je 10 Tropfen Lapacho-Alkohol-Auszug ein.

Fuß- und Nagelpilz: Baden Sie die infizierten Stellen täglich in Lapacho-Tee. Zusätzlich mehrmals täglich mit Lapacho-Alkohol-Auszug betupfen.

Entzündungen im Intimbereich und Hämorrhoiden: Sitzbäder helfen bei akuten Schmerzen. Bei einer Blasenentzündung müssen Sie möglichst viel trinken. Mischen Sie hierzu Lapacho-Tee und Mineralwasser im Verhältnis 1:1.

Krebs und AIDS

Bisher konnten bei Tierversuchen tumorhemmende Eigenschaften des Lapacho-Tees nachgewiesen werden. Weitere Aussagen sind nicht möglich, Versprechungen über verbesserte Heilungschancen bei Tumorerkrankungen mit Hilfe von Lapacho sind unseriös. Dennoch eignet sich Lapacho-Tee bei Krebs- und wegen seiner immunstimulierenden Eigenschaften auch bei AIDS-Erkrankungen als begleitende Therapie.

Lapacho-Rezepte

Feiner Lapacho-Tee

Zutaten pro Tasse: 1 Tasse frisch zubereiteter Lapacho-Tee, süße Sahne, 1 Teelöffel Honig, 1 Prise Pfeffer, 1 Prise Zimt.
Zubereitung: Sämtliche Zutaten in den Lapacho-Tee geben und alles gut umrühren. Den Tee möglichst heiß trinken.

Lapacho-Tee mit Birne

Zutaten: 1 Esslöffel Lapachorinde, 2 Birnen, 4 Esslöffel geschlagene Sahne, Kakaopulver.
Zubereitung: Die Lapachorinde und die klein geschnittenen Birnen mit 1 Liter kochendem Wasser übergießen, fünf Minuten bei geringer Hitze köcheln, abgedeckt 15 Minuten ziehen

lassen, abseihen. Den Tee in Gläser umfüllen, mit Sahnehäubchen und Kakaopulver garnieren.

Lapacho-Bowle mit Obst

Zutaten für 2 Liter: 1 Esslöffel Lapachorinde auf 1 Liter Wasser, 1 Liter Orangensaft, 6 Bananen, Apfeldicksaft.

Zubereitung: Den Lapacho-Tee zubereiten und erkalten lassen. Den Orangensaft mit dem Tee vermischen. Die Bananen klein schneiden und zugeben. Das Ganze nach Belieben mit Apfeldicksaft süßen.

Sommerfrische-Drink

Zutaten für 2 Liter: 1 Esslöffel Lapachorinde auf 1 Liter Wasser, Honig, 6 Pfisische, 1/2 Liter Mineralwasser, 4 Esslöffel Sanddornnektar.

Zubereitung: Den Lapacho-Tee zubereiten, erkalten lassen und mit Honig süßen. Die Pfirsische klein schneiden und in den Tee geben. Mineralwasser und Sanddornnektar zugeben.

Natürlich gesund: Rotbuschtee (Rooibos-Tee)

»Rooibos« ist Afrikaans und heißt übersetzt »roter Busch«. Aus seinen Blättern gewinnt man das Nationalgetränk Südafrikas, den Rooibos-Tee oder auf deutsch Rotbuschtee. Er führte viele Jahrzehnte lang ein Schattendasein, denn kaum jemand außerhalb Südafrikas kannte diesen ungewöhnlich bekömmlichen und schmackhaften Tee, doch nun findet er auch bei uns immer mehr Liebhaber – zu Recht, denn er ist ein idealer Familientee und dazu überaus gesund.

Der Strauch

Der Rotbuschstrauch ist ein naher Verwandter des Ginsters, beide gehören in die botanische Familie der Fabaceae. Sein botanischer Name lautet *Aspalathus linearis*. Er gedeiht an der Südwestküste Südafrikas, und zwar rund um den Cedarberg bei Kapstadt. Der bis zu zwei Meter hohe Strauch hat – ebenso wie der Ginster – schmale Zweige. Sie tragen zahlreiche 10 bis 50 Millimeter lange Blätter, die an Kiefernnadeln erinnern. Im Winter braucht er viel Regen, im Frühjahr wächst der Busch geradezu rasant, im Sommer langsamer und im Herbst, sobald sich die gelben Schmetterlingsblüten öffnen, gar nicht mehr. Wenn der Rotbusch nach etwa zehn Jahren allmählich stirbt, verfärbt er sich feuerrot, was ihm seinen Namen einbrachte.
Gegen Ende des südafrikanischen Sommers beginnt die Tee-Ernte; der Sommer auf der Südhalbkugel fällt in unsere Wintermonate, die Erntezeit ist daher zwischen Januar und März. Man schneidet die Zweigspitzen ab, bündelt sie und verarbeitet deren nadelähnlichen Blätter. Sie werden in Häckselma-

schinen zerstückelt, durch Rollmaschinen gequetscht, mit Wasser angefeuchtet und schließlich zu etwa 20 Zentimeter hohen Haufen aufgeschüttet, in denen sie einen Tag lang fermentieren. Dabei verfärben sich die grünen Blätter ins Rotbraune, und die charakteristischen Aromastoffe entstehen. Zum Schluss lässt man die Blätter an der Sonne trocknen und befreit sie von Verunreinigungen. Bleibt noch, das Kraut zu wiegen, abzupacken und in alle Welt zu exportieren.

Ein Tee für die ganze Familie

Der Rotbuschtee besteht aus bis zu einem Millimeter dicken und drei bis vier Millimeter langen Blatt- und Zweigstückchen. Er ergibt einen intensiv rotbraunen Aufguss und riecht angenehm fruchtig-frisch. Es ist der ideale Tee für die ganze Familie: Er schmeckt weich und angenehm süß, riecht gut, sieht attraktiv aus, lässt sich einfach und schnell zubereiten, ist gut verträglich, man kann ihn warm oder kalt trinken, und er ist zu allem auch noch gesund. Weil er weder Koffein noch übermäßig viele Gerbstoffe oder andere reizende Substanzen enthält, kann man ihn selbst literweise zu sich nehmen.
Bereits die afrikanischen Ureinwohner am Kap der guten Hoffnung kannten die gesundheitlichen Vorzüge des Tees. Man weiß, dass die Frauen ihre Babys mit Rotbuschtee behandelten, wenn die Kleinen unter Koliken und Blähungen litten. Das beobachtete Anfang des 20. Jahrhunderts der russische Einwanderer Benjamin Ginsberg. Er erprobte selbst den Tee und sorgte unverzüglich für seine Kommerzialisierung. Rund dreißig Jahre später erkannte auch der Arzt und Botaniker Petter le Fras Nortier den hohen gesundheitlichen Wert des Rotbuschtees. Es gelang ihm, eine ertragreiche Rotbuschsorte zu züchten, die man in Kultur nehmen konnte. Der Durchbruch kam aber erst Ende der 60er Jahre. Einige Mütter

berichteten von ihren durchweg positiven Erfahrungen mit Rooibos bei der Behandlung der Drei-Monats-Koliken ihrer Babys. Nun interessierten sich auch die Wissenschaftler für diesen alten neuen Tee und entdeckten seine wirksamen Inhaltsstoffe.

Die Inhaltsstoffe und ihre Wirkung

Heutzutage gilt Rotbusch als gut erforschter Genuss- und Heiltee. Mittlerweile kennt man über 200 Einzelsubstanzen und von vielen auch deren Wirkung.
Hier die wichtigsten Substanzgruppen:

Flavonoide
Diese weit verbreiteten Pflanzeninhaltsstoffe kommen in den meisten Tee-Arten reichlich vor (vergleiche Seite 59). Es sind hochwirksame Antioxidantien, das heißt, sie inaktivieren die schädlichen freien Radikale. Auf ihnen beruht ein Großteil der gesundheitserhaltenden Wirkungen des Tees. Flavonoide schützen die Blutgefäße vor Cholesterinablagerungen und Verkalkung sowie die Haut vor schädlichen Auswirkungen der UV-Strahlung. Auch vermindert ein reichliches Angebot an Flavonoiden das Risiko, an Krebs zu erkranken. Bestimmte Flavonoide lindern Darm- und Unterleibskrämpfe. Einige verwandte Substanzen sind mitverantwortlich für den typisch süßlich-fruchtigen Geschmack des Tees.

Aspalathin und Nothofagin
Diese beiden Substanzen gehören eigentlich zu den Flavonoiden, doch wegen ihrer herausragenden Rolle werden sie meist gesondert aufgeführt. Aspalathin ist wahrscheinlich für die antiallergische Wirkung des Rotbuschtees verantwortlich. Der Stoff ähnelt einer Substanz aus der Süßholzwurzel, von dem

man weiß, dass sie auf die Immunabwehr einwirkt und allergische Reaktionen abbremst.

Ätherische Öle
Die flüchtigen Aromastoffe entstehen während der Fermentation und sind für das fruchtige Aroma des Tees verantwortlich.

Phenolsäuren und Gerbstoffe
Einige Phenolsäuren wirken gegen Keime, töten also Pilze, Bakterien und Viren. Inwieweit sie auch in unserem Körper diese Krankheitserreger vernichten, weiß man jedoch noch nicht. Gerbstoffe stabilisieren den Darm und erhöhen seine Widerstandskraft.

Tannin
Dieser spezielle Gerbstoff kommt in vielen Tee-Arten reichlich vor und verursacht deren bitteren Geschmack. Nicht so im Rotbuschtee: er enthält so wenig Tannin, dass der Tee wesentlich fruchtiger und süßer schmeckt als etwa der Schwarztee.

Mineralstoffe
Rotbuschtee enthält ungewöhnlich viel Mineralstoffe und Spurenelemente.

1 Tasse Rotbuschtee (3 Gramm Tee auf 200 Milliliter Wasser) enthält:

Eisen	*0,07 mg*	*Magnesium*	*1,67 mg*
Fluor	*0,22 mg*	*Mangan*	*0,04 mg*
Kalium	*7,12 mg*	*Natrium*	*6,16 mg*
Kalzium	*1,09 mg*	*Zink*	*0,04 mg*
Kupfer	*0,07 mg*		

Das Eisen im Rotbuschtee ist im Gegensatz zu den meisten anderen Tees nicht an die Gerbstoffe gebunden, sondern liegt in einer für den Körper gut verwertbaren Form vor. Gleichzeitig liefert der Tee die für die Aufnahme in den Körper notwendigen Vitamin C-Mengen gleich mit. Rotbuschtee beugt einem Eisenmangel vor beziehungsweise gleicht ihn aus.

Vitamin C: Eine Tasse Tee enthält bis zu 30 Milligramm Vitamin C. Der Wert schwankt zwar, dennoch ist Rotbuschtee ein wertvoller Vitaminlieferant.

Die Zubereitung des Rotbuschtees

Rooibos lässt sich überaus einfach sowie schnell zubereiten, und anders als etwa beim grünen Tee kann man dabei nichts verkehrt machen.

So geht es: 4 gehäufte Teelöffel Teeblätter mit 1 Liter sprudelnd kochendem Wasser übergießen. 3 Minuten abgedeckt ziehen lassen und durch einen Filter abseihen. Mit Zitronensaft verfeinern.

▶ Rotbusch-Teeblätter können mehrmals aufgebrüht werden.

▶ Teezangen eignen sich weniger gut für den Rotbuschtee, da dessen dünne Nadeln durch die Löcher der Zange schlüpfen können. Verwenden Sie deshalb einen Filter oder ein Teesieb.

▶ Zum Rotbuschtee passen Fruchtsaft, Honig oder Milch.

▶ Der Handel bietet mittlerweile auch aromatisierten Rotbuschtee an. Es gibt ihn mit Zimt-, Orangen- und Zitronenöl, fruchtig-exotisch mit Hibiskus-, Rosen-, Malven- sowie Sonnenblumenblüten und mit Vanillegeschmack.

Rotbuschtee für die Gesundheit

In der Volksmedizin setzt man Rotbuschtee gegen Schlaflosigkeit und bei Hautproblemen sowie Magen- und Darmleiden ein. Außerdem wird ihm ein günstiger Effekt bei Allergien, insbesondere bei Nahrungsmittelallergien und Heuschnupfen, sowie bei Neurodermitis nachgesagt.

Nahrungsmittelunverträglichkeiten und Allergien

Allergien
Mit Rotbuschtee können Sie in Einzelfällen einer allergischen Reaktion vorbeugen. Bestimmte Flavonoide in ihm hemmen die übermäßige Ausschüttung von Histamin aus den Mastzellen; Histamin löst auf der Haut den Juckreiz aus. Trinken Sie täglich 1,5 Liter Rotbuschtee. Das gilt besonders während der »Hochsaison«: Bei einer Hausstauballergie ist das der Winter, bei Heuschnupfen die Pollenflugzeiten, bei Neurodermitis psychischer und physischer Stress.

Nahrungsmittelallergie
Die Heilungsschancen des Rotbuschtees sind hier besonders groß. Trinken Sie täglich 1,5 Liter Tee zu den Mahlzeiten und zwischendurch.

Verdauung, Magen-Darm-Kanal

Magen-Darm-Beschwerden aller Art:
Rotbuschtee beruhigt die Magen- sowie Darmschleimhäute und macht sie widerstandsfähiger. Seine Inhaltsstoffe entspannen die Muskulatur und lösen Darmkrämpfe. Trinken Sie täglich zu den Mahlzeiten mindestens ein Glas Rotbuschtee.

Bauchkrämpfe, Drei-Monats-Koliken:

Die Mütter in Südafrika geben ihren Kindern Rotbuschtee in die Flasche, wenn sie über ein Magen- oder Darmproblem klagen. Gleiches gilt für Babys, die unter der verbreiteten Drei-Monats-Kolik leiden. Rotbuschtee lindert Bauchkrämpfe, Blähungen und Durchfall.

So geht es: Mischen Sie für Ihr Baby Rotbuschtee mit Fencheltee im Verhältnis 1:1, oder geben Sie in den fertigen Rotbuschtee 2 Teelöffel Fenchelhonig.

Durchfall: Trinken Sie reichlich Rotbusch mit schwarzem Tee vermischt. Die Mixtur beruhigt die gereizten Darmwände und löst Verkrampfungen; überdies gleichen Sie damit den Verlust an Mineralstoffen aus.

Stoffwechsel

Eisenmangel, Blutarmut

Rotbuschtee enthält reichlich Eisen, und noch dazu in einer Form, welche der Körper gut verwerten kann. Achten Sie gleichzeitig auf eine ausreichende Vitamin-C-Zufuhr, denn ohne dieses Vitamin kann der Körper das Eisen nicht aufnehmen. Drei Tassen Rotbuschtee pro Tag decken bereits ein Drittel unseres Eisenbedarfs. Verwenden Sie nur den ersten Aufguss, die weiteren Aufgüsse enthalten weit weniger Eisen.

So geht es: Mischen Sie Ihren Rotbuschtee mit gleicher Menge Zitrus-, Johannisbeer-, Kiwi- oder Sanddornsaft.

Hautprobleme, Entzündungen

Hauterkrankungen

Äußerlich angewandt begünstigt der Rotbuschtee den Heilungsverlauf verschiedener Erkrankungen, wie zum Beispiel Windelausschläge, Sonnenbrand, Ekzeme, Nesselsucht. Zusätzlich schützt der Tee vor frühzeitiger Hautalterung.

Lotion
Zutaten: 4 Esslöffel Rotbuschtee auf 1/4 Liter Wasser, 1/4 Liter Buttermilch oder Sahne.
Zubereitung: Den konzentrierten Rotbuschtee zubereiten und mit der Buttermilch bzw. Sahne vermischen.

Gesichtsmaske
Zutaten: 1 Esslöffel Rotbuschtee auf 1/4 Liter Wasser, 3 Esslöffel Weizenkeime, 1 Esslöffel Honig.
Den Tee zubereiten un die Weizenkeime mit dem Honig vermischen. Danach Tee und Brei gut miteinander verrühren und die Mischung als Packung auftragen. Diese 20 Minuten lang einwirken lassen und dann mit reichlich lauwarmem Wasser abspülen.

Entzündungen der Mundschleimhaut und des Zahnfleischs
Machen Sie täglich vier bis fünf Mundspülungen mit hochkonzentriertem Rotbuschtee.

Windeldermatitis
Den hochkonzentrierten Tee (1 Esslöffel Kraut auf 1 Tasse Wasser, 5 Minuten ziehen lassen) auf etwa 25 °C abkühlen lassen und den entzündeten Babypopo damit abwaschen.

Rotbuschtee-Rezepte

Rooibos-Honeybush-Tee
Der Honigbusch wächst ebenfalls in Südafrika und hat ähnliche Eigenschaften wie der Rotbusch. Der aus seinen Blättern gewonnene Tee wird auch »Bergtee« oder »Kaptee« genannt und schmeckt honigsüß. Honigbuschtee enthält wenig Gerbstoffe und so winzige Restmengen von Koffein, sodass er praktisch als koffeinfrei gilt. Da Rooibos überhaupt kein Koffein

168 Gesundmacher aus aller Welt

enthält, ergibt eine Mischung der beiden Tees ein ideales Getränk für (kleine) Kinder.

Vanilleshake

Zutaten: 1 Vanilleschote, 4 Teelöffel Rotbuschblätter, Vanillezucker, 1/2 Liter Milch, Sahne, Kakaopulver.

Zubereitung: Die Vanilleschote klein schneiden, mit Rotbuschblättern mischen und alles mit 1/2 Liter kochendem Wasser aufgießen; 8 Minuten ziehen lassen, abseihen und mit Vanillezucker süßen. Den Tee mit der Milch verrühren und in Gläser füllen. Etwas Sahne darauf geben und Kakaopulver darüber streuen.

Tipp: Geben Sie je eine Kugel Vanilleeis hinzu.

Kinderbowle

Zutaten für 2 Liter: 4 Teelöffel Rotbuschblätter auf 1 Liter Wasser, 1 Liter Apfelsaft, 1 Zitrone.

Zubereitung: Den Tee zubereiten und 5 Minuten ziehen lassen. Ihn dann mit dem Apfelsaft mischen und mit Zitronenscheiben garnieren.

Tipp: Mischen Sie zusätzlich 1 Liter Traubensaft unter, und garnieren Sie den Drink mit Trauben sowie Apfelscheiben.

Sommerbowle

Zutaten für 2 Liter: 1 Kilogramm Obst (z.B. Apfel, Pfirsisch, Aprikose, Erdbeere), 1/2 Liter Weißwein, Zucker, 6 Esslöffel Rotbuschtee auf 1 Liter Wasser, 1 Flasche Sekt.

Zubereitung: Das Obst klein schneiden und in eine Bowleschüssel geben. Den Weißwein zugeben und alles mit Zucker süßen, danach zwei Stunden durchziehen lassen. Einen starken Tee zubereiten, 8 Minuten ziehen lassen und kalt stellen. Den kalten Tee in die Bowleschüssel geben und kurz vor dem Servieren den Sekt zugießen.

Natürlich gesund: Rotbuschtee (Rooibos-Tee) **169**

Rotbuschtee mit Gewürzen

Zutaten für 1 Liter: 2–3 Teelöffel Rotbuschtee, 2 Gewürznelken, Zimtstange, 2 Anissterne, Zucker, Saft einer 1/2 Zitrone.
Zubereitung: Teeblätter, Nelken, Zimtstange und Anissterne in die Teekanne geben, mit 1 Liter sprudelnd kochendem Wasser aufgießen und 3 Minuten ziehen lassen. Nach Bedarf süßen und Zitronensaft zugeben.

Rooibos-Orangensaft

Zutaten für 1 Liter: 2 Teelöffel Rotbuschtee auf 1/2 Liter Wasser, 1/2 Liter Orangensaft, 1 Orange zum Garnieren.
Zubereitung: Tee und Orangensaft miteinander mischen, gut umrühren und mit Orangenstückchen garnieren.

Rotbuschshake mit Aprikosen

Zutaten für 1 Liter: 5 Teelöffel Rotbuschtee auf 1 Liter Wasser, Eiswürfel, 8 Aprikosen, Saft von 2 Zitronen, 5 Teelöffel Puderzucker, 8 Kugeln Vanilleeis, Zitronenmelisse zum Garnieren.
Zubereitung: Den Tee zubereiten und in ein Gefäß mit Eiswürfeln abseihen. Die Aprikosen klein schneiden und zusammen mit dem Zitronensaft sowie dem Puderzucker pürieren. Den Rotbuschtee und Vanilleeis zugeben, schaumig schlagen. Sofort servieren und mit Zitronenmelissezweigen garnieren.

Rotbusch-Sangria

Zutaten für ca. 4 Liter: 2 Esslöffel Rotbuschtee auf 1 Liter Wasser, 420 Gramm Kristallzucker, 2 Äpfel, 2 Zitronen, 2 Orangen, 2 Flaschen Rotwein, 1/4 Liter Weinbrand, 1 Liter Sodawasser.
Zubereitung: Den Rotbuschtee zubereiten. Den Zucker im heißen Tee auflösen und diesen abkühlen lassen. Die Äpfel in Spalten schneiden, die Zitronen sowie Orangen schälen und würfeln. Das Obst zum Tee geben, Rotwein sowie Weinbrand zugießen und alles kühl stellen. Vor dem Servieren mit Soda auffüllen.

Rotbuschtee auf irische Art

Zutaten für 6 Gläser: 2 Esslöffel Rotbuschtee auf 1 Liter Wasser, 0,2 Liter irischer Malt-Whiskey, 70 Gramm brauner Zucker, Schlagsahne, Schokosplitter.
Zubereitung: Den Rotbuschtee zubereiten. Den Whiskey auf die Gläser verteilen und mit Rotbuschtee auffüllen. Den Zucker in den Gläsern auflösen. Die Drinks mit Sahnehauben und Schokosplittern garnieren.

Rotbusch-Quark mit Kirschen

Zutaten für 0,2 Liter: 0,2 Liter Rotbuschtee, 200 Gramm entkernte Sauerkirschen aus dem Glas, 300 Gramm Magerquark.
Zubereitung: Den Rotbuschtee zubereiten und abkühlen lassen. Tee, Sauerkirschen und Quark miteinander verrühren, nach Bedarf süßen.

Rotbuschgelee

Zutaten: 2 Esslöffel Rotbuschkraut auf 1 Liter Wasser, etwas Vanilleschote (ca. 3 Zentimeter), abgeriebene Schale von 1 unbehandelten Zitrone, 500 Gramm Gelierzucker
Zubereitung: Das Wasser aufkochen und 5 Minuten lang abkühlen lassen. Damit das Rotbuschkraut übergießen, die Vanilleschote zerrieben zugeben und alles 3 Minuten ziehen lassen, abseihen. Den Tee zusammen mit der Zitronenschale und dem Gelierzucker in einen Topf geben, erwärmen und eine Minute lang sprudelnd kochen lassen. Danach sofort in Einmachgläser füllen.

Aus Südamerika: der Mate-Tee

Einst bezeichneten die Inkas mit »Mate« ein Gefäß, aus dem sie eine teeähnliche Flüssigkeit tranken. Heute versteht man unter Mate eine bestimmte Stechpalme, aus deren Blättern man den Matetee oder das »grüne Gold der Indios« gewinnt.

Heimat Paraguay

Mate-Tee wird aus den Blättern der Stechpalme *Ilex paraguariensis* gewonnen und dient noch heute in vielen Gegenden als wichtiger Vitamin- und Mineralstofflieferant. Der Name der Stechpalme verrät schon ihre Heimat Paraguay. Mate-Tee nennt man daher auch »Paraguay-Tee«; er wird aber in ganz Südamerika als Nationalgetränk getrunken und geschätzt. Wenn die Gauchos abends am Lagerfeuer in der Pampa beieinander sitzen, vollziehen sie ein regelrechtes Mate-Ritual. Einer der Männer stopft die Teeblätter in die Cuia, das Trinkgefäß aus einem hohlen Flaschenkürbis oder einer Kalebasse, und füllt es mit kaltem oder lauwarmem Wasser auf. Nach einer kurzen Ziehpause steckt der Gaucho die Bombilla, das Trinkröhrchen, tief in die Cuia, saugt den ersten Aufguss heraus und – spuckt ihn weg, denn der erste Aufguss des Mate-Tees schmeckt bitter und ist nicht zu trinken. Nun gießt der Gaucho heißes Wasser in die Cuia, und dieser Aufguss wird dann getrunken. Einer reicht dem anderen die Cuia weiter, sie macht die Runde, und jeder Gaucho nimmt einen Schluck mit der Bombilla. Wenn die Cuia leer ist, wird mehrfach heißes Wasser nachgegossen – ein Stunden währendes Zeremoniell.

Der Baum

Die Mate-Stechpalme ist ein Baum mit grauweißer Rinde und ähnelt unserer heimischen Birke. Er wird bis zu 14 Meter hoch, und seine Blätter sind ledrig-hart. Mit dem Teestrauch hat der Matebaum keine Verwandtschaft. Ihre einzigen Gemeinsamkeiten sind, dass beide Koffein enthalten und dass man aus den Blättern beider Bäume einen schmackhaften Tee erhält.

Die Verarbeitung der grünen Blätter zum Teeblatt ist beim Mate recht einfach.

Zur Ernte schlägt man die Zweigspitzen ab und erhitzt die Blätter über einem Holzfeuer. Die Hitze zerstört die Pflanzenenzyme, und die Blätter können nicht mehr fermentieren. Außerdem entstehen dabei die typischen Aromastoffe des Mate-Tees. Die nun welken Blätter kann man sofort aufbrühen. Mittlerweile wird Mate-Tee auch geröstet angeboten. Hierzu lässt man die Blätter doch fermentieren und röstet sie anschließend. Der geröstete Mate-Tee schmeckt sehr würzig.

Der Tee

Mate-Tee enthält zwischen 0,3 und 1,5 Prozent Koffein und koffeinverwandte Stoffe. Seine Wirkung liegt zwischen der des grünen und des schwarzen Tees. Etwa zur Hälfte ist das Koffein an Gerbstoffe gebunden, die andere Hälfte liegt frei vor. Daher stellen sich die anregenden Effekte des Tees erst allmählich ein. Die Koffeinverwandten Theobromin sowie Theophyllin entspannen die Muskulatur der Bronchien und sind deshalb bei Asthmatikern hoch geschätzt. Gerade ihnen tut Mate-Tee äußerst gut. Die im Tee enthaltenen Saponine schließlich wirken leicht abführend.

Inhaltsstoffe des Mate-Tees

Koffein, Theobromin, Theophyllin, Chlorogensäure, Rutin, Vitamin A, B-Vitamine (B_1, B_2, B_3, B_5, B_6), Vitamin C, Magnesium, Mangan, Kalium und Saponine.

Zubereitung: 3 Teelöffel Mate-Blätter mit 1 Liter heißem Wasser aufgießen, 5–10 Minuten ziehen lassen und abseihen. Beim ersten Aufguss nimmt man kein kochendes Wasser. Es soll zwar heiss sein, aber nicht mehr kochen.

▸ Ein nur kurz ziehender Tee wirkt stärker sowie anregender, und sein Geschmack ist angenehm; zieht der Tee länger, schmeckt der Tee strenger.

▸ Der erste Aufguss schmeckt oft bitter. Verwenden Sie daher besser den zweiten Aufguss. Frisch aufgebrüht schmeckt Matetee am besten.

▸ Trinken Sie morgens eine Tasse, und füllen Sie den Rest in eine Thermoskanne, den Sie über den Tag verteilt trinken, aber nicht mehr als 1 Liter insgesamt.

▸ Traditionell trinkt man Mate-Tee aus der Cuia mit Hilfe des Trinkröhrchens Bombilla. Beide Utensilien können Sie im Teefachhandel kaufen. Die Bombilla trägt am unteren Ende einen Siebaufsatz, sodass man den Tee ohne Satz und Blatteinlagen trinken kann. Den Tee nicht mit der Bombilla umrühren, da sonst der Trinklöffel verstopft!

▸ Mate-Tee können Sie heiß oder kalt trinken. Er schmeckt mit Milch, Zitrone oder Honig, gemischt mit Schwarztee, Kombucha oder Alkohol.

174 *Gesundmacher aus aller Welt*

Anwendungen

Alltagstee:
Trinken Sie morgens und mittags Mate-Tee, das bringt Schwung in den Tag. Sein Koffein muntert auf, belebt und vertreibt die Müdigkeit.

Schlankheitstee
Mate unterdrückt den Hunger, ist ein natürlicher Appetitzügler und lässt sich gut für eine Diät einsetzen.

Verdauungsbeschwerden, insbesondere Reizmagen:
Die Gerbstoffe des Mate-Tees beruhigen die Schleimhäute und lindern Magenschmerzen.

Catuaba-Tee

Catuaba kommt wie der Mate aus Südamerika, genauer: aus Brasilien. Ebenso wie beim Lapacho bereitet man den Tee aus der Rinde des Catuaba-Baumes. Die rote Farbe dieses tropischen Baumes gab Catuaba den botanischen Namen *Erythrocylon catuaba martius*.
Entdeckt haben das schmackhafte Getränk einst die Indianer des Tupi-Stammes, die den Baum auch »Guter Baum« nannten. Noch heute zählt Catuaba in Brasilien neben Lapacho zu den beliebtesten Pflanzen. Vor allem seine belebende und stärkende Wirkung machte den Tee über die Grenzen hinaus bekannt. Catuaba gilt auch als Aphrodisiakum für sie und ihn. Ein verbreiteter Spruch sagt: »Zeugt ein Mann bis zum Alter von 60 Jahren ein Kind, war er es. Geschieht dies danach, war es Catuaba.«
Catuaba enthält als Rindentee kein Koffein, dafür reichlich Mineralstoffe und andere Substanzen, welche die Durchblu-

tung verbessern. Die Catuaba-Rinde ergibt einen belebenden Aufguss, dessen Aroma an Zitrone erinnert.

Zubereitung: 1 Esslöffel Catuaba in 1 Liter sprudelnd kochendes Wasser geben, 5 Minuten lang kochen und anschließend 15 Minuten ziehen lassen. Abseihen und heiß oder kalt trinken.

Tipp:
Catuaba lässt sich gut mit Mate-Tee mischen. 1/3 Mate- und 2/3 Catuaba-Tee ergeben einen erfrischenden und wohlschmeckendes Getränk.

Ayurvedische Tees

»Ayurveda« heißt übersetzt »das Wissen vom langen Leben« und ist eine jahrtausendealte, schriftlich überlieferte Gesundheitslehre Indiens. Es umfasst nicht nur die Medizin, sondern versucht auch die Frage nach dem Sinn des Lebens zu beantworten. Ebenso wie in der traditionellen chinesischen Medizin spielt beim Ayurveda die Erhaltung der Gesundheit eine wesentliche Rolle; auch sind die Übergänge von Nahrungsmittel, Gewürz und Heilpflanze fließend.
Ayurvedische Tees sind Kräutertees mit Gewürzmischungen; am bekanntesten ist sicherlich der Yogi-Tee, eine Mischung mit Zimt, Kardamom, Ingwer, Nelken und schwarzem Pfeffer.

Zubereitung: 1 Liter Wasser kochen und 11 Gramm Yogi-Tee einrühren, 25 Minuten köcheln lassen und abseihen. 1/4 Liter Milch bzw. Sojamilch erwärmen. Tee und Sojamilch verrühren und zum Schluss mit Honig süßen.

Tee: Anbau und Ernte

Teepflückerin aus Ceylon (Sri Lanka)

Tee: Anbau und Ernte

Indien ist mit Abstand der wichtigste Teeproduzent. Der gefragteste und wegen seines lieblichen Aromas edelste Tee kommt aus Darjeeling. Die Teeplantagen liegen in Höhenlagen zwischen 800 und 2000 Metern an den Südhängen des Himalaja. Wärme und Regenmenge in dieser Region sind ideal für den Teeanbau. In der Nacht kühlt es so weit ab, dass die Teesträucher langsam wachsen und ein volles Aroma entwickeln können.
Nach Indien sind China und Sri Lanka sowie einige afrikanische Staaten bedeutende Tee-Erzeuger. Japan und Taiwan liefern vorwiegend grünen Tee, Tee aus Indonesien und Malaysia wird für Teemischungen verwendet.

Tee: Anbau und Ernte

Tee: Anbau und Ernte

Tee: Anbau und Ernte

Das größte zusammenhängende Teeanbaugebiet der Welt ist Assam, eine Hochebene in Nordindien auf beiden Seiten des Bhramaputra. Die Teesorten von dort schmecken duftig, frisch, blumig, und sie sind etwas würziger als Darjeeling-Tee. Während der Regenzeit wachsen die Teesträucher hier schnell, die Ernte liefert einen großen Ertrag.

Tee: Anbau und Ernte

Tee: Anbau und Ernte

Die Briten versuchten bereits 1664 auf Ceylon Tee anzubauen. Doch erst in der letzten Hälfte des 19. Jahrhunderts wurde die Insel zum wichtigen Exporteur von angenehm herben schwarzen Teesorten. Heute ist Sri Lanka der zweitgrößte Tee-Exporteur der Welt.

Weiterverarbeitung

Die für den schwarzen Tee typischen rotbraunen bis schwarzen Blätter und sein starker aromatischer Duft entstehen durch Fermentation (links). Dabei entwickeln sich ätherische Öle, der Gehalt an Gerbstoffen verringert sich. Danach erfolgt auch heute noch die Auslese von Blattstängeln per Handarbeit (rechts und unten).

Teehandel

Auch grüner Tee wird mittlerweile in großer Sortenvielfalt in alle Welt exportiert. Die wichtigsten Produzenten sind China und Japan. Eine Spezialität ist der halb fermentierte Oolong-Tee aus Taiwan. »Oolong« bedeutet im Chinesischen »Schwarzer Drache«.

Teehandel

Bedeutendster Teeumschlagplatz in Deutschland ist Hamburg, wo die größten Teeimporteure in der alten Speicherstadt ihre Lagerhäuser haben (rechts). Vor dem Verpacken der Handelsware wird die Aromaqualität der jeweiligen Schwarzteesorte überprüft (links und unten).

Teesorten

Teesorten

Teemischungen heißen in der Fachsprache »Blended Tea« oder einfach »Blend«. Mit ihnen kann sich der Produzent den Geschmacksvorlieben seiner Kunden anpassen und sich auf wechselnde äußere Ansprüche und geschmacksbeeinflussende Umstände wie Wasserhärte und -qualität einstellen.

Teegenuss

Es muss nicht immer der berühmte »five o' clock tea« sein, doch für einen gepflegten Teegenuss sollte man immer etwas Muße aufbringen.

Heiltees aus Kräutern, Früchten und Gewürzen

Kräutertees

Arnika
Botanik

Pflanze	*Arnica montana*
Familie	Korbblütengewächse (*Asteraceae*)
Verbreitung	europaweit
Vorkommen	bergige, nährstoffarme Wiesen
Besonderheiten	Arnika steht unter Artenschutz; neuerdings wird bei uns die aus Amerika stammende Wiesenarnika (*Arnica chamissonis*) gezüchtet.
Merkmale	grundständige Blätterrosette; behaarter Stängel; gelbe, unregelmäßig gewachsene Korbblüten; Blüte besteht aus einem Blütenköpfchen, das von einem Hüllkelch umgeben ist; Höhe zwischen 20 und 60 cm, ein besonderes Erkennungsmerkmal sind die drei Zähne der Randblüten.
Blütezeit	Juni bis August
Verwendete Pflanzenteile	voll erblühte Pflanzenköpfe; sie müssen schonend getrocknet (40 bis 45° C) und vor Feuchtigkeit geschützt kühl aufbewahrt werden.

Historisches

Bereits von den Germanen wurde die Arnika in der traditionellen Volksmedizin geschätzt. Als Arzneimittel wird sie seit dem 18. Jahrhundert angewendet, und zwar in Form von Tee, Tinktur oder auch als Arnikaspiritus. Arnika-Umschläge dienten zur Behandlung von Rheuma und Gicht, Einreibungen mit Arnikatinktur zur Therapie von Hexenschuss, Muskelschmerzen, Stauchungen, Prellungen und Zerrungen. Mundspülungen mit einigen Tropfen Arnikatinktur sollten bei Magenbeschwerden und Herzschwäche helfen. Damals glaubte man, dass die Arnika auch vor Blitzschlag und dem Zauber böser Hexen schütze.

Weitere Namen für die Arnika sind unter anderem Bergdotterblume, Bergwohlverleih, Bergwurz, Engelkraut, Johannisblume und Wolfsblume.

Inhaltsstoffe

Die Blüten enthalten bis zu 0,1 Prozent ätherische Öle sowie Flavonoide und Cholin. Außerdem wurden Procyanidine nachgewiesen. Entscheidend für die gesundheitsfördernde Wirkung der Arnika sind auch die Sesquiterpenoleactone (Bitterstoffe), vor allem das Helenalin.

Wirkeigenschaften

Die genauen Wirkeigenschaften der einzelnen Inhaltsstoffe konnten bis heute noch nicht geklärt werden. Sicher ist, dass die ätherischen Öle entzündungshemmend und desinfizierend wirken, die Flavonoide Herz und Kreislauf beeinflussen, das Cholin den Blutdruck senkt. Eine positive Wirkung auf das

180 *Heiltees aus Kräutern, Früchten und Gewürzen*

Herz ist wahrscheinlich auch für die Procyanidine zu verzeichnen. Helenalin reizt Haut sowie Schleimhaut und beeinflusst ebenfalls das Herz.

Der Arnikatee

Aus den getrockneten Blüten wird der Arnikatee hergestellt. Man sollte sich exakt an die Mengenangaben halten, da eine Überdosierung nicht ungefährlich ist. Generell sollten Sie unbedingt mit Ihrem Arzt absprechen, dass Sie Arnikatee trinken möchten.

Chronische Entzündungen der Schleimhäute
Völlig risikolos sind das Gurgeln und Spülen mit einem Tee-Aufguss aus Arnikablüten. Wegen ihrer entzündungshemmenden und schmerzlindernden Wirkung hilft dies gegen chronische Entzündungen von Mund, Hals und Rachen. Außerdem fördert Arnika die Durchblutung und steigert so die Abwehrkraft des Körpers, in diesem Fall der Schleimhäute.

1 Teelöffel getrocknete Arnikablüten
1 Tasse kochendes Wasser
Die Arnikablüten mit dem kochendem Wasser überbrühen, den Tee abgedeckt 5 bis 10 Minuten ziehen lassen und dann abseihen.
Gurgeln und spülen Sie morgens und abends mit dem Arnikatee. Achten Sie aber darauf, dass hohe Dosierungen und längere Anwendung zu Reizungen der Schleimhäute in Form von Ekzemen sowie Bläschen führen können.

Baldrian

Botanik

Pflanze	Echter Baldrian (*Valeriana officinalis*)
Familie	Baldriangewächse (*Valerianceae*)
Verbreitung	Den Echten Baldrian findet man in nahezu ganz Europa, mit Ausnahme vom äußersten Norden und Süden. Man trifft ihn aber auch in Kaukasien, Sibirien, Zentralasien, der Mandschurei und Japan.
Vorkommen	Er kommt bei uns wild vor, wird aber auch angepflanzt; Baldrian wächst sowohl auf feuchten wie auch auf trockenen Böden.
Besonderheiten	Die verschiedenen Baldrianarten unterscheiden sich lediglich in der Farbe ihrer Blüten und in der Anzahl der Fiederblättchen. Die medizinische Wirksamkeit ist jedoch eine Eigenschaft aller Baldrianarten.
Merkmale	Der kantige Stängel ist innen hohl. An ihm sitzen jeweils paarweise die großen Fiederblätter. An diesen wiederum entspringen die kleineren Fiederblättchen. Die Blüten des Baldrian sind rotweiß und wachsen am oberen Ende des Stängels in Dolden. Die kräftige und ausdauernde Pflanze wird etwa einen Meter hoch.
Blütezeit	zwischen Juni und August

182 *Heiltees aus Kräutern, Früchten und Gewürzen*

Verwendete Pflanzenteile

Im September und Oktober werden die Baldrianwurzeln geerntet. Nach Entfernung der feinen Wurzelfasern wird der Rest der Wurzel getrocknet. Den typischen Baldriangeruch verströmen erst die getrockneten Wurzeln.

Historisches

Schon Hippokrates und seine Schüler setzten im 5./4. Jahrhundert v. Chr. Baldrian als Mittel gegen Frauenleiden – zur Förderung des Monatsflusses – ein. Baldrian wird beispielsweise in den Schriften von Plinius und Hildegard von Bingen beschrieben. Im Mittelalter galt er als wirksames Mittel gegen die Pest. In der traditionellen Volksmedizin stellt Baldrian das wichtigste Mittel zur Beruhigung der Nerven dar. Aufgrund seiner krampflösenden Wirkung wird er in der Behandlung klimakterischer Leiden sehr geschätzt.

Weitere Namen für Baldrian sind unter anderem Balderbracken, Ballerjan, Katzenkraut, Mondwurzel Stinkwurzel oder Tollerjan.

Inhaltsstoffe

Die Baldrianwurzel enthält ätherische Öle, Sesquiterpene, Alkaloide und Valepotriate, besonders Valtrat.

Wirkeigenschaften

Das Zusammenspiel der Inhaltsstoffe bestimmt die Wirkung von Baldrian, die heute auch wissenschaftlich erwiesen ist. Die

Valepotriate und ätherischen Öle beruhigen, sie steigern Konzentrations- und Leistungsfähigkeit. Außerdem wirken sie krampflösend.

Der Baldriantee

Baldriantee wird aus der Baldrianwurzel hergestellt. Man sollte ihn jedesmal frisch zubereiten, damit die Baldrianwurzeln ihre volle Wirksamkeit entfalten können.

Nervöse Reizzustände

Baldrian hilft bei überstrapazierten Nerven, beispielsweise vor Prüfungen und Auftritten, oder einfach, weil im alltäglichen Leben die Hektik und der Stress überhand genommen haben. Mangelnde innere Ruhe und daraus resultierende Nervosität führen häufig zu Verspannungen, die sich sowohl auf das Muskelgewebe als auch auf Herz und Verdauungstrakt ungünstig auswirken oder zu Kopfschmerzen führen können. Hier führt Baldrian zu innerer Ruhe und Ausgeglichenheit, ohne aber schläfrig oder unkonzentriert zu machen. Sie können so gut wie alle Arten nervöser Reizzustände hervorragend mit Baldriantee behandeln.

2 Teelöffel Baldrianwurzel
1 Tasse kochendes Wasser
Die Wurzel mit dem kochenden Wasser übergießen, etwa
10 Stunden ziehen lassen, dann abseihen und zur Anwendung
wieder leicht erwärmen. Sie können auch dieselbe Menge
Wurzeln mit 1 Tasse kaltem Wasser ansetzen, den Tee jetzt
12 Stunden ziehen lassen, dann kurz erwärmen und zügig
austrinken.

Schlaflosigkeit

Auch Schlaflosigkeit ist eine Folge nervöser Reizzustände, man kann einfach nicht mehr abschalten. Dagegen hilft Baldriantee.

2 Teelöffel Baldrianwurzel
1 Tasse kochendes Wasser
Die Baldrianwurzeln mit dem kochenden Wasser übergießen und den Tee 12 Stunden ziehen lassen. Den Tee abgießen und abends vor dem Zubettgehen kalt trinken.

Eine Mischung aus Hopfenzapfen, Schafgarbenkraut, Baldrianwurzel und Melissenblättern hilft ebenfalls gegen Schlaflosigkeit.

1–2 Teelöffel der Kräutermischung (gleiche Mengen Hopfenzapfen, Schafgarbenkraut, Baldrianwurzel, Melissenblätter)
1 Tasse kochendes Wasser
Die Kräutermischung mit dem kochenden Wasser aufgießen, 5 bis 10 Minuten abgedeckt ziehen lassen, dann abseihen.
Trinken Sie je 1 Tasse abends und vor dem Zubettgehen.

Bärentraubenblätter
Botanik

Pflanze	Bärentraube (*Arctostaphylos uva-ursi*)
Familie	Heidekrautgewächse (*Ericaceae*)
Verbreitung	in Nordamerika, Sibirien, Zentralasien, Europa

Kräutertees/Bärentraubenblätter **185**

Vorkommen	bevorzugt in lichten trockenen Kieferwäldern mit kalkreichem oder saurem Boden.
Besonderheiten	Bei Pflanzen spanischer, skandinavischer und osteuropäischer Herkunft fehlt das Hydrochinonderivat Methyarbutin.
Merkmale	niederliegender Strauch mit 30 bis 100 cm langen Ästen; immergrüne, an der Oberfläche glänzende Blätter mit flachem Rand; weiße bis blassrosa gefärbte Kelchblüten; rote kugelige Steinfrucht
Blütezeit	April bis Juli
Verwendete Pflanzenteile	Gesammelt werden die Blätter während der Blütezeit.

Historisches

Die Bärentraube stammt wahrscheinlich aus dem Norden. Im 12. Jahrhundert wird sie zum ersten Mal in einem englischen Arzneibuch beschrieben. Erst spät – im 18. Jahrhundert – wurde sie in Mittel- und Südeuropa als Heilpflanze eingesetzt.

Weitere Namen für die Bärentraube sind unter anderem Harnkraut, Mehlbeere, Moosbeere, Sandbeere, Steinbeere.

Inhaltsstoffe

Die Bärentraubenblätter enthalten Hydrochinonderivate wie das Arbutin und das Methylarbutin. Außerdem findet man Gerbstoffe, Flavonoide und organische Säuren.

Wirkeigenschaften

Das im Harn aus Arbutin freigesetzte Hydrochinon wirkt antibakteriell, weshalb Bärentraubenblätter bei Harnwegsentzündungen eingesetzt werden.

Der Bärentraubenblättertee

Der Tee wird aus den getrockneten Blättern hergestellt. Sie sollten den Tee nicht länger als über einen Zeitraum von acht Tagen trinken. Während einer Schwangerschaft darf kein Bärentraubenblättertee getrunken werden.

Harnwegsentzündungen
Der Tee sollte kalt angesetzt werden und lange ziehen, da sonst die Gerbstoffe den Magen zu sehr belasten würden.

4 Teelöffel Bärentraubenblätter
150 ml kaltes Wasser
Die Blätter mit dem kaltem Wasser aufgießen, den Tee mindestens 12 Stunden ziehen lassen, dann abseihen und zur Anwendung kurz aufkochen.
Trinken Sie 1 Woche lang 2 bis 4 Tassen Tee täglich.

Bibernelle

Botanik

Pflanze	Kleine Bibernelle (*Pimpinella saxifraga*)
Familie	Doldengewächse (*Apiaceae*)
Verbreitung	nahezu in ganz Europa, West- und Zentralasien
Vorkommen	Wächst auf allen Bodenarten.
Merkmale	schlanker runder Stängel; grundständige, einfach gefiederte Blätter; weiße, manchmal auch rote Blüten; Höhe zwischen 20 und 60 cm
Blütezeit	Juni bis Oktober
Verwendete Pflanzenteile	Gesammelt wird die Wurzel, und zwar von März bis April und September bis Oktober.

Historisches

Aus der Antike sind keine Angaben über die Bibernelle bekannt. Erste Hinweise zu ihrer heilenden Kraft finden sich im 8. Jahrhundert. Ab dem 16. Jahrhundert gehört sie zu den »Standardmedikamenten« jener Zeit. Sie wurde bei Verdauungsbeschwerden, als Kaumittel gegen Zungenlähmung sowie gegen Heiserkeit und Entzündungen des Mund- und Rachenraums verwendet.

Weitere Namen für die Bibernelle sind unter anderem Pimpernelle, Steinbibernell und Pfefferwurz.

Inhaltsstoffe

Die medizinisch wichtigsten Inhaltsstoffe der Bibernelle sind ihr ätherisches Öl sowie Kumarine und Saponine.

Wirkeigenschaften

Die Inhaltsstoffe der Wurzel wirken schleimlösend und auswurffördernd.

Der Bibernelletee

Aufgrund der Wirkungen der Wurzelinhaltsstoffe wird ein Tee aus der getrockneten Wurzel bei Atemwegserkrankungen eingesetzt.

Atemwegserkrankungen

1/2 bis 1 1/2 Teelöffel getrocknete Bibernellewurzel
1 Tasse kochendes Wasser
Die Wurzel mit dem kochenden Wasser übergießen,
10 Minuten ziehen lassen, dann abseihen.
Trinken Sie 3 bis 4 Tassen täglich.

Sie können den Tee auch als Gurgellösung verwenden:

1/2 bis 1 1/2 Teelöffel getrocknete Bibernellewurzel
1 Tasse kaltes Wasser
Die Wurzel mit dem kalten Wasser aufgießen, 12 Stunden
ziehen lassen, dann abseihen und kurz aufkochen.
Gurgeln Sie mehrmals täglich mit dem Tee.

Kräutertees/Birke **189**

Heiserkeit

2 Teelöffel zerkleinerte Bibernellwurzel
1 Tasse kaltes Wasser
Die Wurzel in dem Wasser 4 Minuten unter gelegentlichem
Umrühren aufkochen und auf eine angenehme Temperatur
abkühlen lassen, dann abseihen.
Gurgeln Sie bei Bedarf mit dem Tee.

Erschöpfung, Müdigkeit

1 bis 2 Teelöffel zerkleinerte Bibernellwurzel
1 Tasse kochendes Wasser
Die Bibernellwurzel mit dem kochenden Wasser übergießen,
10 bis 15 Minuten ziehen lassen, dann abseihen.
Trinken Sie täglich 3 Tassen Tee.

Birke
Botanik

Pflanze	Hängebirke (*Betula pendula*)
Familie	Birkengewächse (*Betulaceae*)
Verbreitung	nahezu in ganz Europa, Westasien
Vorkommen	bevorzugt auf trockenen Plätzen in Laub- und Nadelwäldern

Merkmale	Schlanker Stamm, dessen Rinde beim jungen Baum weiß ist; rhombische, doppelt gezähnte Blätter; die männlichen Kätzchen hängen, die weiblichen stehen zuerst aufrecht, hängen später auch.
Blütezeit	April bis Mai
Verwendete Pflanzenteile	Gesammelt werden von Mai bis Juli die Birkenblätter.

Historisches

Im Altertum galt die Birke als Baum des Lebens, der Fruchtbarkeit und der Weisheit. Nach dem damaligen Aberglauben fertigten die Hexen aus der Birke ihre Besen. Die heilende Kraft des Birkensafts (aus dem angebohrten Stamm) setzte man gegen Geschwüre, Würmer und zur Blutreinigung ein.

Weitere Namen für die Birke sind unter anderem Besenbaum, Hexenbesen und Maibaum.

Inhaltsstoffe

Die wichtigsten Inhaltsstoffe der Birkenblätter sind Flavonoide (beispielsweise Hyperosid), Gerbstoffe, ihr ätherisches Öl und Saponine.

Kräutertees/Birke **191**

Wirkeigenschaften

Die Inhaltsstoffe der Birkenblätter wirken harntreibend. Sie besitzen einen sogenannten aquaretischen Effekt, d. h., es wird nur Wasser ausgeschwemmt, doch die Nieren werden dabei nicht gereizt.

Der Birkenblättertee

Der Tee aus getrockneten Birkenblättern wird hauptsächlich gegen Nieren- und Blasenerkrankungen eingesetzt. Er eignet sich auch zur unterstützenden Behandlung bei rheumatischen Beschwerden.

Nieren-, Blasenerkrankungen

Bei bakteriellen und entzündlichen Harnwegserkrankungen dient der Tee zur Durchspülung von Nieren und Harnwegen.

1 bis 1 1/2 Esslöffel getrocknete Birkenblätter
1 Tasse kochendes Wasser
Die Birkenblätter mit dem kochenden Wasser aufgießen,
10 bis 15 Minuten ziehen lassen und abseihen.
Trinken Sie mehrmals täglich 1 Tasse Tee.

Rheumatische Beschwerden

1 bis 2 Esslöffel getrocknete Birkenblätter
1 Tasse kochendes Wasser
Die Birkenblätter mit dem kochenden Wasser übergießen,
10 bis 15 Minuten ziehen lassen, dann abseihen.
Trinken Sie täglich 2 Tassen Tee.

Kopfschmerzen

20 g Weidenrindenblätter
20 g Weidenrinde
20 g Mädesüßkraut
20 g Birkenblätter
20 g Melissenblätter
1/2 Liter kochendes Wasser
Die getrockneten Kräuter gut vermischen. 2 Esslöffel der
Mischung mit dem kochenden Wasser aufgießen, 10 bis
15 Minuten ziehen lassen, dann abseihen.
Trinken Sie stündlich 1 Tasse Tee, bis die Schmerzen
verschwunden sind.

Brennnessel
Botanik

Pflanze	Große Brennnessel (*Urtica dioica*)
Familie	Brennnesselgewächse (*Urticaceae*)
Verbreitung	nahezu auf der ganze Erde
Vorkommen	bevorzugt an einem sonnigen bis halbschattigen Ort, der Boden muss sehr nährstoffreich sein
Besonderheiten	Auf der Oberfläche der Blätter sitzen die sog. Brennhaare; sie brechen bei der kleinsten Berührung ab und bohren sich in die Haut. So gelangt vor allem Ameisensäure in diese

Kräutertees/Brennnessel **193**

und verursacht dort ein Kribbeln und Brennen, häufig auch Quaddeln. Eine derartige Reaktion ist zwar unangenehm und sogar schmerzhaft, jedoch harmlos.

Merkmale
mehrjährige Pflanze; großes, weit verzweigtes Wurzelwerk; kleine, kapselartige hellbraune Früchte; kleine grüne Blüten; Höhe 150 cm

Blütezeit
Juni bis Oktober

Verwendete Pflanzenteile
Gesammelt wird das Kraut, und zwar am besten zwischen Juni und August.

Historisches

Früher wurde die Brennnessel gegen viele Beschwerden angewendet, beispielsweise gegen Tierbisse, Nasenbluten oder Geschwüre. Schon die griechischen und römischen Ärzte kannten die besondere Heilkraft der Pflanze: Sie setzten die Brennnessel bei Gelenkschmerzen und als wassertreibendes Präparat ein. In der Heilkunst wird die Brennnessel seit jeher sehr geschätzt.

Weitere Namen für die Brennnessel sind Donnernessel, Große Neddeln, Hanfnessel, Saunessel, Tissel und Zingel.

Inhaltsstoffe

Blätter und Kraut enthalten hauptsächlich Gerbstoffe, daneben Vitamin C, Vitamin A, Mineralstoffe (hier vor allem Eisen) und Flavonoide. In den Früchten findet man verschiedene Eiweiße und ungesättigte Fettsäuren. In den Wurzeln kann man Beta-Sitosterin nachweisen.

Wirkeigenschaften

Die Inhaltsstoffe der Brennnessel wirken harntreibend und blutbildend. Außerdem lösen sie Schleim und regen die Gallenfunktion an. Die in der Brennnessel enthaltenen Gerbstoffe lindern Magenbeschwerden und helfen auch bei Durchfall. Gegen die direkten Beschwerden bei einer gutartigen Vergrößerung der Prostata wirkt Beta-Sitosterin.

Nebenwirkungen

Wenn der Körper durch eine eingeschränkte Herz- oder Nierenfunktion Wasseransammlungen besitzt, darf die Brennnessel nicht angewendet werden. Falls solche Störungen bekannt sind, sollte vor innerlicher Anwendung von Brennnesseln der Arzt konsultiert werden, da sie eine Nierenschädigung hervorrufen kann. Daneben können die Inhaltsstoffe der Brennnessel eine leichte Störung im Magen-Darm-Trakt verursachen.

Der Brennnesseltee

Harnwegserkrankungen

Aufgrund seiner entwässernden Eigenschaften eignet sich Brennnesseltee besonders gut zur Reinigung der Harnwege. Dabei ist es sehr wichtig, viel zu trinken.

2 Teelöffel getrocknetes Brennnesselkraut
1 Tasse kochendes Wasser
Das Kraut mit dem Wasser aufgießen, den Tee 10 Minuten ziehen lassen und abseihen.
Trinken Sie täglich 8 bis 10 Tassen des heißen Tees.

Kräutertees/Brennnessel 195

2 Teelöffel getrocknete Brennnesselwurzel
1 Tasse kaltes Wasser
Die Wurzel mit dem kalten Wasser ansetzen und danach ungefähr 1 Minute aufkochen. Anschließend vom Herd nehmen, etwa 10 Minuten ziehen lassen und abseihen.
Trinken Sie den heißen Tee nach dem Abseihen.

Hauterkrankungen
Brennnesseln haben eine stark entschlackende Wirkung. Bei unreiner Haut wird daher eine einmonatige Kur mit Brennnesseltee (5 bis 6 Tassen pro Tag) empfohlen.

2 Teelöffel getrocknetes Brennnesselkraut
1 Tasse kochendes Wasser
Das Kraut mit dem Wasser aufgießen, den Tee 10 Minuten ziehen lassen und abseihen.
Trinken Sie einen Monat lang täglich 5 bis 6 Tassen des heißen Tees.

2 Teelöffel getrocknete Brennnesselwurzel
1 Tasse kaltes Wasser
Die Wurzel mit dem kalten Wasser ansetzen und danach ungefähr 1 Minute aufkochen. Anschließend vom Herd nehmen, etwa 10 Minuten ziehen lassen und abseihen.
Trinken Sie einen Monat lang täglich 5 bis 6 Tassen des heißen Tees nach dem Abseihen.

Muskel- und Gelenkerkrankungen

Bei Erkrankungen der Gelenke und Muskeln bietet sich eine Brennnesseltee-Kur über einen Zeitraum von drei Wochen an. Probieren Sie diese Kur auch bei Gicht und Rheuma aus.

2 Teelöffel getrocknetes Brennnesselkraut
1 Tasse kochendes Wasser
Das Kraut mit dem Wasser aufgießen, den Tee 10 Minuten ziehen lassen und abseihen.
Trinken Sie drei Wochen lang täglich bis zu 6 Tassen des heißen Tees.

2 Teelöffel getrocknete Brennnesselwurzel
1 Tasse kaltes Wasser
Die Wurzel mit dem kalten Wasser ansetzen und danach ungefähr 1 Minute aufkochen. Anschließend vom Herd nehmen, etwa 10 Minuten ziehen lassen und abseihen.
Trinken Sie drei Wochen lang täglich bis zu 6 Tassen des heißen Tees.

Prostata-Erkrankungen

Bei einer gutartigen Vergrößerung der Prostata (benigne Prostatahyperplasie), die durch einen Arzt diagnostiziert werden sollte (die Symptome bestehen u. a. aus verkleinertem Harnstrahl und einem vermehrten Drang, Wasser zu lassen), bewirken die Wirkstoffe der Brennnessel meist einen Rückgang der Beschwerden.

2 Teelöffel Brennnesselwurzel
1 Tasse kaltes Wasser
Die Wurzel mit dem kalten Wasser ansetzen und danach
ungefähr 5 Minuten kochen lassen. Anschließend den Tee
etwas abkühlen lasen und abseihen.
Trinken Sie über einen Zeitraum von vier bis sechs Wochen
jeweils morgens und abends schluckweise eine Tasse Tee.

Enzian
Botanik

Pflanze	Gelber Enzian (*Gentiana lutea*)
Familie	Enziangewächse (*Gentianaceae*)
Verbreitung	in Hochgebirgen von Mittel- und Südeuropa
Vorkommen	bevorzugt auf Kalkboden
Merkmale	aufrechter, unverzweigter Stängel; gegenständige blaugrüne Blätter; gestielte gelbe Blüten; Höhe zwischen 50 und 120 cm
Blütezeit	Juni bis August
Verwendete Pflanzenteile	Gesammelt wird zwischen September und Oktober die Wurzel.

Historisches

Bei Dioskurides und Plinius findet man erste Aufzeichnungen zu der Pflanze. Ursprünglich wurde die Enzianwurzel bei Leber- und Magenbeschwerden, Verletzungen sowie Tierbissen eingesetzt.

Weitere Namen für den Gelben Enzian sind unter anderem Bitterwurz, Fieberwurz, Hirschwurz, Hochwurz und Inzallwurz.

Inhaltsstoffe

Die Hauptinhaltsstoffe sind Bitterstoffe wie Gentiopikrin und Amarogentin sowie vergärbare Zucker und gelb gefärbte Xanthonse.

Wirkeigenschaften

Die Bitterstoffe des Enzian regen die Speichel- und Magensaftsekretion sowie den Appetit an. Sie fördern die Durchblutung der Schleimhäute von Magen sowie Darm und forcieren die Magenentleerung. Die Nahrungsbestandteile werden schneller vom Darm in die Blutbahn aufgenommen.

Der Enzianwurzeltee

Ein Tee aus der getrockneten Enzianwurzel verspricht Abhilfe bei Appetitlosigkeit, Völlegefühl und Blähungen.

Kräutertees/Faulbaum **199**

Appetitlosigkeit

1 Teelöffel zerkleinerte Enzianwurzel
1 Tasse Wasser
Die Enzianwurzel mit dem Wasser 4 Minuten unter gelegentlichem Umrühren aufkochen, dann abseihen.
Trinken Sie zwei- bis dreimal täglich 1 Tasse vor den Mahlzeiten.

Völlegefühl, Blähungen

1 Teelöffel zerkleinerte Enzianwurzel
1 Tasse kaltes Wasser
Die Wurzel mit dem Wasser übergießen, den Tee 8 bis 10 Stunden ziehen lassen, dann abseihen. Vor dem Trinken kurz aufkochen.
Trinken Sie bei Bedarf 1 Tasse des Tees.

Faulbaum
Botanik

Pflanze	Faulbaum (*Frangula alnus*)
Familie	Kreuzdorngewächse (*Rhamnaceae*)
Verbreitung	nahezu in ganz Europa, West- und Zentralasien
Vorkommen	bevorzugt auf kahlen sonnigen Hängen, lichten Wäldern, an Wasserläufen und in Mooren.

Merkmale	Strauch mit weißen getüpfelten Zweigen, keine Dornen; dünnhäutige, bei jungen Bäumen behaarte Blätter; grünweiße Blüten; erst grüne, dann rote, im Reifezustand schwarzbraune Beeren; Höhe bis zu 300 cm
Blütezeit	Mai bis Juni
Verwendete Pflanzenteile	Von April bis Juni wird die Rinde gesammelt.

Historisches

Weitere Namen sind Amselkirschbaum, Gichtholz, Hundsbeere, Stinkboom und Wegdorn.

In der Volksmedizin des 14. Jahrhunderts wird von der Faulbaumrinde als Abführmittel berichtet. Ursprünglich wurde sie aber sehr wahrscheinlich hauptsächlich gegen eitrige Entzündungen der Haut verwendet. Faule Zähne behandelte man mit einer Essigabkochung der Faulbaumrinde.

Inhaltsstoffe

Die wichtigsten Inhaltsstoffe sind die Anthrachinonderivate, hauptsächlich das Glukofrangulin A und B sowie das Grangulin A und B.

Wirkeigenschaften

Die Anthrachinonderivate wirken abführend. Ihre Wirkung tritt nach ungefähr sechs bis acht Stunden ein.

Der Faulbaumrindentee

Chronische Verstopfung sowie Erkrankungen, bei denen eine leichte Stuhlentleerung wünschenswert ist, gehören zu den Einsatzgebieten dieses Tees. Faulbaumrindentee sollte ohne ärztlichen Rat nicht länger als 1 bis 2 Wochen lang angewendet werden.

Chronische Verstopfung

1/2 bis 1 Teelöffel getrocknete Faulbaumrinde
250 ml kochendes Wasser
Die Rinde mit dem kochenden Wasser übergießen,
10 Minuten ziehen lassen, dann abseihen.
Trinken Sie bei Verstopfung 1 Tasse täglich.

1/2 bis 1 Teelöffel getrocknete Faulbaumrinde
250 ml kaltes Wasser
Die Rinde mit dem kalten Wasser übergießen und
12 Stunden ziehen lassen, dabei gelegentlich umrühren.
Dann abseihen und vor dem Trinken kurz aufkochen.
Trinken Sie 1 Tasse vor dem Schlafengehen.

Fenchel
Botanik

Pflanze	Gartenfenchel (*Foeniculum vulgare*)
Familie	Doldengewächse (*Apiaceae*)
Verbreitung	Beheimatet im Mittelmeerraum; er wird heute zur Arzneidrogengewinnung in nahezu allen südeuropäischen Ländern sowie in Amerika angebaut.
Besonderheiten	Arzneilich eingesetzter Fenchel stammt ausschließlich aus Kulturen, z.b. aus China, Bulgarien, Ungarn und Ägypten.
Merkmale	fleischige, fest in der Erde verankerte Wurzel; stielrunder, fein gerillter Stängel, im oberen Teil leicht verästelt; mehrfach fiederschnittige Blätter; gelbe, in Dolden angeordnete Blüten; Höhe bis zu 200 cm
Blütezeit	Juli bis September
Verwendete Pflanzenteile	Gesammelt werden von August bis September die Früchte.

Historisches

Bereits die Ägypter und die Griechen kannten die wohltuende Wirkung von Fenchel, durch dessen Kraut und Samen die Milchsekretion angeregt werden sollte. Im Jahre 812 erließ

Karl der Große ein Gesetz, mit welchem er den Anbau von Fenchel verfügte. P. A. Matthiolus, der Leibarzt von Kaiser Ferdinand I., veröffentlichte 1563 in Prag eine ausführliche Abhandlung über den Fenchel. Pfarrer Kneipp, der Wasserdoktor aus Bad Wörishofen, empfahl Fencheltee gegen Husten, Lungenleiden und als krampflösendes Mittel gegen Keuchhusten und Asthma.

Weiter Namen für den Fenchel sind unter anderem Brotsamen, Fehnkohl, Fennel, Finkel und Frauenfenchel.

Inhaltsstoffe

Verantwortlich für die Wirkung des Fenchels ist sein ätherisches Öl, dessen Gehalt bis zu 6 Prozent betragen kann. Es enthält vor allem das süßlich schmeckende Trans-Anethol (50 bis 70 Prozent) und das dem Kampfer ähnliche Fenchon.

Wirkeigenschaften

Fenchel wirkt beruhigend und löst Blähungen. In höherer Konzentration wirkt er entkrampfend. Anethol und Fenchon haben schleimlösende Eigenschaften.

Der Fencheltee

Fenchel wird hauptsächlich in Teeform angewendet. Fenchelfrüchte sind auch in Teemischungen enthalten gegen Husten, Magen- und Darmbeschwerden sowie zur Frühjahrs- und Herbstkur. Außerdem gibt es Hustensaft mit Fenchel sowie die sogenannten Windtees für Babys.

204 Heiltees aus Kräutern, Früchten und Gewürzen

Fenchel-Zubereitungen sollten ohne Rücksprache mit dem
Arzt oder Apotheker nicht längere Zeit eingenommen werden.

Achtung!
Da Fenchel leicht mit giftigen Doldengewächsen verwechselt werden kann, sollte man nur im Fachhandel gekaufte Früchte verwenden.

Blähungen bei Kindern
Fenchel in »Windtees« löst Blähungen, unter denen vor allem Babys und Kleinkinder leiden.

1 gehäufter Teelöffel zerdrückte Fenchelfrüchte (diese dürfen erst kurz vor der Zubereitung zerstoßen werden)
1/4 Liter kochendes Wasser
Die Früchte mit dem Wasser übergießen, den Tee 10 Minuten ziehen lassen, dann abseihen.
Geben Sie Ihrem Kind dreimal täglich 1 Tasse ungesüßten Fencheltee.

Magen-Darm-Beschwerden

Auch bei Magen-Darm-Problemen schafft der Fencheltee Erleichterung.

1 gehäufter Teelöffel zerdrückte Fenchelfrüchte (diese dürfen erst kurz vor der Zubereitung zerstoßen werden)
1/4 Liter kochendes Wasser
Die Früchte mit dem Wasser übergießen, den Tee 10 Minuten ziehen lassen, dann abseihen.
Trinken Sie zwei- bis dreimal täglich 1 Tasse Fencheltee.

Kräutertees/Ginseng **205**

Husten

Die schleimlösende Wirkung des Fenchels nutzt man auch zur Behandlung von Husten.

1 gehäufter Teelöffel zerdrückte Fenchelfrüchte (diese dürfen erst kurz vor der Zubereitung zerstoßen werden)
1/4 Liter kochendes Wasser
Die Früchte mit dem Wasser übergießen, den Tee 10 Minuten ziehen lassen, dann abseihen.
Trinken Sie zwei- bis fünfmal täglich 1 Tasse Fencheltee. Bei Bedarf können Sie ihn mit Honig süßen (Ausnahme: Diabetiker).

Ginseng
Botanik

Pflanze	Ginseng (*Panax ginseng*)
Familie	Aralien (*Araliaceae*).
Verbreitung	Heimat sind die Wälder Koreas und Nordost-Chinas.
Vorkommen	bevorzugt nährstoffreiche Böden in 200 bis 1000 Metern Höhe; schattiger Standort mit hoher Luftfeuchtigkeit und mildem Klima
Besonderheiten	Wegen steigender Nachfrage ist wild wachsender Ginseng so gut wie ausgerottet. Heute wird die Pflanze in großen Plantagen angebaut, und zwar mittlerweile weltweit. Neben

China und Korea wird er u. a. in Russland, Japan und Kanada kultiviert. Nur zwei Arten werden unter pharmazeutischen Aspekten zum echten Ginseng gezählt: *Panax ginseng* und *Panax quinquefolius*. Im Handel wird Roter und Weißer Ginseng angeboten. Dabei handelt es sich nicht um Unterarten des echten Ginseng, sondern um zwei Handelsklassen, die sich in ihrer Wirksamkeit unterscheiden. Wegen seines hohen Wirkstoffgehalts, den er durch seine besondere Verarbeitung behält, ist der Rote Ginseng im Vergleich zum einfacheren Weißen Ginseng höherwertiger.

Merkmale	2 bis 4 Blätter, geteilt; 3 bis 7 langgestielte Teilblätter; Blüten in einer Dolde; reife Frucht hellrot; Höhe 20 bis 60 cm
Blütezeit	Juni bis Juli
Verwendete Pflanzenteile	Gesammelt werden die gelblich weißen Wurzeln des Weißen Ginseng im Dezember und Januar von drei- bis vierjährigen Pflanzen. Beim Roten Ginseng verwendet man die Wurzeln sechsjähriger Pflanzen.

Historisches

Ginsengpflanzen kennt die traditionelle chinesische und koreanische Medizin schon lange. Angeblich hat Kaiser Shen Nung (3. Jahrtausend v. Chr.) – er gilt in China als Begründer der Landwirtschaft sowie Vater der Arzneikunde – die Ginsengwurzel entdeckt. Sie ähnelt samt ihren Verästelungen der menschlichen Gestalt mit Kopf, Rumpf, Armen und Beinen. Die Chinesen bezeichneten sie deshalb mit »jenshen«, d. h. Menschenwurzel; der heutige Name Ginseng stammt daher. In Europa kennt man Ginseng seit dem 9. Jahrhundert aus dem damals arabisch beherrschten Spanien. Mit der Rückeroberung durch die christlichen spanischen Könige im Mittelalter verschwand die Ginsengwurzel wieder aus Europa. Erst im 18. Jahrhundert berichteten Seeleute über die angeblich potenzfördernde Wirkung der Wurzel, die sie im Fernen Osten kennen und schätzen gelernt hatten.

Inhaltsstoffe

In der Ginsengwurzel findet man neben ätherischen Ölen, Vitaminen, Proteinen, Fetten, Mineralstoffen und Spurenelementen auch die sog. Ginsenoside – die eigentlichen Wirkstoffe des Ginseng –, die sich aus mindestens zehn Einzelverbindungen zusammensetzen. Die Ginsengpflanze bildet diese Stoffe in ihren Blüten sowie Blättern und speichert sie in der Wurzel. Der Hauptanteil der Ginsenoside liegt nicht in der Hauptwurzel, sondern in den Seiten- und Haarwurzeln vor.

Wirkeigenschaften

Ginseng steigert in Zeiten beruflicher und privater Belastungen das Reaktions- und Leistungsvermögen. Bei leichteren Beschwerden dient er als Aufbau- und Stärkungsmittel. Ginseng wird auch als Kräftigungsmittel in der Rekonvaleszenz eingesetzt.
Die Ginsenoside wirken beruhigend und zugleich aufbauend; sie kräftigen langfristig und stärken die körpereigene Abwehr.

Bei sportlichen Übungen fördern sie die Versorgung der Muskeln mit Sauerstoff.

Der Ginsengtee

Rekonvaleszenz

Nach einer überstandenen Krankheit in der Zeit der Rekonvaleszenz wirkt Ginseng durch die Kräftigung der Abwehr und die Förderung des Stoffwechsels, sodass Ihr Körper sich auf seine Genesung konzentrieren kann.

3 g fein geschnittene Ginsengwurzel
1 Tasse kochendes Wasser
Die Wurzel mit dem Wasser übergießen, den Tee 5 bis 10 Minuten zugedeckt ziehen lassen, dann abseihen.
Zur Stärkung und Kräftigung bei Müdigkeits- und Schwächegefühl trinken Sie über einen Zeitraum von drei bis vier Wochen 1- bis 3-mal täglich 1 Tasse Tee

Nachlassende Libido des Mannes

Dem Ginseng werden aphrodisische Wirkungen zugeschrieben, was wohl hauptsächlich auf seinen allgemein kräftigenden Effekt zurückzuführen ist.

80 g Damianablätter
30 g Ginsengwurzel
20 g Echinaceablätter
1/2 Liter Wasser
Geben Sie 2 Esslöffel der Kräutermischung in das Wasser und kochen Sie die Mischung 5 Minuten lang.
Trinken Sie täglich 2 Tassen des Tees.

Vitalisierung für die Frau

Teufelsabbisskraut, Himbeerblätter
Brennnesselblätter, Süßholzwurzel, Ginsengwurzel
1 Tasse kochendes Wasser
Mischen Sie die Kräuter zu gleichen Teilen, und übergießen
Sie 1 Teelöffel davon mit dem kochenden Wasser.
5 bis 10 Minuten ziehen lassen, dann abseihen.
Trinken Sie 2 Tassen täglich.

Goldrute
Botanik

Pflanze	Echte Goldrute (*Solidago virgaurea*)
Familie	Korbblütler (*Asteraceae*)
Verbreitung	in Europa, Sibirien, Nordamerika
Vorkommen	bevorzugt auf kalkreichem oder saurem Boden
Merkmale	knotiger Wurzelstock; gerillter, nur oben verzweigter Stängel; lanzettartige Blätter; gelbe Blütenköpfchen in Trauben oder Rispen; behaarte Früchte; Höhe zwischen 20 und 120 cm
Blütezeit	Juli bis Oktober
Verwendete Pflanzenteile	Gesammelt wird von Juli bis September das Kraut.

Historisches

Weitere Namen für die Echte Goldrute sind Goldwundkraut, Himmelsbrand, Petrusstab, Schoßkraut und Wundkraut.

Zwar liegen aus der Antike keine Überlieferungen über die Verwendung der Goldrute als Heilmittel vor, doch wird angenommen, dass man bereits damals von ihrer heilenden Kraft wusste. Im 16. Jahrhundert galt ihr Kraut als ein gutes Mittel zur Heilung von Wunden. Außerdem geht man davon aus, dass es als Diuretikum und gegen Nierensteine eingesetzt wurde.

Inhaltsstoffe

Im Goldrutenkraut findet man Flavonoide, Saponine, Gerbstoffe, ätherisches Öl sowie die Phenolglykoside Leicarbosid und Virgaureosid.

Wirkeigenschaften

Goldrutenkraut-Zubereitungen wirken diuretisch (harntreibend), und zwar aquaretisch, d. h., es wird nur Wasser ausgeschwemmt, doch die Nieren werden dabei nicht gereizt. Außerdem wurde ein schwach krampflösender und entzündungshemmender Effekt nachgewiesen.

Der Goldrutentee

Innerlich wird Goldrutenkraut zur Durchspülung bei Harnwegsentzündungen, Harnsteinen und Nierengrieß angewendet. Auch prophylaktisch (also vorbeugend) wird es gegen Harn- und Nierensteine eingesetzt.

Kräutertees/Hopfen **211**

Harnwegsentzündungen

1 bis 1 1/2 Teelöffel getrocknetes Goldrutenkraut
1 Tasse kochendes Wasser
Das Kraut mit dem kochenden Wasser übergießen,
10 Minuten ziehen lassen und dann abseihen.
Trinken Sie täglich 3 bis 4 Tassen des Tees.

1 bis 1 1/2 Teelöffel getrocknetes Goldrutenkraut
1 Tasse kaltes Wasser
Das Kraut mit dem kalten Wasser übergießen, 10 bis
12 Stunden ziehen lassen und dann abseihen. Vor dem
Trinken den Tee kurz aufkochen.
Trinken Sie täglich 3 bis 4 Tassen des Tees.

Hopfen
Botanik

Pflanze	Hopfen (*Humulus lupulus*)
Familie	Hanfgewächse (*Cannabaceae*)
Verbreitung	in Europa, Asien, Nordamerika
Vorkommen	Liebt feuchte Standorte.
Besonderheiten	Heute wird der Hopfen in zahlreichen Regionen angepflanzt, denn er ist ein Ausgangsstoff für die Bierherstellung.

Merkmale	krautiges Schlingengewächs mit weit verzweigter Wurzel; rechtswindender, federkielstarker Stängel mit vielen Klimmhaken; gezähnte Blätter; zuerst gelbgrüne, später gelbbraune Fruchtschuppen (Zapfen); Höhe zwischen 3 und 6 Metern
Blütezeit	Juli bis August
Verwendete Pflanzenteile	Gesammelt werden von August bis September die Früchte.

Historisches

Schon bei den Karolingern wird der Hopfen erwähnt, jedoch weiß man nicht, ob sie ihn als Heilmittel oder lediglich zur Bierherstellung verwendeten. Später ging man davon aus, dass Hopfen in Wein gegen Vergiftungen, Blasen- und Steinleiden wirkt. Auch wurde er gegen Schlaflosigkeit eingesetzt.

Weitere Namen für Hopfen sind unter anderem Bierhopfen, Hoppen und Zaunhopfen.

Inhaltsstoffe

Bitterstoffe, ätherisches Öl, Gerbstoffe und Flavonoide sind die wichtigsten Inhaltsstoffe der Hopfenzapfen.

Wirkeigenschaften

Die Bitterstoffe regen die Magensekretion und damit den Appetit an. Außerdem wirken die Inhaltsstoffe beruhigend und schlaffördernd.

Der Hopfentee

Appetitschwäche

2 gehäufte Teelöffel Hopfenzapfen
1 Tasse kochendes Wasser
Die Hopfenzapfen mit dem kochenden Wasser aufgießen,
10 bis 15 Minuten ziehen lassen und dann abseihen.
Trinken Sie vor den Mahlzeiten 1 Tasse des Tees.

Unruhe und Schlafstörungen

1 Teelöffel Hopfenzapfen
1 Tasse kochendes Wasser
Die Hopfenzapfen mit dem kochenden Wasser übergießen,
10 bis 15 Minuten ziehen lassen und dann abseihen.
Trinken Sie vor dem Schlafengehen 1 Tasse des Tees.

Huflattich

Botanik

Pflanze	Huflattich (*Tussilago farfare*)
Familie	Korbblütler (*Asteraceae*)
Verbreitung	in Europa, Westasien, dem nördlichen Afrika
Vorkommen	bevorzugt auf feuchtem, tonig-mergeligem Boden
Besonderheiten	einer der ersten Frühjahrsblüher
Merkmale	Blütenstiele mit je einem Köpfchen; grüne bis rötliche Schuppenblätter, die erst nach der Blüte erscheinen; leuchtend gelbe Blüten; Höhe zwischen 5 und 15 cm, während der Blüte bis zu 30 cm
Blütezeit	März bis April
Verwendete Pflanzenteile	Gesammelt werden Mai bis Juni die Blätter, März bis April die Blüten.

Historisches

Weitere Namen sind Brustlattich und Pferdefuß.

Schon in der Antike spielte die Heilkraft des Huflattich eine bedeutende Rolle. Man verwendete die Blätter als Umschläge bei Entzündungen und Abszessen. Im Mittelalter wurde er gegen Leber- und Magenbeschwerden eingesetzt.

Inhaltsstoffe

Für die medizinische Wirkung verantwortlich sind Schleimstoffe, Gerbstoffe, Bitterstoffe und Flavonoide sowie Pyrrolizidin-Alkaloide.

Wirkeigenschaften

Huflattichzubereitungen wirken reizlindernd und entzündungshemmend.

Der Huflattichtee

Reizhusten, Husten, Heiserkeit

1–2 Teelöffel getrocknete Huflattichblätter
1 Tasse kochendes Wasser
Die Blätter mit dem kochenden Wasser übergießen, 10 bis
15 Minuten ziehen lassen und dann abseihen.
Trinken Sie täglich 2 Tassen des Tees.

Chronisch wiederkehrende Bronchitis

Huflattichblätter, Lungenkraut, Isländisch Moos,
Alantwurzel, 1 Tasse kochendes Wasser
Die Kräuter zu jeweils gleichen Teilen vermischen. 1 Tee-
löffel der Mischung mit 1 Tasse kochendem Wasser aufgießen,
15 Minuten kochen lassen und dann abseihen.
Trinken Sie täglich 3 Tassen des Tees allerdings maximal
3 Wochen.

Entzündungen der Mund- und Rachenschleimhaut

1–2 Teelöffel getrocknete Huflattichblätter
1 Tasse kochendes Wasser
Die Blätter mit dem kochenden Wasser übergießen, 10 bis
15 Minuten ziehen lassen und dann abseihen.
Trinken Sie täglich 2 Tassen des Tees.

Isländisch Moos
Botanik

Pflanze	Isländisch Moos (*Certraria islandica*)
Familie	Parmeliengewächse (*Parmeliaceae*)
Verbreitung	in nördlichen Gebieten Europas, Asiens und Amerikas
Vorkommen	von den Niederungen bis ins Hochgebirge, bevorzugt in Nadelwäldern
Besonderheiten	Sänger, Schauspieler und Redner verwenden Pastillen und Bonbons mit Isländisch Moos zum Schutz ihrer Stimmbänder.
Merkmale	bodenbewohnende Flechte (Lebensgemeinschaft Fadenpilz und Alge); blattartiger gelappter Flechtkörper; Höhe bis zu 10 cm
Verwendete Pflanzenteile	ganze Pflanze von April bis Oktober

Historisches

Schon seit sehr langer Zeit schätzt man das Isländisch Moos im Norden Europas als Nahrungsmittel. Die Isländer waren es auch, die als erste die Pflanze als Heilmittel verwendeten. Sie setzten sie anfangs gegen Lungenleiden, später auch bei Schwindsucht, Schwäche und Durchfall ein.

Weitere Namen für das Isländisch Moos sind Bergraupe, Hirschhornflechte, Isländische Flechte und Lungenflechte.

Inhaltsstoffe

Schleimstoffe, Bitterstoffe und Vitamin A sind die Hauptinhaltsstoffe von Isländisch Moos.

Wirkeigenschaften

Wässrige Auszüge schützen die Schleimhäute vor Reizungen und wirken dämpfend auf das Flimmerepithel der Atemwege.

Der Isländisch-Moos-Tee

Reizungen der Mund- und Rachenschleimhaut

1–2 Teelöffel getrocknete Pflanze
1 Tasse kochendes Wasser
Die getrocknete Pflanze mit dem kochenden Wasser übergießen, 10 bis 15 Minuten ziehen lassen und dann abseihen.
Trinken Sie täglich 3 Tassen des Tees.

1–2 Teelöffel getrocknete Pflanze
1 Tasse kaltes Wasser
Die getrocknete Pflanze mit dem kalten Wasser aufgießen,
10 bis 12 Stunden ziehen lassen und dann abseihen. Vor dem
Trinken den Tee kurz aufkochen.
Trinken Sie täglich 3 Tassen des Tees.

Magen- und Darmschleimhautentzündung

2 Teelöffel getrocknete Pflanze
1 Tasse kaltes Wasser
Die getrocknete Pflanze mit dem kalten Wasser aufgießen,
10 bis 12 Stunden ziehen lassen und dann abseihen.
Vor dem Trinken den Tee kurz aufkochen.
Trinken Sie täglich 2 bis 3 Tassen des Tees.

Johanniskraut
Botanik

Pflanze	Johanniskraut (*Hypericum perforatum*)
Familie	Hartheugewächse (*Hypericaceae*)
Verbreitung	in ganz Europa und in Teilen Asiens
Vorkommen	Bevorzugt auf trockenen, kalkhaltigen Böden; befindet es sich bei uns häufig an Berghügeln oder Mauern und Wegrändern.

Kräutertees/Johanniskraut **219**

Besonderheiten	Unter den insgesamt neun verschiedenen in Deutschland wachsenden Johanniskrautarten hat _Hypericum perforatum_ als einzige auch medizinische Relevanz.
Merkmale	Kahle zweikantige Stängel, die sich im oberen Bereich der Pflanze stark verzweigen; getüpfelt erscheinende Blätter, welche die Öldrüsen der Pflanze enthalten; goldgelbe Blüten enthalten den blutroten Saft; die Höhe beträgt bis zu 100 cm.
Blütezeit	Juni bis August.
Verwendete Pflanzenteile	Gesammelt wird das Kraut zwischen Juli und August.

Historisches

Schon in der Antike wurde der blutrote Saft des Johanniskrauts als Heilmittel bei Wunden verwendet.
Es sollte auch vor Dämonen, dem Teufel und Hexen schützen. Im frühen Christentum entwickelte sich der Glaube, der rote Saft des Johanniskrauts sei dem Blut des Apostels Johannes des Täufers entsprungen, als dieser getötet wurde. Nach einer anderen Legende waren Johanniskrautbüschel nachts an der Tür des Apostels angebracht worden, damit die Soldaten von König Herodes am nächsten Tag Johannes den Täufer finden und festnehmen könnten. Doch es geschah ein Wunder: Plötzlich befanden sich an allen Haustüren solche

Weitere Namen für das Johanniskraut sind unter anderem **Blutkraut (wegen des roten Pflanzensafts), Hartheu, Herrgottsblut, Hexenkraut, Johannisblut (die Pflanze blüht um Johanni), Teufelsflucht** und **Walpurgiskraut.**

Pflanzenbüschel, sodass Johannes nicht gefunden wurde. Paracelsus verwendete Johanniskraut zur Pflege von Wunden, Heilung von Knochenbrüchen und gegen »Zerknirschung«. Seit dem 19. Jahrhundert sind die therapeutischen Erfolge schriftlich dokumentiert. In jüngster Zeit ist das Johanniskraut nicht nur im Rahmen der immer populäreren Naturheilkunde wieder vermehrt zur Behandlung eingesetzt worden. Erstmals wurde seine Wirkung auch pharmakologisch untersucht und wissenschaftlich belegt.

Inhaltsstoffe

Wichtigster Inhaltsstoff ist das Hypericin. Daneben enthält der Blütensaft Hyperforin, Flavonoide, ätherische Öle und Gerbstoffe.

Wirkeigenschaften

Hypericin beeinflusst den Hormonhaushalt. Neben Hyperforin, welches das Keimwachstum hemmt, ist es für die stimmungsaufhellende Wirkung des Johanniskrauts verantwortlich. Flavonoide erhöhen den Serotoningehalt im Körper.

Der Johanniskrauttee

Er wird aus der ganzen Pflanze hergestellt; kalt enthält er weniger Gerbstoffe und ist daher für viele Menschen mit empfindlichem Magen besser verträglich.

Wenn Sie Johanniskrauttee trinken, sollten Sie keine Sonnenbäder nehmen und auch das Solarium meiden, da sonst Pigmentveränderungen auftreten könnten.

Leichte und mittlere Depressionen

Aufgrund seiner Inhaltsstoffe und ihrer Wirkung auf unser Hormonsystem eignet sich *Hypericum perforatum* zur Therapie depressiver Verstimmungen. Gerade den Stimmungstiefs in dunklen Wintermonaten ist mit der regelmäßigen Einnahme von Tee – über mehrere Monate hinweg – zu begegnen.

1 Teelöffel getrocknetes Johanniskraut
1 Tasse nicht zu heißes Wasser
Das Kraut mit dem Wasser aufgießen, 5 bis 10 Minuten ziehen lassen und abseihen.
Den Tee morgens (auf nüchternen Magen) und abends (vor dem Einschlafen) schluckweise trinken.

Nervöse Herzbeschwerden

Ein Tee aus Johanniskraut hilft auch bei nervösen Herzbeschwerden und Herzneurosen; er löst Herzkrämpfe und lindert Herzjagen sowie Herzflimmern, die durch Stress, Sorgen und Ängste ausgelöst werden. Da die Wirkung des Johanniskrauts erst nach einiger Zeit eintritt, sollte man eine über zwei bis drei Monate dauernde Kur mit dem Tee durchführen.

1 Teelöffel getrocknetes Johanniskraut
1 Tasse kochendes Wasser
Das Kraut mit dem kochenden Wasser überbrühen, den Tee
5 Minuten ziehen lassen und dann abseihen.
Trinken Sie morgens und abends 1 Tasse Tee.

Nervöse Erregungszustände

Mit zahlreichen Heilpflanzen-Tees (so auch mit Johanniskrauttee) lässt sich nervösen Erregungszuständen entgegenwirken. Der Vorteil ist, dass diese Tees die Konzentrationsfähigkeit, die zur Bewältigung des Alltags notwendig ist, nicht beeinflussen. Sie wirken entspannend, ohne jedoch müde zu machen. Da die Wirkung des Johanniskrauts erst nach einiger Zeit eintritt, sollte man eine über zwei bis drei Monate dauernde Kur mit dem Tee durchführen.

1 Teelöffel getrocknetes Johanniskraut
1 Tasse kochendes Wasser
Das Kraut mit dem kochenden Wasser überbrühen, den Tee
5 Minuten ziehen lassen und dann abseihen.
Trinken Sie morgens und abends 1 Tasse Tee.

Kalmus

Botanik

Pflanze	Kalmus (*Acorus calamus*)
Familie	Aronstabgewächse (*Araceae*)
Verbreitung	in Europa, Asien, Nordamerika
Vorkommen	bevorzugt in Uferregionen stehender und fließender Gewässer
Besonderheiten	In Europa trägt der Kalmus keine Früchte; wegen des krebsauslösenden Effekts darf indischer Kalmus nicht verwendet werden.
Merkmale	daumenstarker Wurzelstock mit wenig verzweigten Wurzeln; steife, grüne Blätter; mit kleinen, gelbgrünen bis bräunlichen Blüten dicht besetzter Kolben; rötliche Beere; Höhe zwischen 50 und 180 cm
Blütezeit	Juni bis Juli
Verwendete Pflanzenteile	Wurzelstock

Historisches

Weitere Namen sind Ackermann, Brustwurz, Deutscher Ingwer, Kamsen und Magenwurz.

Schon im Altertum verwendete man die Kalmuswurzel als Heilmittel, und zwar gegen Lungen-, Brust- und Lebererkrankungen sowie gegen Krämpfe, Frauenkrankheiten und Magenbeschwerden. Bei den Indianern Nordamerikas galt sie als Jungbrunnen. Ältere Indianer kauten deshalb täglich ein Stück Kalmuswurzel.

Inhaltsstoffe

Die wichtigsten Inhaltsstoffe der Kalmuswurzel sind ihr ätherisches Öl sowie Bitter- und Gerbstoffe.

Wirkeigenschaften

Die Inhaltsstoffe der Wurzel regen die Speichel- und Magensaftsekretion an.

Der Kalmuswurzeltee

Appetitlosigkeit

1/2 Teelöffel getrocknete Kalmuswurzel
1 Tasse kochendes Wasser
Die zerkleinerte Wurzel mit dem kochenden Wasser übergießen, 10 bis 15 Minuten ziehen lassen und dann abseihen.
Trinken Sie jeweils 1 Tasse Tee zu den Mahlzeiten.

1/2 Teelöffel getrocknete Kalmuswurzel
1 Tasse kaltes Wasser
Die zerkleinerte Wurzel mit dem kalten Wasser aufgießen,
10 bis 12 Stunden ziehen lassen und dann abseihen.
Vor dem Trinken den Tee kurz aufkochen.
Trinken Sie jeweils 1 Tasse Tee zu den Mahlzeiten.

Verdauungsbeschwerden

1 1/2 Teelöffel getrocknete Kalmuswurzel
1 Tasse kochendes Wasser
Die zerkleinerte Wurzel mit dem kochenden Wasser über-
gießen, 10 bis 15 Minuten ziehen lassen und dann abseihen.
Trinken Sie jeweils 1 Tasse Tee zu den Mahlzeiten.

1 1/2 Teelöffel getrocknete Kalmuswurzel
1 Tasse kaltes Wasser
Die zerkleinerte Wurzel mit dem kalten Wasser aufgießen,
10 bis 12 Stunden ziehen lassen und dann abseihen.
Vor dem Trinken den Tee kurz aufkochen.
Trinken Sie jeweils 1 Tasse Tee zu den Mahlzeiten.

Kamille

Botanik

Pflanze	Echte Kamille (*Matricaria recutita*)
Familie	Korbblütengewächse (*Asteraceae*)
Verbreitung	Die ursprüngliche Heimat ist das östliche Mittelmeergebiet, heute kommt sie fast weltweit vor.
Merkmale	einjährige Pflanze, die sich nach oben doldenartig verzweigt; dünne, federartige Blätter; halbkugeliger Blütenkopf mit hohlem Blütenboden, ca. 20 weiße Zungenblüten; Höhe bis zu 50 cm
Blütezeit	Mai bis September
Verwendete Pflanzenteile	Gesammelt werden die Blütenköpfe zwischen Mai und August.

Historisches

Weitere Namen sind Apfelkraut, Garmille, Haugenblum, Kamelle, Kühmelle, Magdeblume und Moderkrud.

Schon im alten Ägypten wurde die Kamille als fiebersenkendes Mittel eingesetzt. Der griechische Arzt und Gelehrte Hippokrates (um 460–377 v. Chr.) hatte sie ebenfalls in seinem Arzneistoffsortiment. Die ersten schriftlichen Berichte über die Kamille stammen von Dioskurides, einem Militärarzt unter den römischen Kaisern Claudius und Nero. Er ist der wohl berühmteste Pharmakologe des Altertums. Es beschrieb erstmals die Heilkraft der Kamille gegen Fieber, Gallenleiden und Augenkrankheiten. Er kannte ebenfalls die antiseptische und schmerzlindernde Wirkung der Pflanze. Paracelsus setzte die Kamille wegen ihrer krampflösenden Eigenschaften gegen Magen- und Darmschmerzen ein.

Inhaltsstoffe

Der Hauptbestandteil der Kamille ist ein ätherisches Öl, das im Gegensatz zu den anderen, meist farblosen Pflanzenölen blau ist. Die wichtigsten Bestandteile dieses Öls sind Chamazulen und Bisabolol. Das ätherische Öl der Kamille enthält Terpene, die mit den Flavonoiden für ihre heilsame Wirkung entscheidend sind. Auch die Schleimstoffe der Kamille sind wichtige Inhaltsstoffe.

Wirkeigenschaften

Das ätherische Öl der Kamille wirkt entzündungshemmend und krampflösend sowie bakterizid und fungizid. Die Schleimstoffe schützen die Schleimhäute und verhindern Entzündungen; nebenbei stärken sie die Abwehrkräfte des Organismus.

Der Kamillentee

In Apotheken erworbener Tee ist durchweg von hervorragender Qualität; möchte man Kamille nicht selber sammeln, so ist dies eine gute Bezugsquelle.

Akne

Gesichtswaschungen mit Kamillentee, aber auch dessen Trinken haben sich bestens bewährt. Bei heftigerem Verlauf von Akne wird ein Arzt Medikamente einsetzen; die Kamillenbehandlung wirkt dann unterstützend.

2 Teelöffel getrocknete Kamillenblüten
1 Tasse heißes, nicht kochendes Wasser
Die Kamillenblüten mit dem Wasser aufgießen, 5 bis
10 Minuten ziehen lassen und dann abseihen.
Täglich 3 Tassen des Kamillentees trinken. Zusätzlich das Gesicht mit dem kalten Tee waschen.

Erbrechen

Besonders erfolgreich wirkt Kamillentee gegen Erbrechen. Warmer Kamillentee beruhigt die überreizten Magennerven, neutralisiert die Magensäure und gleicht den Flüssigkeitsverlust aus. Auch nach akutem Erbrechen ist Kamillentee gut für den Magen.

2 Teelöffel getrocknete Kamillenblüten
1 Tasse kochendes Wasser
Die Kamillenblüten mit dem kochendem Wasser überbrühen,
5 bis 10 Minuten ziehen lassen und dann abseihen.
Täglich mehrere Tassen des Tees trinken.

Erkältungskrankheiten

Bei Erkältungskrankheiten aktiviert Kamillentee das Immunsystem und lindert die Entzündung der Atemwege. Er wirkt antibakteriell und beruhigt.

2 Teelöffel getrocknete Kamillenblüten
1 Tasse kochendes Wasser
Die Kamillenblüten mit dem kochendem Wasser überbrühen,
5 bis 10 Minuten ziehen lassen und dann abseihen.
Bei einer Erkältung täglich 2 bis 3 Tassen Kamillentee
trinken.

Magen-Darm-Beschwerden
Bei einer akuten Magenschleimhautentzündung sollte man
mit einer Kamillenteekur beginnen, d. h. etwa 1 Monat lang
jeden Tag mehrere Tassen Tee zu sich nehmen.

2 Teelöffel getrocknete Kamillenblüten
1 Tasse kochendes Wasser
Die Kamillenblüten mit dem kochendem Wasser überbrühen,
5 bis 10 Minuten ziehen lassen und dann abseihen.
Bei akutem Durchfall hilft die Kamille aufgrund ihrer beru-
higenden und entzündungshemmenden Wirkstoffe.

2 Teelöffel getrocknete Kamillenblüten
1 Tasse kochendes Wasser
Die Kamillenblüten mit dem kochendem Wasser überbrühen,
5 bis 10 Minuten ziehen lassen und dann abseihen.
Bis zur Ausheilung des Durchfalls täglich mehrere Tassen
des Tees trinken.

Sonnenbrand
Bei einem Sonnenbrand kühlt eine Kamillenkompresse die
verbrannte Hautpartie und desinfiziert sie gleichzeitig; die
Schmerzen werden gemildert. Die Kompresse sollte so lange

angewendet werden, bis die Hautschädigungen abgeklungen sind.

Ein Leintuch wird mit lauwarmem Kamillentee getränkt, ausgedrückt und auf die betroffene Stelle gelegt.

Verbrennungen

Bei Verbrennungen der leichteren Art sollte die betroffene Stelle zuerst gekühlt und anschließend mit einer kalten Kamillenkompresse weiterbehandelt werden. Auf diese Weise lässt sich der Schmerz lindern und eine Infektion verhindern. Diese Methode gilt nur für leichte Verbrennungen; bei schweren oder großflächigen Verbrennungen müssen Sie unbedingt zum Arzt!

Ein Leintuch wird mit lauwarmem Kamillentee getränkt, ausgedrückt und auf die betroffene Stelle gelegt.

Königskerze
Botanik

Pflanze	Großblättrige Königskerze (*Verbascum densiflorum*)
Familie	Braunwurzgewächse (*Scrophulariaceae*)
Verbreitung	in Europa, Westasien
Vorkommen	bevorzugt an steinigen und sonnigen Standorten

Kräutertees/Königskerze **231**

Merkmale	spindelfömige Pfahlwurzel; behaarter runder Stängel; wollfilzige Blätter; gelbe Blüten; Höhe zwischen 50 und 200 cm
Blütezeit	Juni bis August
Verwendete Pflanzenteile	Gesammelt werden im Juli und August die Blüten.

Historisches

In der Antike half die Wurzel der Königskerze gegen Durchfälle, Krämpfe und Augenentzündungen. Auch wurde sie bei der Wundheilung eingesetzt.

Weitere Namen für die Königskerze sind unter anderem Frauenkerze, Wetterkerze und Wollkraut.

Inhaltsstoffe

Die Hauptinhaltsstoffe der Blüten sind Schleimstoffe, Iridoide, Saponine, Falvonoide und ätherisches Öl.

Wirkeigenschaften

Die Schleimstoffe haben reizmildernde, die Saponine auswurffördernde Wirkung.

Der Königskerzentee

Aufgrund seiner Wirkeigenschaften wird der Königskerzentee bei Erkältungen der oberen Luftwege verwendet.

Erkältungen

> 3–4 Teelöffel getrocknete Königskerzenblüten
> 1 Tasse kochendes Wasser
> Die getrockneten Blüten mit dem kochenden Wasser übergießen, 10 bis 15 Minuten ziehen lassen und dann abseihen.
> Trinken Sie täglich 3 Tassen des Tees.

> 1 Esslöffel getrocknete Königskerzenblüten
> 1 Tasse kaltes Wasser
> Die Blüten mit dem Wasser übergießen, 10 bis 12 Stunden ziehen lassen und dann abseihen. Vor dem Trinken kurz aufkochen.
> Trinken Sie täglich 3 Tassen des Tees.

Kümmel
Botanik

Pflanze	Kümmel (*Carum carvi*)
Familie	Doldengewächse (*Apiaceae*)
Verbreitung	in Europa, Asien, Nordamerika
Vorkommen	bevorzugt auf Wiesen, Weiden und an Wegrändern.
Merkmale	fingerdicke spindelförmige Wurzel; aufrechter, kantiger Stängel; gefiederte Laubblätter;

Kräutertees/Kümmel 233

weiße, seltener rötliche Blüten; Spaltfrucht, die bei der Reife in die sichelförmigen Teilfrüchte zerfällt; Höhe zwischen 30 und 80 cm

Blütezeit Mai bis Juli, eventuell nochmals im Herbst

Verwendete Pflanzenteile Gesammelt werden Juni bis Juli die Früchte.

Historisches

Seit dem frühen Mittelalter wird die Kümmelfrucht nicht nur als Gewürz, sondern auch als Heilmittel geschätzt. Man setzte sie hauptsächlich gegen Blähungen ein.

Weitere Namen sind Feldkümmel, Kümmich, Maikimmig und Wiesenkümmel.

Inhaltsstoffe

Die wichtigsten Inhaltsstoffe sind ätherische Öle (z. B. Carvon) sowie Flavonoide und Kumarine.

Wirkeigenschaften

Kümmel löst Krämpfe in Magen, Darm und Galle sowie Blähungen. Er regt die Magensaftsekretion an.

Der Kümmeltee

Kümmeltee wird vor allem bei Völlegefühl, leichten Magen-Darm-Krämpfen und Blähungen eingesetzt.

Blähungen

> 1 Teelöffel frisch zerquetschte Kümmelfrüchte
> 1 Tasse kochendes Wasser
> Die Früchte mit dem kochenden Wasser aufgießen, 5 bis
> 10 Minuten ziehen lassen und dann abseihen.
> Trinken Sie täglich 2 bis 3 Tassen des Tees.

Lavendel
Botanik

Pflanze	Lavendel (*Lavandula angustifolia*)
Familie	Lipppenblütengewächse (*Lamiaceae*).
Verbreitung	im gesamtem Mittelmeerraum
Vorkommen	bevorzugt karge Böden der gebirgigen Mittelmeerregionen in Höhen von 700 bis 2000 Metern
Merkmale	Halbstrauch; violette Blüten, die blumig-krautig duften; Höhe bis zu 50 cm
Blütezeit	Juli bis August
Verwendete Pflanzenteile	Gesammelt werden die Blüten vor ihrer vollen Entfaltung.

Historisches

Im 1. Jahrhundert n. Chr. fand Plinius der Ältere heraus, dass Lavendel einige Beschwerden lindert oder ganz beseitigt. In Mitteleuropa wurde der Echte Lavendel im Mittelalter als Heilpflanze berühmt. So kann man beispielsweise bei Hildegard von Bingen nachlesen, dass Lavendel gegen Lungen-, Nerven- und Leberleiden sowie Haut- und Gelenkprobleme hilft. Sie setzte ihn zur Stärkung des Herzens ein.

Weitere Namen für den Lavendel sind unter anderem Lavander und Blafendel.

Inhaltsstoffe

Bis heute wurden rund 200 verschiedene Inhaltsstoffe des Lavendels entdeckt. Hauptwirkstoff ist das sehr angenehm duftende ätherische Öl der Blüten, in dem man Linalylacetat und Linalool nachweisen kann. Außerdem findet man im Lavendel Gerbstoffe und Kumarin.

Wirkeigenschaften

Lavendelblüten werden bei nervösen Herzbeschwerden, Schlafproblemen und bei Magen-Darm-Beschwerden verwendet. Sie regen den Gallenfluss an, wirken harntreibend und lösen Blähungen.

Der Lavendelblütentee

Verdauungsprobleme
Lavendelblüten beruhigen nervösen Reizmagen und -darm, regen aber auch die Produktion der Gallenflüssigkeit an.

1 bis 2 gehäufte Teelöffel frische Lavendelblüten
1 Tasse kochendes Wasser
Die Lavendelblüten mit dem kochenden Wasser übergießen
und 10 bis 15 Minuten zugedeckt ziehen lassen, dann
abseihen.
Gegen nervöse Magen-Darm-Störungen trinken Sie täglich
3 Tassen Lavendelblütentee.

Unruhe, Nervosität

Ein Tee aus den aromatisch schmeckenden Lavendelblüten
beruhigt auf milde Art und kräftigt die Nerven.

1 bis 2 gehäufte Teelöffel frische Lavendelblüten
1 Tasse kochendes Wasser
Die Lavendelblüten mit dem kochenden Wasser übergießen
und 10 bis 15 Minuten zugedeckt ziehen lassen, dann
abseihen.
Trinken Sie morgens und abends jeweils 1 Tasse des Tees.

Linde (Sommerlinde, Winterlinde)
Botanik

Pflanze	Winterlinde (*Tilia cordata*), Sommerlinde (*Tilia platyphyllos*)
Familie	Lindengewächse (*Tiliaceae*)
Verbreitung	europaweit

Kräutertees/Linde 237

Vorkommen	Beide Arten wachsen in Laub- und Nadelholzmischwäldern; die Sommerlinde ist hinsichtlich des Bodens anspruchsloser als die Winterlinde
Merkmale	*Sommerlinde:* kräftige verzweigte Pfahlwurzel; behaarte weiche Blätter; weiße bis gelbliche, stark duftende Blüten; kugelige Früchte; Höhe bis zu 40 m *Winterlinde:* kräftige, verzweigte Pfahlwurzel; asymmetrische, leicht herzförmige, nicht behaarte Blätter; gelblich weiße Blüten; kleine kugelige Frucht; Höhe bis zu 40 m
Blütezeit	*Sommerlinde:* Juni, *Winterlinde:* Juni bis Juli
Verwendete Pflanzenteile	Gesammelt werden im Juni und Juli die Blüten beider Lindenarten.

Historisches

Von den Lindenblüten sind keine Berichte über eine medizinische Verwendung in Antike oder Mittelalter bekannt. Interessant ist jedoch, dass die Lindenholzkohle bei Durchfall und Vergiftungen als aufsaugendes Mittel diente.

Weiterer Name für die Sommerlinde ist Frühlinde, für die Winterlinde sind es Steinlinde oder Spätlinde.

Inhaltsstoffe

In den Blüten beider Lindenarten wurden Schleim- und Gerbstoffe sowie ätherisches Öl und Flavonoide nachgewiesen.

Wirkeigenschaften

Lindenblüten wirken schweißtreibend, hustendämpfend und fiebersenkend. Welche Inhaltsstoffe dafür im Einzelnen verantwortlich sind, konnte jedoch noch nicht geklärt werden. Vermutet wird, dass wohl nicht die Lindenblüten an sich den schweißtreibenden Effekt auslösen, sondern eher die Tatsache, dass der Lindenblütentee heiß getrunken werden muss, und zwar in einer Menge von mindestens 200 ml täglich.

Der Lindenblütentee

Fiebrige Erkältung, Husten
Der Lindenblütentee wird bei fiebrigen Erkältungen und bei Husten eingesetzt.

1 Teelöffel getrocknete Lindenblüten
1 Tasse kochendes (wichtig!) Wasser
Die Lindenblüten mit dem kochenden Wasser aufgießen, den Tee 10 bis 15 Minuten ziehen lassen und dann abseihen.
Trinken Sie morgens und abends jeweils 1 Tasse Lindenblütentee, bis die Erkältung vorbei ist.

Löwenzahn

Botanik

Pflanze	Löwenzahn (*Taraxacum officinale*)
Familie	Korbblütler (Asteraceae)
Verbreitung	nahezu weltweit
Vorkommen	stellt an den Boden keine besonderen Ansprüche, wächst auf Wiesen, Feldern und in hellen Wäldern
Besonderheiten	Bei Kindern kann der Milchsaft aus den Stängeln des Löwenzahns zu Übelkeit, Erbrechen, Durchfall und sogar zu deutlichen Herzrhythmusstörungen führen
Merkmale	fingerdicke Pfahlwurzel, die wie die gesamte Pflanze den Milchsaft enthält; hohler, Milchsaft führender Stängel mit einem Blütenkopf; einzelne Blattrosetten mit länglichen, tief geteilten Blättern; gelbe Blüten; die hellen bis schwarzen kleinen Früchte besitzen eine weiße Haarkrone, die so genannten Flughaare (Pusteblume); Höhe bis zu etwa 50 cm
Blütezeit	April bis September
Verwendete Pflanzenteile	Gesammelt wird die ganze Pflanze einschließlich der Wurzel.

Historisches

Weitere Namen für den Löwenzahn sind unter anderem Kuhblume, Pusteblume und Ringelblume.

Die ersten Berichte über die Anwendungen von Löwenzahn stammen von den arabischen Ärzten Rhazes und Avicenna. Man geht jedoch davon aus, dass diese ihre Erkenntnisse aus alten griechischen Schriften gewonnen haben. In Kräuterbüchern des 16. Jahrhunderts wird Löwenzahn als Mittel gegen Fieber und Husten erwähnt.

Inhaltsstoffe

Die wichtigsten Inhaltsstoffe des Löwenzahns sind Bitterstoffe (beispielsweise Taraxacin), Flavonoide, Inulin, Vitamine (vor allem Vitamin C), Kautschuk, Harz, Eiweiß, Fettsäuren (im Milchsaft) sowie Terpene, Sterine und Schleimstoffe.

Wirkeigenschaften

Die Bitterstoffe stimulieren die Magensaftproduktion; die anderen Inhaltsstoffe fördern die Gallensekretion, regen den Stoffwechsel an und wirken diuretisch (harntreibend), und zwar aquaretisch, d.h. es wird nur Wasser ausgeschwemmt, doch die Nieren werden dabei nicht gereizt.

Der Löwenzahntee

Löwenzahntee hilft bei Störungen des Gallenflusses, Appetitlosigkeit, Magenproblemen und rheumatischen Beschwerden.

Kräutertees/Löwenzahn **241**

Appetitlosigkeit

1 bis 2 Teelöffel des fein geschnittenen Krauts
250 ml kaltes Wasser
Das Kraut mit dem Wasser übergießen, 10 bis 12 Stunden
ziehen lassen, abseihen. Vor dem Trinken kurz aufkochen.
Trinken Sie über einen Zeitraum von 4 bis 6 Wochen morgens und abends jeweils 1 Tasse Tee.

Magen- und Gallenprobleme

1 bis 2 Teelöffel des fein geschnittenen Krauts
250 ml kaltes Wasser
Wurzel und Kraut mit dem Wasser übergießen, 10 bis
12 Stunden ziehen lassen, abseihen. Vor dem Trinken kurz
aufkochen.
Trinken Sie über einen Zeitraum von 4 bis 6 Wochen morgens und abends jeweils 1 Tasse Tee.

Rheumatische Beschwerden

1 bis 2 Teelöffel Löwenzahnwurzel und -kraut
1 Tasse kaltes Wasser
Das Kraut mit dem kalten Wasser übergießen, 1 Minute lang
aufkochen und 10 Minuten ziehen lassen, dann abseihen.
Trinken Sie morgens und abends jeweils 1 Tasse des Tees.

Frühjahrs-/Herbstkur
In Form einer Kur bessert Löwenzahntee das allgemeine Wohlbefinden, er stärkt und kräftigt.

1 bis 2 Teelöffel Löwenzahnkraut oder -wurzel
1 Tasse kaltes Wasser
Das Wasser über das getrocknete Kraut bzw. die getrocknete
Wurzel gießen, 1 Minute lang aufkochen und 10 Minuten
ziehen lassen.
Trinken Sie über einen Zeitraum von 4 Wochen morgens
und abends jeweils 1 Tasse des Tees.

Melisse
Botanik

Pflanze	Melisse (*Melissa officinalis*)
Familie	Lippenblütengewächse (*Lamiaceae*)
Verbreitung	ursprüngliche Heimat ist der Orient; heute in Europa, Nordafrika und Amerika
Merkmale	vierkantiger und stark verästelter Stängel; grüne, gegenständig angeordnete Blättchen; weiße bis gelbliche Blüten, angeordnet an den Ansatzpunkten der oberen Blätter; Höhe 30 bis 80 cm
Blütezeit	Juni bis August
Verwendete Pflanzenteile	Gesammelt werden die jungen Blättchen und Spitzen der Triebe vor der Blüte.

Historisches

Bereits die griechischen und römischen Ärzte kannten die heilende Wirkung der Melisse bei vielen Beschwerden und Krankheiten. So wurde sie gegen Stiche bzw. Bisse von Skorpionen, Spinnen und Hunden eingesetzt. Schon immer galt Melisse als Hausmittel gegen Magenbeschwerden, zur Beruhigung von Herz und Nerven sowie gegen Erkältungskrankheiten.

Weitere Namen für die Melisse sind unter anderem Bienenkraut, Citronelle, Herzkraut, Honigblume, Immechrut und Zitronenmelisse.

Inhaltsstoffe

Der bedeutsamste Wirkstoff der Melisse ist ihr ätherisches Öl. Es enthält u.a. Citronellal, Citral und Carophyllen. Auch Bitter- und Gerbstoffe sowie Flavonoide und Mineralstoffe können nachgewiesen werden.

Wirkeigenschaften

Die Melisse wirkt beruhigend sowie krampflösend und befreit die Atemwege. Deshalb wird sie bei Magen-Darm-Beschwerden, bei Leber- und Gallenleiden sowie bei Erkältungen eingesetzt. Sie beruhigt das Herz und wirkt als Beruhigungsmittel.

Der Melissetee

Erkältungskrankheiten
Wegen ihrer entspannenden Wirkung stärkt die Melisse unser Immunsystem. Außerdem befreit ihr ätherisches Öl die bei

Erkältung oder Grippe angegriffenen Atemwege. Wirksam bei Erkältungskrankheiten ist der Melissetee.

2 Teelöffel getrocknete Melisseblätter
1 Tasse kochendes Wasser
Die Blätter mit dem kochenden Wasser übergießen, den Tee
10 bis 15 Minuten ziehen lassen, dann abseihen.
Trinken Sie täglich mehrere Tassen Melissetee.

Herzbeschwerden

Die Melisse wirkt über das Nervensystem regulierend auf das Herz, z.B. bei Herzklopfen und Herzjagen.

2 Teelöffel getrocknete Melisseblätter
1 Tasse kochendes Wasser
Die Blätter mit dem kochenden Wasser übergießen, den Tee
10 Minuten ziehen lassen, dann abseihen.
Trinken Sie täglich 2 bis 3 Tassen.

Leber- und Gallenleiden

Die krampflösende und somit für einen leichteren Abgang der im Darm enthaltenen Gase sorgende Eigenschaft der Melisse macht man sich auch bei Störungen der Gallen- und Leberfunktion zunutze.

2 Teelöffel getrocknete Melisseblätter
1 Tasse kochendes Wasser
Die Blätter mit dem kochenden Wasser übergießen, den Tee
10 bis 15 Minuten ziehen lassen, dann abseihen.
Trinken Sie täglich mehrere Tassen Melissetee.

Kräutertees/Melisse **245**

Magen- und Darm-Beschwerden

Auch bei nervös bedingten Störungen des Verdauungstrakts eignet sich Melissetee besonders gut durch seine krampflösende Wirkung. Speziell bei Kindern eignet sich diese Form der Anwendung.

2 Teelöffel getrocknete Melisseblätter
1 Tasse kochendes Wasser
Die Blätter mit dem kochenden Wasser übergießen, den Tee
10 bis 15 Minuten ziehen lassen, dann abseihen.
Trinken Sie mehrmals täglich schluckweise jeweils 1 Tasse Tee.

Unruhe, Nervosität

Melissetee beruhigt und wirkt krampflösend auf Organe.

3 Teelöffel getrocknete Melisseblätter
1 Tasse kochendes Wasser
Die Blätter mit dem kochenden Wasser übergießen. Je länger
Sie den Tee ziehen lassen, desto wirksamer wird er.
Trinken Sie 2- bis 3-mal täglich jeweils 1 Tasse Melissetee.

Schlafstörungen

Melissetee beruhigt die Nerven und führt ähnlich wie Baldrian (siehe Seite 181) zu einem ruhigen sowie erholsamen Schlaf.

2 Teelöffel getrocknete Melisseblätter
1 Tasse kochendes Wasser
Die Blätter mit dem kochenden Wasser übergießen, den Tee
10 bis 15 Minuten ziehen lassen, dann abseihen.
Trinken Sie 1 Tasse Tee vor dem Schlafengehen.

Mistelkraut
Botanik

Pflanze	Mistel (*Viscum album*)
Familie	Mistelgewächse (*Loranthaceae*)
Verbreitung	die Laubholzmistel im Osten bis Westiran und Nordasien, die Nadelholzmistel mehr in Süd- und Mitteleuropa
Vorkommen	wächst auf Laub- und Obstbäumen
Besonderheiten	nimmt von ihrer Wirtspflanze Wasser und Mineralien; führt Photosynthese jedoch selbst durch (Halbschmarotzer)
Merkmale	immergrüner, kugeliger, kleiner Busch, der bis zu 70 Jahre alt werden kann; schmale ledrige Blätter; unscheinbare weißlich gelbe Blüten; die Beeren werden erst im Winter reif
Blütezeit	Februar und April (Laubholzmistel) bzw. von März bis Mai (Nadelholzmistel)
Verwendete Pflanzenteile	März bis April und September bis Oktober wird das gesamte Kraut gesammelt; für medizinische Zwecke eignen sich die oberen Zweigspitzen mit Blättern, aber ohne Beeren.

Historisches

Zu Heilzwecken wurde die berühmte magische Mistel schon im 5. Jahrhundert v. Chr. eingesetzt. Plinius berichtet erstmals über ihre Wirksamkeit bei epileptischen Anfällen (Fallsucht). Im 16. Jahrhundert wurde Mistelsalbe zur Behandlung von Geschwüren und eitrigen Wunden verwendet. Kneipp bevorzugte Mistelpräparate, um damit Blutungen zu stillen und Störungen des Blutkreislaufs zu heilen.

Weitere Namen für die Mistel sind unter anderem Bocksfutter, Donarbesen, Drudenfuß, Geißkraut, Hexenkraut, Hexenbesen, Immergrün, Marentaken, Mistele, Nistel, Wespe und Wispen.

Inhaltsstoffe

Medizinisch bedeutsame Inhaltsstoffe der Mistel sind Viscotoxine, Lektine, Schleimstoffe, Flavonoide und biogene Amine sowie Harze.

Wirkeigenschaften

Die Wirkstoffe der Mistel senken leicht den Blutdruck. Die Gefäßmuskulatur entspannt sich, das Herz wird leistungsfähiger. Die Mistel wirkt angstlösend und beruhigend.

Der Misteltee

Herz-Kreislauf-Erkrankungen
Mistelkraut senkt offenbar leicht den Cholesterinspiegel und kann somit zur Vorbeugung sowie Linderung arteriosklerotischer Vorgänge eingesetzt werden.

2 Teelöffel zerkleinertes Mistelkraut
2 Tassen kaltes Wasser
Das Kraut im Wasser über Nacht ansetzen, dann abseihen.
Machen Sie mindestens zweimal jährlich eine vierwöchige Kur mit Misteltee. Trinken Sie morgens, mittags und abends jeweils 1/3 der kalten Flüssigkeit.

1 Teelöffel zerkleinertes Mistelkraut
1 Tasse kochendes Wasser
Das Kraut mit dem Wasser übergießen, 10 bis 15 Minuten ziehen lassen, dann abseihen.
Machen Sie mindestens zweimal jährlich eine vierwöchige Kur mit heißem Misteltee. Trinken Sie zweimal täglich jeweils 1 Tasse Tee.

Nervöse Herzbeschwerden

Zur Behandlung leichter nervöser Herzbeschwerden und zur Senkung eines leicht, d.h. grenzwertig erhöhten Blutdrucks eignet sich kurmäßig Misteltee. Kontrollieren Sie während einer solchen Kur regelmäßig Ihren Blutdruck. Bei nervösen Herzbeschwerden sollten Sie in jedem Fall zunächst mit Ihrem Arzt mögliche Ursachen abklären.

2 Teelöffel zerkleinertes Mistelkraut
2 Tassen kaltes Wasser
Das Kraut im Wasser über Nacht ansetzen, dann abseihen.
Machen Sie mindestens zweimal jährlich eine vierwöchige Kur mit kaltem Misteltee. Trinken Sie jeweils morgens, mittags und abends 1/3 der Flüssigkeit.

1 Teelöffel zerkleinertes Mistelkraut
1 Tasse kochendes Wasser
Das Kraut mit dem Wasser übergießen, 10 bis 15 Minuten
ziehen lassen, dann abseihen.
Machen Sie mindestens zweimal jährlich eine vierwöchige
Kur mit heißem Misteltee. Trinken Sie zweimal täglich jeweils 1 Tasse.

Nervenerkrankungen

Zur Beruhigung der Nerven und als angstlösende Therapie
eignet sich vorzüglich Misteltee.

2 Teelöffel zerkleinertes Mistelkraut
2 Tassen kaltes Wasser
Das Kraut im Wasser über Nacht ansetzen, dann abseihen.
Trinken Sie morgens, mittags und abends jeweils 1/3 der
kalten Flüssigkeit.

1 Teelöffel zerkleinertes Mistelkraut
1 Tasse kochendes Wasser
Das Kraut mit dem Wasser übergießen, 10 bis 15 Minuten
ziehen lassen, dann abseihen.
Trinken Sie zweimal täglich jeweils 1 Tasse des heißen Tees.

Pfefferminze
Botanik

Pflanze	Pfefferminze (*Mentha piperita*)
Familie	Lippenblütengewächse (*Lamiaceae*)
Verbreitung	in ganz Europa, Nord- und Südamerika
Vorkommen	liebt feuchte Wiesen
Besonderheiten	vermehrt sich nur durch kriechende Ausläufer
Merkmale	holziger Wurzelstock; vierkantiger Stängel; grüne, spitze Blätter; rosa bis lilafarbene Blüten; Höhe 30 bis 80 cm
Blütezeit	Juni bis August
Verwendete Pflanzenteile	Gesammelt werden von Juni bis Juli die Blätter.

Historisches

Die Pfefferminze wurde im Jahre 1696 aus anderen Minzearten gezüchtet. Viele davon gehören zu den ältesten bekannten Heilpflanzen. Man vermutet, dass die Pfefferminze und auch andere Minzearten früher sehr vielseitig eingesetzt wurden, beispielsweise gegen Blutauswurf, Würmer, Brechreiz und auch gegen Ohren-

Weitere Namen für die Pfefferminze sind unter anderem Gartenminze, Hausminze, Katzenkraut.

Kräutertees/Pfefferminze **251**

schmerzen. In der Antike und im Mittelalter galt die Pfefferminze als Aphrodisiakum.

Inhaltsstoffe

Die wichtigsten Inhaltsstoffe sind das ätherische Öl, Gerbstoffe, Bitterstoffe und Flavonoide.

Wirkeigenschaften

Die getrockneten Blätter wirken krampflösend,
lösen Blähungen und regen die Gallensekretion an.

Der Pfefferminztee

Magen-Darm-Beschwerden/Atemwegserkrankungen
Pfefferminztee hilft gleichermaßen bei krampfartigen Magen-
Darm-Beschwerden und bei Erkrankungen der oberen Atem-
wege.

1 Esslöffel getrocknete Pfefferminzblätter
1 Tasse kochendes Wasser
Die Blätter mit dem kochenden Wasser übergießen, den Tee
10 bis 15 Minuten ziehen lassen, dann abseihen.
Trinken Sie täglich 2 bis 4 Tassen Pfefferminztee bis zum
Abklingen der Beschwerden

Ringelblume
Botanik

Pflanze	Ringelblume (*Calendula officinalis*)
Familie	Korbblütengewächse (*Asteraceae*)
Verbreitung	im südlichen Europa beheimatet; gedeiht aber auch im rauhen Klima Skandinaviens
Vorkommen	stellt an den Boden keine besonderen Ansprüche, bevorzugt aber sonnige Plätzchen
Merkmale	einjährige Pflanze, die sich meist selber wieder aussät und stark vermehrt; kantige, filzige Stängel, die sich erst im oberen Bereich verzweigen; goldgelbe Blüten; Höhe bis zu etwa 50 cm
Blütezeit	Juni bis Oktober
Verwendete Pflanzenteile	Gesammelt werden von Juni bis August die voll aufgeblühten, etwas harzigen Blüten.

Historisches

Die heilende Wirkung der Ringelblume bei Wunden und Ekzemen kennt man schon seit langer Zeit. Bereits Hildegard von Bingen erwähnte die »Ringula«. Später wurde die Ringelblume zudem gegen Warzen und Hautkrebs eingesetzt. Als besonders wirksam galt der

Ringelblumentee gegen Schmerzen bei der Regelblutung oder zur Blutreinigung. Als Mischung mit anderen Kräutern soll er sogar Magengeschwüre gelindert haben.

Weitere Namen sind Ringelrose und Studentenblume.

Inhaltsstoffe

Die für die medizinische Wirkung der Ringelblume wichtigen Inhaltsstoffe sind Flavonoide, Saponine, Calendula-Sapogenin, Bitterstoffe und ätherische Öle. Wertvoll sind außerdem Glykoside, Schleimstoffe und verschiedene Enzyme, also Biokatalysatoren, aber auch Farbstoffe wie Carotinoide und Xanthophylle sowie in der Pflanze enthaltene organische Säuren.

Wirkeigenschaften

Die Blüten der Ringelblume wirken entzündungshemmend, krampflösend und galletreibend. Sie regen den Lymphabfluss und den Stoffwechsel an.

Der Ringelblumenblütentee

Gallenbeschwerden

1 Teelöffel getrocknete Calendula-Blüten
1 Tasse heißes Wasser
Die Blüten mit dem Wasser übergießen, 10 Minuten ziehen lassen, dann den Tee abseihen.
Von diesem Tee sollten Sie bei Gallebeschwerden jeweils 1 bis 2 Tassen nicht zu heiß 2- bis 3-mal pro Tag trinken.

Erkältungen

Auch bei Erkältungen und anderen entzündlichen Infektionen hat sich Ringelblumenblütentee bewährt.

1 Teelöffel getrocknete Calendula-Blüten
1 Tasse heißes Wasser
Die Blüten mit dem Wasser übergießen, 10 Minuten ziehen lassen, dann den Tee abseihen.
Von diesem Tee sollten Sie täglich 2 bis 3 Tassen trinken.

Rosmarin
Botanik

Pflanze	Rosmarin (Rosmarinus officinalis)
Familie	Lippenblütler (Lamiaceae)
Verbreitung	in Mittelmeerregionen
Merkmale	verzweigter, aromatisch duftender Strauch; immergrüne, nach unten eingerollte Blätter; blaue bis lilafarbene Blüten; Höhe 60 bis 150 cm
Blütezeit	März bis Oktober
Verwendete Pflanzenteile	Gesammelt werden während und nach der Blüte die Blätter.

Historisches

Früher wurde Rosmarin in erster Linie gegen Gelbsucht eingesetzt. Auch bei Atembeschwerden, schlechter
Verdauung, Lungenerkrankungen oder ver-
schleimten Atemwegen versprach man sich
viel von seiner Heilwirkung.

Weitere Namen für
den Rosmarin sind
Brautkleid, Krenzen-
kraut und Weih-
rauchkraut.

Inhaltsstoffe

Die wichtigsten Inhaltsstoffe der Rosmarinblätter
sind ihr ätherisches Öl, Gerb- und Bitterstoffe sowie
Flavonoide.

Wirkeigenschaften

Innerlich angewendet löst Rosmarin Krämpfe
und regt den Kreislauf an.

Der Rosmarintee

Schwacher Kreislauf
Ein Rosmarin-Aufguss wirkt kreislaufanregend.

1 gehäufter Teelöffel getrocknete Rosmarinblätter
250 ml Wasser
Die Rosmarinblätter im Wasser kurz aufkochen, dann
abseihen.
Trinken Sie morgens 1 Tasse Rosmarintee.

Verdauungsbeschwerden

1 Teelöffel getrocknete Rosmarinblätter
1 Tasse kochendes Wasser
Die Rosmarinblätter mit dem kochenden Wasser übergießen,
den Tee 10 bis 15 Minuten ziehen lassen, dann abseihen.
Trinken Sie täglich 2 bis 3 Tassen von dem Tee.

Salbei
Botanik

Pflanze	Echter Salbei (*Salvia officinalis*)
Familie	Lippenblütengewächse (*Lamiaceae*)
Verbreitung	wild im Mittelmeerraum; bei uns zur Herstellung von Arzneimitteln und Tees in Kulturen
Besonderheiten	Bei uns wächst Salbei wild, doch hat diese Art (*Salvia pratensis*) einen wesentlich geringeren Wirkstoffgehalt und wird daher als Heilpflanze nicht verwendet.
Merkmale	vierkantige behaarte Stängel, im unteren Teil verholzt, oben krautig; grüngraue, gegenständig am Stängel angeordnete längliche Blätter; hellblaue oder hellila, in Ähren angeordnete Blüten; Höhe bis zu 80 cm
Blütezeit	Mai bis Juli

Kräutertees/Salbei **257**

Verwendete Pflanzenteile	Gesammelt werden die Blätter, und zwar von August bis September; geerntet werden nur die frischen Blätter vor der Blüte.

Historisches

Salbei wurde schon früh als Hausmittel bei Entzündungen im Mund- und Rachenraum eingesetzt. Außerdem zeigte er wohltuende Wirkung bei Durchfallerkrankungen. Häufig wurden Salbeitees auch zum Abstillen verwendet; diese Wirkung ist jedoch aus heutiger Sicht nicht wissenschaftlich gesichert. Außerdem bekamen schwache Kinder Salbeitee mit Honig zur Stärkung.

Weitere Namen für den Salbei sind unter anderem Gardensage, Königssalbei, Salbine, Salve, Saphei, Schuwen, Selwe, Sophie und Zaffee.

Inhaltsstoffe

Die für die medizinische Wirkung verantwortlichen Substanzen des Salbeis sind ätherisches Salbeiöl, Gerb- und Bitterstoffe sowie Flavonoide. Im Salbeiöl findet man Thujon, Cineol, Kampfer und Borneol.

Wirkeigenschaften

Als Tee angewendet wirkt Salbei entzündungshemmend und reduziert die Schweißsekretion. Er beruhigt Magen- und Darmtrakt. Die Bitterstoffe unterstützen diese Eigenschaften.

Der Salbeitee

Entzündungen im Mund- und Rachenraum

Bei entzündetem Zahnfleisch oder entzündlichen Vorgängen in Mund und Rachen aufgrund von Erkältungen helfen Spülungen mit Salbei. Dazu können Sie Salbeitee verwenden.

2 Teelöffel fein geschnittene getrocknete Salbeiblätter
1 Tasse kochendes Wasser
Die Salbeiblätter mit dem kochenden Wasser übergießen,
10 Minuten ziehen lassen, dann abseihen.
Gurgeln Sie zweimal täglich mit diesem Tee.

Magen-Darm-Beschwerden

Durch seine krampflösende und desinfizierende Wirkung hilft Salbeitee bei der Beruhigung von Magen und Darm. Auch bei Durchfall kann er eingesetzt werden. Der Einfluss der Bitterstoffe des Salbeis macht sich hier zusätzlich positiv bemerkbar.

1 Teelöffel fein geschnittene getrocknete Salbeiblätter
1 Tasse kochendes Wasser
Die Salbeiblätter mit dem kochenden Wasser übergießen,
5 Minuten ziehen lassen, dann abseihen.
Trinken Sie täglich 2 bis 3 Tassen.

Übermäßige Schweißproduktion

Auch hier kann starker Salbeitee helfen, doch Vorsicht: Ein derart konzentrierter Tee ist für viele Patienten aufgrund seines hohen Gehalts an Gerb- und Bitterstoffen nicht sehr magenverträglich.

> *2 Teelöffel fein geschnittene getrocknete Salbeiblätter*
> *1 Tasse kochendes Wasser*
> *Die Salbeiblätter mit dem kochenden Wasser übergießen,*
> *10 Minuten ziehen, dann abseihen und abkühlen lassen.*
> *Trinken Sie abends 1 Tasse des kalten Tees.*

Schafgarbe
Botanik

Pflanze	Gemeine Schafgarbe (*Achillea millefolium*)
Familie	Korbblütler (*Asteraceae*)
Verbreitung	in Europa, Nordamerika, Nordasien
Vorkommen	Wiesenpflanze; bevorzugt nicht zu feuchten Boden
Merkmale	rundlicher Wurzelstock; blütentragender Stängel; grüne, feingliedrige Blätter; gelblich weiße, weiße oder rosafarbene bis rote Blüten; Höhe bis zu 70 cm
Blütezeit	Juni bis Oktober
Verwendete Pflanzenteile	Gesammelt wird von Juni bis September das Kraut.

Historisches

Ursprünglich wurde die Schafgarbe zur Blutstillung und zur Heilung von Wunden eingesetzt. So verwendete sie der Held Achilles in Homers »Ilias«. Die blutstillende Wirkung der Schafgarbe wurde auch im Mittelalter noch hoch geschätzt.

Weitere Namen für die Schafgarbe sind unter anderem Felgarbe, Garbenkraut, Katzenkraut und Tausendblatt.

Inhaltsstoffe

Die wichtigsten Inhaltsstoffe der Schafgarbe sind ihr ätherisches Öl, Flavonoide und Gerbstoffe.

Wirkeigenschaften

Die Inhaltsstoffe der Schafgarbe haben eine entkrampfende, abschwellende und antimikrobielle Wirkung. Sie lösen Blähungen und regen den Appetit an.

Der Schafgarbentee

Heute hilft Schafgarbentee hauptsächlich bei Problemen des Magen-Darm-Trakts, bei Blähungen und bei Appetitlosigkeit.

Appetitlosigkeit

2 gehäufte Teelöffel getrocknetes Schafgarbenkraut
250 ml kochendes Wasser

Das Kraut mit dem Wasser aufgießen, den Tee ungefähr
15 Minuten ziehen lassen, dann abseihen.
Trinken Sie jeweils 1 Tasse Tee schluckweise vor den Mahlzeiten.

Verdauungsbeschwerden

1 bis 1 1/2 Teelöffel getrocknetes Schafgarbenkraut
1 Tasse kochendes Wasser
Das Kraut mit dem kochenden Wasser aufgießen, den Tee
10 bis 15 Minuten ziehen lassen, dann abseihen.
Trinken Sie dreimal täglich 1 Tasse des Tees.

Magen-/Darmkrämpfe

2 gehäufte Teelöffel getrocknetes Schafgarbenkraut
250 ml kochendes Wasser
Das Kraut mit dem Wasser aufgießen, den Tee ungefähr
15 Minuten ziehen lassen, dann abseihen.
Trinken Sie täglich bis zu 5 Tassen Schafgarbentee.

Gallenleiden

1 bis 2 Teelöffel getrocknetes Schafgarbenkraut
1 Tasse kochendes Wasser
Das Kraut mit dem kochenden Wasser aufgießen, 10 bis
15 Minuten ziehen lassen, dann abseihen.
Trinken Sie bei krampfartigen Gallenbeschwerden täglich
2 bis 3 Tassen des Tees.

Schlüsselblume

Botanik

Pflanze	Wiesenschlüsselblume (*Primula veris*)
Familie	Primelgewächse (*Primulaceae*)
Verbreitung	in nahezu ganz Mitteleuropa
Vorkommen	bevorzugt kalkhaltige, trockene Böden
Besonderheiten	Überdosierung kann Erbrechen und Durchfall verursachen
Merkmale	kurzer Wurzelstock; blätterloser, behaarter Blütenstängel; behaarte runzelige Blätter bilden eine grundständige Blattrosette; gelbe, angenehm duftende Blüten; Höhe bis zu 30 cm
Blütezeit	April bis Mai
Verwendete Pflanzenteile	Gesammelt werden die Wurzel (Oktober) und die Blüten (April bis Mai).

Historisches

Schon im 16. Jahrhundert wurde die Schlüsselblume bei einer breiten Palette von Beschwerden und Erkrankungen eingesetzt, beispielsweise bei Schwäche, Herzbeschwerden, Husten, rheumatischen Erkrankungen oder Kopfschmerzen.

Weitere Namen sind Eierkuchen und Frauenschlüssel.

Inhaltsstoffe

Die wichtigsten Inhaltsstoffe der Wurzel sind die Saponine, ätherisches Öl und Kieselsäure. Die Blüten enthalten ebenfalls Saponine sowie Flavonoide und ätherisches Öl.

Wirkeigenschaften

Sowohl die Blüten als auch die Wurzeln wirken schleimlösend und auswurffördernd, wobei die Wurzeln einen deutlich stärkeren Effekt entwickeln als die Blüten.

Der Schlüsselblumentee

Der Schlüsselblumentee wird bei Erkrankungen der Atemwege eingesetzt.

Erkältung

1 1/2 Teelöffel getrocknete Blüten
1 Tasse kochendes Wasser
Die Blüten mit dem kochenden Wasser aufgießen und 10 bis 15 Minuten ziehen lassen, dann abseihen.
Trinken Sie täglich 3 Tassen Tee.

0,2 bis 0,5 g getrocknete Wurzel
1 Tasse kaltes Wasser
Die Wurzel mit dem Wasser übergießen und 8 bis 12 Stunden ziehen lassen, dann abseihen. Vor dem Trinken aufkochen.
Trinken Sie täglich bis zu 3 Tassen Tee.

Schwarzer Holunder

Botanik

Pflanze	Schwarzer Holunder (*Sambucus nigra*)
Familie	Geißblattgewächse (*Caprifoliaceae*)
Verbreitung	europaweit
Vorkommen	bevorzugt steinige, buschige Stellen sowie Standorte an Flüssen, Schluchten und in Hohlwegen
Merkmale	Strauch oder kleinerer Baum; grüne Zweige mit meist 5 lanzettlichen Teilblättern; stark duftende, weiße bis hellgelbe Blüten in doldenartigen Rispen; kugelige schwarze Früchte; Höhe des Baumes bis zu 7 m
Blütezeit	Mai bis Juni
Verwendete Pflanzenteile	Gesammelt werden im Juni und Juli die Holunderblüten.

Historisches

Weitere Namen sind unter anderem Fliederbusch, Holler und Holderbusch.

Bereits in der Antike setzte man die Wurzel des Holunders – in Wein gekocht – gegen Wassersucht und Schlangenbisse ein, seine Blätter dienten als Umschlag bei Entzündungen, Verbrennungen und Tierbissen. Später entdeckte man die schweißtreibende Eigenschaft der Holunderblüten.

Inhaltsstoffe

In den Holunderblüten wurden Flavonoide – hauptsächlich Rutin –, phenolische Karbonsäuren, Triterpene, Schleimstoffe und ätherisches Öl nachgewiesen.

Wirkeigenschaften

Extrakte aus Holunderblüten wirken schweißtreibend. Auf welche Inhaltsstoffe dieser Effekt zurückzuführen ist, konnte noch nicht geklärt werden.

Der Holunderblütentee

Schwitzkuren

Holunderblütentee wird als schweißtreibendes Mittel bei Erkältungen eingesetzt.

> *2 Teelöffel getrocknete Holunderblüten*
> *1 Tasse kochendes Wasser*
> *Die Blüten mit dem kochenden Wasser aufgießen, 10 bis*
> *15 Minuten ziehen lassen, dann abseihen.*
> Trinken Sie bei Erkältungen mehrmals täglich jeweils 1 bis 2 Tassen möglichst heißen Tee.

Verdauungsbeschwerden

Die getrockneten Beeren des schwarzen Holunders wirken mild abführend.

1 Teelöffel Holunderbeeren
1 Tasse kaltes Wasser
Die Beeren mit dem kalten Wasser übergießen, den Tee 10 bis
12 Stunden ziehen lassen. Ihn dann kurz aufkochen und
anschließend abkühlen lassen, abseihen.
Trinken Sie morgens und abends jeweils 1 Tasse des Tees.

Silberweide
Botanik

Pflanze	Silberweide (*Salix alba*)
Familie	Weidengewächse (*Saliceae*)
Verbreitung	in Mittel- und Südeuropa, Nordafrika, Westasien
Vorkommen	bevorzugt feuchte Standorte wie Fluss- und Bachufer
Merkmale	Baum oder Strauch mit gelb- bis rotbraunen Zweigen; wechselständige Laubblätter, die im Sommer unten silbrig glänzen; gelbe Blüten; Höhe bis zu 25 m
Blütezeit	April bis Mai
Verwendete Pflanzenteile	Gesammelt wird zwischen März und April die Rinde.

Historisches

Schon in der Antike galt die Weidenrinde als effektives fiebersenkendes Mittel. Doch galt die Weide im Mittelalter auch als Baum der Hexen sowie Geister, und ihre Rinde stand im Ruf, unfruchtbar und impotent zu machen.

Weitere Namen für die Weide sind unter anderem Weden, Weene und Wilge.

Inhaltsstoffe

Der wichtigste Wirkstoff der Weidenrinde ist das Salicin, ein Phenylglykosid. Außerdem enthält sie Flavonoide und Gerbstoffe.

Wirkeigenschaften

Weidenrindenextrakte senken Fieber und hemmen Entzündungen. Auch ein schmerzlindernder Effekt wurde für die Weidenrinde nachgewiesen.

Der Weidenrindentee

Weidenrindentee wird bei fieberhaften Erkältungen, rheumatischen Beschwerden und Kopfschmerzen eingesetzt.

Kopfschmerzen

1 bis 2 Teelöffel pulverisierte Rinde
1 Tasse kaltes Wasser
Die Rinde mit dem kalten Wasser ansetzen, 8 bis 12 Stunden
ziehen lassen, dann abseihen. Vor dem Trinken kurz aufko-
chen lassen.
Trinken Sie täglich 3 bis 5 Tassen des Tees.

Rheumatische Beschwerden

1 bis 2 Teelöffel pulverisierte Rinde
1 Tasse kaltes Wasser
Die Rinde mit dem kalten Wasser ansetzen, 8 bis 12 Stunden
ziehen lassen, dann abseihen. Vor dem Trinken den Tee kurz
aufkochen lassen.
Trinken Sie täglich 3 bis 5 Tassen des Tees.

Spitzwegerich
Botanik

Pflanze	Spitzwegerich (*Plantago lanceolata*)
Familie	Wegerichgewächse (*Plantaginaceae*)
Verbreitung	in Europa, Nord- und Mittelasien
Vorkommen	bevorzugt trockenen Boden; auf Wiesen, Waldrändern und Äckern

Merkmale	kurzer, mit vielen Faserwurzeln besetzter Wurzelstock; lanzettähnliche Blätter bilden eine grundständige Rosette; blattloser Stil mit ährigem Blütenstand; kahle Krone mit bräunlichen Kronzipfeln; Höhe 10 bis 40 cm
Blütezeit	Mai bis September
Verwendete Pflanzenteile	Gesammelt wird von Mai bis Juni das Kraut.

Historisches

Bereits Dioskurides kannte Spitzwegerich als Heilpflanze. Man verwendete ihn, um den Blutfluss zu hemmen, sowie bei Geschwüren, Tierbissen, Brandwunden und Magenbeschwerden.

Weitere Namen sind Aderblatt, Rippenkraut, Schafzunge und Spießkraut.

Inhaltsstoffe

Im Spitzwegerichkraut findet man Schleimstoffe, Oridoidglykoside und Gerbstoffe sowie Kieselsäure, Flavonoide, Phenolkarbonsäuren und Mineralstoffe.

Wirkeigenschaften

Aufgrund seiner Inhaltsstoffe wirken Spitzwegerich-Zubereitungen antibakteriell, adstringierend (zusammenziehend) und folglich auch blutstillend. Schleimstoffe und Kieselsäure beeinflussen Bronchitis und Husten positiv.

Der Spitzwegerichtee

Der Spitzwegerichtee wird heute bei Erkrankungen der oberen Atemwege sowie entzündlichen Veränderungen der Mund- und Rachenschleimhaut verwendet.

Atemwegserkrankungen

3 Teelöffel getrocknetes Kraut
1 Tasse kochendes Wasser
Das Kraut mit dem kochenden Wasser aufgießen, 10 bis 15 Minuten ziehen lassen, dann abseihen.
Trinken Sie täglich 3 Tassen.

Stiefmütterchen
Botanik

Pflanze	Stiefmütterchen (*Viola tricolor*)
Familie	Veilchengewächse (*Violaceae*)
Verbreitung	in Europa, Asien
Vorkommen	bevorzugt Feld- und Sandboden
Besonderheiten	formenreiche Art, die in vielen Unterarten und Varietäten vorkommt
Merkmale	mehrjährige Pflanze; wechselständige Blätter, die im oberen Teil eine endständige Blüte tragen; die Kronenblätter sind verschiedenfarbig

(violett, weiß, gelb, ein- oder mehrfarbig);
Höhe zwischen 2 und 30 cm

Blütezeit   Mai bis Oktober

Verwendete   Gesammelt wird von Mai bis Juli das Kraut.
Pflanzenteile

Historisches

Weitere Namen für
das Stiefmütterchen
sind Ackerveilchen
und Jesusblümchen.

Zwar kannte man das Stiefmütterchen bereits in der Antike, doch wurde es damals nicht zu Heilzwecken verwendet. Im Mittelalter setzte man es dann hauptsächlich gegen Hauterkrankungen und gegen Fieber oder Leibschmerzen bei Kindern ein.

Inhaltsstoffe

Stiefmütterchenkraut enthält Flavonoide, Saponine, Salicylsäurederivate, Schleim- und Gerbstoffe.

Wirkeigenschaften

Stiefmütterchen-Zubereitungen wirken auswurffördernd und schweißtreibend.

Der Stiefmütterchentee

Einen Stiefmütterchen-Aufguss setzt man heute vor allem bei Erkrankungen der oberen Atemwege und bei chronischen Ek-

272 *Heiltees aus Kräutern, Früchten und Gewürzen*

zemen ein. Äußerlich angewendet hilft er bei leichten seborrhöischen Hautleiden und bei Milchschorf.

Erkältungen

1 Teelöffel getrocknetes Kraut
1 Tasse kochendes Wasser
Das Kraut mit dem kochenden Wasser übergießen, 10 bis
15 Minuten ziehen lassen, dann abseihen.
Trinken Sie täglich 2 bis 3 Tassen des Tees.

Chronische Ekzeme

2 Teelöffel getrocknetes Kraut
1 Tasse kochendes Wasser
Das Kraut mit dem kochenden Wasser übergießen, 10 bis
15 Minuten ziehen lassen, dann abseihen.
Trinken Sie 3 bis 4 Wochen lang morgens und abends
jeweils 1 Tasse des Tees.

Süßholz
Botanik

Pflanze	Süßholz (*Glycyrrhiza glabra*)
Familie	Schmetterlingsblütler (*Fabaceae*)
Verbreitung	im östlichen Mittelmeerraum, Südwestasien

Vorkommen	liebt sonnige Standorte auf tiefem feuchtem Boden
Besonderheiten	der Süßholzextrakt bildet die Grundlage für Lakritze (Bärendreck); bei längerer Anwendung und höherer Dosierung zeigt er mineralocorticoide Effekte, d.h., es kann aufgrund einer Natrium- und Wasserretention (Zurückhaltung) sowie von Kaliumdefizit zu Hochdruck, Ödemen und Hypokaliämie (Abfall des Blutkaliumspiegels) kommen
Merkmale	Pflanze mit unpaarig gefiederten Blättern; Blütentraube mit violetten Blüten sitzt aufrecht in den Blattachseln; Höhe zwischen 30 und 200 cm
Blütezeit	Juni bis August
Verwendete Pflanzenteile	Gesammelt werden die Wurzeln und Ausläufer.

Historisches

Schon im Altertum wurden der eingedickte Saft und auch die Abkochungen der frischen Wurzel bei Magenerkrankungen verwendet. In der Volksmedizin gilt der Süßholzextrakt auch heute noch als Mittel gegen Husten, Heiserkeit und Bronchitis.

Weitere Namen für die Süßholzwurzel sind Honigswurz, Kolstock und Lakritzenholz.

Inhaltsstoffe

In der Süßholzwurzel findet man hauptsächlich Saponine – vor allem Glycyrrhizin –, Flavonoide, Phytosterine und Kumarine.

Wirkeigenschaften

Die Saponine verflüssigen den Schleim und wirken auswurffördernd. Glycyrrhizin (es schmeckt 50-mal süßer als Rohzucker) hemmt Entzündungen. Die Flavonoide lösen Krämpfe und wirken ebenfalls antientzündlich.

Der Süßholzwurzeltee

Achtung:
Der Einsatz von höheren Dosierungen, wie sie bei der unterstützenden Behandlung von Magengeschwüren notwendig ist, muss immer unter ärztlicher Aufsicht erfolgen!

Der Tee der Süßholzwurzel wird aufgrund seiner sekretolytischen, expektorierenden, abschwellenden und entkrampfenden Wirkung bei Erkrankungen der Atemwege sowie zu einer beschleunigten Abheilung von Magen- und Zwölffingerdarmgeschwüren eingesetzt. Auch zur Vorbeugung eines Magengeschwürs verwendet man Süßholzwurzeltee.

Husten mit Verschleimung

1 Teelöffel geschnittene Süßholzwurzel
1 Tasse kaltes oder heißes Wasser
Den Tee kurz aufkochen, abkühlen lassen, dann abseihen.
Trinken Sie 3 bis 5 Tassen des Tees.

Gastritis

1 Teelöffel getrocknete Süßholzwurzel
1 Tasse kochendes Wasser
Die Wurzel mit dem kochenden Wasser aufgießen, 5 Minuten
ziehen lassen, dann abseihen.
Trinken Sie nach den Mahlzeiten jeweils 1 Tasse Tee.

Tausendgüldenkraut
Botanik

Pflanze	Echtes Tausendgüldenkraut (*Centaurium erythraea*)
Familie	Enziangewächse (*Gentianaceae*)
Verbreitung	in Europa, Asien und Nordafrika; in Nordamerika nur eingeschleppt
Vorkommen	wächst auf dürren warmen Grasplätzen, an Feldrändern und auf Äckern
Merkmale	kahle Pflanze mit vierkantigem Stängel; ovale Rosettenblätter, lanzettförmige gegenständige Stängelblätter; rosarote, selten weiße fünfzählige Blüten; Höhe zwischen 10 und 40 cm
Blütezeit	Juli bis September
Verwendete Pflanzenteile	Gesammelt wird zwischen Juni und September das Kraut.

Historisches

Das Tausendgüldenkraut gehört zu unseren ältesten Heilpflanzen. Schüler des Hippokrates setzten es bereits bei Brustkrankheiten ein, aber auch als Fieber- und magenstärkendes Mittel fand es Anwendung. In Augentropfen war es ebenfalls enthalten. Außerdem wurde es als Zaubermittel gegen Vergiftungen und Verhexungen eingesetzt.

Weitere Namen für das Tausendgüldenkraut sind unter anderem Centorelle, Fieberkraut, Gallkraut, Magenkraut und Wundkraut.

Inhaltsstoffe

Im Tausendgüldenkraut wurden Flavonoide, Bitterstoffe (ähnlich denen der Enzianwurzel) und Xanthonderivate nachgewiesen.

Wirkeigenschaften

Die Bitterstoffe stimulieren die Speichel- und Magensaftsekretion. Dadurch kann die Nahrung besser verdaut werden, und der Appetit wird angeregt.

Der Tausendgüldenkrauttee

Appetitlosigkeit

1 bis 2 Teelöffel getrocknetes Kraut
1 Tasse kochendes Wasser
Das Kraut mit dem kochenden Wasser übergießen, 10 bis
15 Minuten ziehen lassen, dann abseihen.
Trinken Sie 30 Minuten vor den Mahlzeiten jeweils 1 Tasse
Tee.

1 bis 2 Teelöffel getrocknetes Kraut
1 Tasse kaltes Wasser
Das Kraut mit dem kalten Wasser ansetzen und 8 bis
10 Stunden ziehen lassen. Das Kraut abseihen, und den Tee
vor dem Trinken kurz aufkochen.
Trinken Sie 30 Minuten vor den Mahlzeiten jeweils 1 Tasse
Tee.

Verdauungsbeschwerden

1 bis 2 Teelöffel getrocknetes Kraut
1 Tasse kochendes Wasser
Das Kraut mit dem kochenden Wasser übergießen, 10 bis
15 Minuten ziehen lassen, dann abseihen.
Trinken Sie 30 Minuten vor den Mahlzeiten jeweils 1 Tasse
Tee.

Wacholder

Botanik

Pflanze	Gemeiner Wacholder (*Juniperus communis*)
Familie	Zypressengewächse (*Cupressaceae*)
Verbreitung	in Europa, Nordasien, Nordafrika, Nordamerika
Vorkommen	bevorzugt kalkhaltige oder saure Böden
Besonderheiten	darf Schwangeren und Patienten mit entzündlichen Nierenerkrankungen nicht verabreicht werden
Merkmale	aufrechter zweihäusiger Strauch, selten baumförmig; ältere Rinde ist rissig und schält sich ab; lange, nadelförmige Blätter; kugelige Beerenzapfen, die zuerst grün, dann dunkelbraun bis violett sind; Höhe zwischen 100 bis 150 cm
Blütezeit	April bis Juni
Verwendete Pflanzenteile	Gesammelt werden von Ende August bis Mittel September die Früchte.

Historisches

In der Antike hatte der Wacholder keine Bedeutung. Ihren Höhepunkt als Heilpflanze hatte er wohl im Mittelalter. In jener Zeit zählte er zu den wichtigsten Arzneipflanzen überhaupt. Die Früchte wurden gegen Magenbeschwerden, Bauchschmerzen und Husten eingesetzt. Auch die Pest galt als Indikationsgebiet für die Wacholderbeeren. Neben heilenden Kräften schrieb man dem Wacholder auch magische Kräfte zu. So sollte ein aus den Beeren zubereitetes Getränk seherische Fähigkeiten verleihen.

Weitere Namen für den Wacholder sind unter anderem Feuerbaum, Machangel, Macholder, Queckholder und Weihrauchbaum.

Inhaltsstoffe

Die wichtigsten Inhaltsstoffe der Wacholderbeeren sind ihr ätherisches Öl, Flavonoide und Gerbstoffe.

Wirkeigenschaften

Das ätherische Öl, und hier vor allem das Terpinem-4-ol, besitzt eine harntreibende Wirkung, reizt das Gewebe jedoch nicht. Außerdem lösen die Inhaltsstoffe der Wacholderbeeren Blähungen und regen den Appetit an.

Der Wacholderbeerentee

Ein Teezubereitung aus Wacholderbeeren wird heute bei chronischer Nierenbeckenentzündung und bei Entzündungen der ableitenden Harnwege angewendet.

Harnwegsentzündungen

1 Teelöffel frisch gequetschte Beeren
1 Tasse kochendes Wasser
Die Beeren mit dem kochenden Wasser übergießen, den Tee
10 bis 15 Minuten ziehen lassen, dann abseihen.
Trinken Sie über einen Zeitraum von höchstens 6 Wochen
morgens und abends jeweils 1 Tasse des Tees.

Weißdorn
Botanik

Pflanze	Weißdorn (*Crataegus*)
Familie	Rosengewächse (*Rosaceae*)
Verbreitung	in fast ganz Europa, Nordafrika und Südwestasien; im Norden reicht sein Verbreitungsgebiet über Süd- und Mittelschweden bis nach Norwegen
Vorkommen	bevorzugt humosen und mineralischen Boden, der ziemlich trocken sein kann; gedeiht sehr gut auf schwerem Lehmboden
Besonderheiten	Es gibt zwei verschiedene Arten des Weißdorns: den eingriffeligen und den zweigriffeligen Weißdorn; beide werden für medizinische Zwecke verwendet.

Merkmale	dorniger Strauch; meist dreilappige Blätter mit ungleichmäßig eingesägten Rändern; auf ihrer Oberseite dunkelgrün, unterwärts hellgrün bis bläulich grün; weiße Blüten mit roten Staubfäden; rote Früchte; Höhe mehrere Meter
Blütezeit	Mai
Verwendete Pflanzenteile	Gesammelt werden von August bis Oktober die Früchte und von Mai bis Juni die Blüten.

Historisches

Bei den Kelten galt der Weißdorn als der Baum des Zauberers Merlin, im Mittelalter als Baum der Dämonen und Hexen. Er sollte Erkrankungen fernhalten. Nach dem Mittelalter geriet er in Vergessenheit. Erst seit dem 19. Jahrhundert nutzt man in Europa wieder Blätter, Blüten und Früchte zu medizinischen Zwecken. In China werden dagegen seit über tausend Jahren verschiedene Weißdornarten angewendet.

Heute ist der Weißdorn auch bei uns wissenschaftlich anerkannt. Insbesondere Tees aus den Früchten, den Blättern oder Blüten des Weißdorns werden oft bei Herzschwäche und Kreislaufbeschwerden eingesetzt.

Weitere Namen für den Weißdorn sind unter anderem Hagedorn, Heinzerleinsdorn, Mehlbaum, Mehlbeerbusch, Mehlfässchen, Wittdörn und Zaundorn.

Inhaltsstoffe

Weißdorn enthält vor allem Flavonoide, aber auch Procyanidine, biogene Amine und etliche andere Substanzen.

Wirkeigenschaften

Crataegus fördert die Durchblutung, lindert und beugt leichter Herzschwäche vor, insbesondere beim so genannten Altersherz. Er stärkt den Herzmuskel und wirkt leichten Herzrhythmusstörungen entgegen.

Der Weißdorntee

Leichte Herzschwäche

Durch seinen durchblutungsfördernden Effekt speziell auf die Herzkranzgefäße stärkt Weißdorn den Herzmuskel. Zur Vorbeugung von Herz-Kreislaufschwächen brühen Sie sich einen Weißdorntee.

2 Teelöffel Blüten oder Blüten-und-Blätter-Mischung
1 Tasse heißes Wasser
Die Blüten bzw. die Mischung mit dem Wasser übergießen
und 20 Minuten ziehen lassen, dann abseihen.
Trinken Sie kurmäßig über mindestens 8 Wochen 2- bis 3-mal täglich jeweils 1 Tasse Weißdorntee.

Weißdornblüten und -blätter,
Mistelkraut
1 Tasse heißes Wasser
Die Kräuter zu jeweils gleichen Teilen mischen. 1 bis 2 Teelöf-
fel der Mischung mit dem heißen Wasser übergießen, 10 bis
15 Minuten ziehen lassen, dann abseihen.
Trinken Sie über einen Zeitraum von 2 Monaten morgens
und abends jeweils 1 Tasse dieses klassischen Herztees. Vor
einer erneuten Kur sollten Sie eine Pause von mindestens
1 Monat einlegen.

Altersherz

Bei ersten Anzeichen, die auf ein durch das Alter geschwächtes
Herz hindeuten (Leistungsminderung, rasche Ermüdung,
Atemnot), sollten Sie an eine Weißdornkur denken. Es eignet
sich auch hier der Tee. Ein Arzt ist in jedem Falle zu Rate zu
ziehen, wenn die Beschwerden gravierender werden.

Weißdornblüten und -blätter, Mistelkraut
1 Tasse heißes Wasser
Die Kräuter zu jeweils gleichen Teilen mischen. 1 bis 2 Tee-
löffel der Mischung mit dem heißen Wasser übergießen, 10 bis
15 Minuten ziehen lassen, dann abseihen.
Trinken Sie über einen Zeitraum von 2 Monaten morgens
und abends jeweils 1 Tasse dieses klassischen Herztees. Vor
einer erneuten Kur sollten Sie eine Pause von mindestens
1 Monat einlegen.

2 Teelöffel Blüten oder Blüten-und-Blätter-Mischung
1 Tasse heißes Wasser
Die Blüten bzw. die Mischung mit dem Wasser übergießen
und 20 Minuten ziehen lassen, dann abseihen.
Trinken Sie kurmäßig über mindestens 8 Wochen 2- bis
3-mal täglich jeweils 1 Tasse Weißdorntee.

Nachbehandlung des Herzinfarkts

Die durchblutungsfördernde Wirkung des Weißdorns und
sein positiver Einfluss auf den Herzmuskel beschleunigen die
Genesungsphase nach einer solchen Erkrankung.

2 Teelöffel Blüten oder Blüten-und-Blätter-Mischung
1 Tasse heißes Wasser
Die Blüten bzw. die Mischung mit dem Wasser übergießen
und 20 Minuten ziehen lassen, dann abseihen.
Trinken Sie kurmäßig über mindestens 8 Wochen 2- bis
3-mal täglich jeweils 1 Tasse Weißdorntee.

Weißdornblüten und -blätter

Mistelkraut
1 Tasse heißes Wasser
Die Kräuter zu jeweils gleichen Teilen mischen. 1 bis 2 Tee-
löffel der Mischung mit dem heißen Wasser übergießen,
10 bis 15 Minuten ziehen lassen, dann abseihen.
Trinken Sie über einen Zeitraum von zwei Monaten morgens und abends jeweils 1 Tasse dieses klassischen Herztees.
Vor einer erneuten Kur sollten Sie eine Pause von mindestens einem Monat einlegen.

Nervöse Herzbeschwerden

Durch den die Herzleistung stärkenden Einfluss des Weißdorns lassen sich nervöse Herzbeschwerden lindern. Empfehlenswert ist auch hier eine länger andauernde Kur mit Weißdorntee.

2 Teelöffel Blüten oder Blüten-und-Blätter-Mischung
1 Tasse heißes Wasser
Die Blüten bzw. die Mischung mit dem Wasser übergießen
und 20 Minuten ziehen lassen, dann abseihen.
Trinken Sie kurmäßig über mindestens 8 Wochen 2- bis
3-mal täglich jeweils 1 Tasse Weißdorntee.

Teemischung mit Weißdorn

Teemischung:
100 Gramm Weißdorn
50 Gramm Herzgespannkraut
50 Gramm Melisse
Die Kräuter mischen. 1 Teelöffel der Teemischung mit 1 Tasse
heißem Wasser aufbrühen. 3 Minuten ziehen lassen, dann
abseihen.
Trinken Sie über einen Zeitraum von zwei Monaten täglich
3 Tassen Teemischung mit Weißdorn.

Heilteemischungen gegen Beschwerden

Tees oder Teemischungen aus Heilkräutern können bei vielen Beschwerden Linderung verschaffen. Wir haben für Sie im folgenden Abschnitt Rezepte von Kräutertees bzw. Kräuterteemischungen zusammengetragen, die sich bei der Behandlung bestimmter Erkrankungen bewährt haben. Besprechen Sie sich vor jeder Anwendung von Heiltees unbedingt mit Ihrem Arzt.

Abwehrschwäche

Mit unserem komplizierten Abwehrsystem (Immunsystem) verhindern wir, dass schädliche Bakterien, Viren sowie Pilze sich in unserem Körper vermehren und so zu Krankheiten führen können. Doch dieses Abwehrsystem kann aufgrund vielerlei Ursachen erheblich geschwächt werden, beispielsweise durch starke körperliche Belastung, Stress, seelische Belastung, Schlafmangel, falsche bzw. unausgewogene Ernährung, Infektionen, Verletzungen, Operationen, Kortikoid-Therapie (ausgenommen eine Behandlung mit Kortikoiden, die auf die Haut gegeben werden), Strahlen- und Chemotherapie, schwere chronische Erkrankungen wie HIV-Infektion oder Leukämie und durch angeborene Störungen. Die Folge ist, dass das Immunsystem seine Aufgabe, uns vor eindringenden Krankheitserregern zu schützen, nicht mehr erfüllen kann. Durch eine gesunde Lebensführung (dazu gehören Sport, Bewegung an frischer Luft und eine ausgewogene Ernährung) bleibt unser Abwehrsystem intakt. Essen Sie viel frisches Obst, Gemüse und Fisch. Trinken Sie viel: 2 bis 3 Liter Mineralwasser, ungesüßte und verdünnte Fruchtsäfte oder Früchtetees pro Tag.

Mit einem Tee aus der Taigawurzel regen Sie die Produktion von Immunzellen an:

1 Teelöffel getrocknete Taigawurzel
1 Tasse kochendes Wasser
Die zerkleinerte Wurzel mit dem kochenden Wasser übergießen, den Tee 15 Minuten ziehen lassen, dann abgießen.
Trinken Sie dreimal täglich 1 Tasse des Tees. Um das Abwehrsystem nicht zu überfordern, sollten Sie ihn bei täglicher Anwendung keinesfalls länger als drei Monate trinken. Taigawurzeltee darf grundsätzlich nicht bei erhöhtem Blutdruck getrunken werden.

Altersherz

Im Alter lässt die Leistung des Herzens deutlich nach. Aus einem alten kann man zwar kein junges Herz zaubern, doch die mit einem Altersherzen verbundenen Beschwerden, z.B. Kurzatmigkeit, mangelnde körperliche Leistungsfähigkeit, Herzschmerzen, Herzenge oder Bluthochdruck, kann man beispielsweise mit Kräutertees angehen.

Die Mariendistel-Arnika-Teemischung hilft gegen zu hohen Blutdruck.

Je 30 Gramm getrocknete Mariendistelsamen und Ehrenpreiskraut sowie -samen
Je 20 Gramm getrocknete Arnikablüten
Je 20 Gramm getrocknetes Johannis- und Melissekraut
1/2 Liter kochendes Wasser
Die Kräuter miteinander vermischen. 2 gehäufte Esslöffel der Mischung mit dem kochenden Wasser übergießen, den Tee 15 Minuten ziehen lassen, dann abseihen.
Trinken Sie den Tee über den Tag verteilt mindestens 6 Wochen lang.

Mistel entlastet durch seine blutdrucksenkende Wirkung das Herz:

1 gehäuften Teelöffel getrocknete Mistel
250 ml kaltes Wasser
Das Kraut mit dem kalten Wasser übergießen, den Tee 10 bis 12 Stunden lang ziehen lassen, dann abseihen.
Trinken Sie täglich langsam 2 Tassen des lauwarmen Misteltees, doch nicht bei zu niedrigem Blutdruck!

Appetitmangel

Bei einer chronischen Appetitlosigkeit gilt es zuerst, nach ihren Ursachen zu forschen. Sind sie weder organischer noch psychischer Natur (was nur Ihr Arzt, Heilpraktiker oder Psychologe entscheiden kann), lässt sich ihr relativ leicht abhelfen

Heilteemischungen gegen Beschwerden **289**

– einerseits dadurch, dass man den täglichen Speisezettel durch appetitanregende Gemüsesorten wie beispielsweise Paprika, Lauch, Möhren, Zwiebeln, Tomaten oder Petersilie erweitert, welche die Sekretion der Verdauungssäfte fördern, und andererseits durch den Genuss von Hopfentee.

Hopfentee enthält Bitterstoffe und regt den Appetit an:

2 gehäufte Teelöffel Hopfenzapfen
1 Tasse lauwarmes Wasser
Die Hopfenzapfen 5 Stunden lang im Wasser ziehen lassen
und dann den Tee abseihen.
Trinken Sie zweimal täglich vor den Mahlzeiten jeweils 1 Tasse des ungesüßten Tees.

Asthma

Hierbei leiden die Betroffenen unter plötzlich auftretender und meist vorübergehender Atemnot. Angstzustände sind dabei nicht selten, weil das Gefühl entsteht, keine Luft mehr zu bekommen. Die Anfälle sind von Husten mit Auswurf und hörbarem Pfeifen beim Atmen begleitet, von einem Gefühl der Enge auf und in der Brust sowie von starken Schweißausbrüchen. Die Ursachen der eingeengten Atemwege sind ein krampfartiges Zusammenziehen der Bronchialmuskulatur, ein Anschwellen der Bronchialwand und eine vermehrte Schleimproduktion. Auslöser dafür sind u.a. Infekte der Atemwege, Stress, Allergien sowie Luftverschmutzung und Rauchen.

Isländisch-Moos-Tee löst den Schleim, lindert den Reiz in den Atemwegen und wirkt antibiotisch:

1 Teelöffel Isländisch Moos
1 Tasse Wasser
Das Isländisch Moos in dem Wasser aufkochen, 10 Minuten ziehen lassen, dann abseihen.
Trinken Sie täglich 2 bis 3 Tassen des Tees.

Augenreizung

Die Tränenflüssigkeit enthält antibakteriell wirkende Substanzen und dient der Reinigung sowie Feuchthaltung von Horn- bzw. Bindehaut.

Ist ihre Produktion gestört, wofür schädliche Umweltstoffe, höheres Alter, trockene Luft, Vitamin-A-Mangel, aber auch Bildschirmarbeit oder regelmäßige Anwendung von Augentropfen ursächlich sein können, so leiden wir häufig unter leichten Augenbeschwerden wie Brennen, Tränen oder Fremdkörpergefühl.

Wohltuende Augenbäder mit Kräutertee:

Machen Sie Augenbäder mit lauwarmem Kamillen- oder Fencheltee, die Sie innerhalb von 15 Minuren drei- bis viermal wiederholen.

Bauchschmerzen

Gelegentlich leidet jeder von uns an Bauchschmerzen. Die Ursachen sind mannigfaltig, beispielsweise falsche oder übermäßige Nahrungsaufnahme, Entzündungen oder Koliken. Bei sehr starken und/oder chronischen Schmerzen muss hier unbedingt ein Arzt aufgesucht werden.

Linderung durch eine Mischung aus Pfefferminz- und Kamillentee:

Je 20 Gramm getrocknete Kamillenblüten und Pfefferminzblätter
250 ml kochendes Wasser
Die Kräuter gut miteinander vermischen. 2 Teelöffel der Mischung mit dem kochenden Wasser übergießen, den Tee zugedeckt 10 bis 15 Minuten ziehen lassen, dann abseihen. Trinken Sie den Tee bei Bedarf warm und vor allem ungesüßt.

Bindehautentzündung

Man unterscheidet zwischen einer nicht-infektiösen Bindehautentzündung (verursacht u.a. durch unterschiedliche Reizungen wie Rauch, Staub, Chlor, Wind, Kälte oder Kontaktlinsen), einer infektiösen (Ursachen: Bakterien und Viren) und einer allergischen Bindehautentzündung, an der Pollen schuld sind. Es handelt sich dabei stets um eine Rötung des Augapfels, die mit Brennen, Jucken und einem Fremdkörpergefühl im Auge verbunden ist.

Als Betroffener (und zur Vorbeugung) sollte man die Augen mit einer Brille vor Reizungen schützen und vor allem vor Überanstrengungen bewahren (z.B. bei Arbeiten am Computer, am Mikroskop und ähnlichen Tätigkeiten öfter eine Pause einlegen). Keinesfalls sollte man an den Augen reiben, damit sich die Beschwerden nicht verstärken; bei einer infektiösen Bindehautentzündung besteht zudem die Gefahr, dass man durch Reiben auch das möglicherweise nicht betroffene Auge infiziert.

Augenbad mit Augentrost:

1 Teelöffel getrockneter Augentrost
300 ml kochendes Wasser
Geben Sie den Augentrost in das kochende Wasser, und lassen Sie das Ganze 15 Minuten lang sieden; abkühlen lassen.
Tränken Sie mit dem Sud ein sauberes Tuch, und legen Sie dieses auf das betroffene Auge.
Täglich drei- bis viermal wiederholen. Statt Augentrost können Sie für das Augenbad auch 2 bis 3 Teelöffel Kamillenblüten verwenden.

Blähungen (Meteorismus, Flatulenz)

Blähungen entwickeln sich dadurch, dass man während des Essens Luft verschluckt. Auch Gase, die sich bei der Verdauung im Dickdarm bilden, können die Ursache sein. Manchmal können Blähungen zu krampfartigen, kolikartigen Schmerzen führen. Dann können Tees helfen. Beachten Sie jedoch, dass

Sie die Früchte vor dem Überbrühen leicht quetschen, damit sie ihre wertvollen Inhaltsstoffe abgeben können.

Ein Tee aus Koriander und Kardamom lindert Blähungsbeschwerden:

Je 20 Gramm getrockneter Koriander und Kardamom
1 Tasse heißes Wasser
Die Früchte im Mörser zerstoßen und gut miteinander vermischen. 1 Teelöffel der Mischung mit dem heißen Wasser übergießen, den Tee 10 Minuten ziehen lassen, dann abgießen.
Bei Bedarf den Tee warm trinken.

Bronchialkatarrh (Bronchitis)

Sind die Atemwege zwischen Luftröhre und Lunge entzündet, so spricht man von einer Bronchitis. Die akute Bronchitis sollte nach zwei Wochen abgeklungen sein. Bei der chronischen Bronchitis handelt es sich dagegen um eine ernstere Erkrankung; sie kann mehrere Monate andauern. Die charakteristischen Beschwerden einer akuten Bronchitis sind trockener Husten, weißlicher, gelber oder grüner Auswurf, Fieber, Engegefühl in der Brust und Schmerzen beim tiefen Einatmen. Die chronische Bronchitis äußert sich durch einen länger als drei Monate andauernden Husten und Auswurf. Ausgelöst wird eine Bronchitis meist durch virale Infektionen (akute Bronchitis), wiederholtes Auftreten einer akuten Bronchitis (chronische Bronchitis) und/oder Umweltverschmutzung, Staubexposition und starkes Zigarettenrauchen.

Ein Tee aus Huflattich kann verengte Atemwege wieder erweitern:

1 bis 2 Teelöffel getrockneter Huflattich
1 Tasse kochendes Wasser
Das Kraut für 10 Minuten in das kochende Wasser geben, dann abseihen.
Trinken Sie täglich 3 Tassen des noch heißen Suds.

Depressive Verstimmung

Eine depressive Verstimmung äußert sich meist dadurch, dass man sich niedergeschlagen sowie kraft- und nutzlos fühlt. Manchmal gesellen sich auch körperliche Symptome (beispielsweise Verdauungsstörungen, Kreislaufschwäche) dazu. Häufig wird eine depressive Verstimmung durch länger anhaltende Über-/Unterforderung, berufliche und/oder finanzielle Probleme, familiäre Konflikte, Verlust einer nahestehenden Person und Trauer ausgelöst. Über leichte depressive Verstimmungen können Ihnen Kräutertees hinweghelfen. Falls diese Stimmungszustände jedoch immer wieder vorkommen oder sich verstärken, dann sollten Sie unbedingt einen Arzt aufsuchen. Johanniskraut – ein altes Mittel der Naturheilkunde gegen depressive Verstimmungen – hat sich inzwischen auch in wissenschaftlichen Studien als ein effektives Antidepressivum erwiesen.

Bei leicht gedrückter Stimmung können Sie Johanniskrauttee einsetzen:

2 Teelöffel getrocknetes Johanniskraut
250 ml kochendes Wasser
Das Johanniskraut mit dem kochenden Wasser übergießen,
den Tee 10 Minuten zugedeckt ziehen lassen, dann abseihen.
Trinken Sie täglich 2 bis 3 Tassen des Tees. Führen Sie am besten eine regelrechte Kur mit Johanniskrauttee durch, d.h., trinken Sie über einen Zeitraum von mehreren Monaten täglich einige Tassen Johanniskrauttee.

Ekzeme

Sämtliche entzündlichen Hautveränderungen werden als Ekzeme bezeichnet, die man – je nach ihren Ursachen – in äußerliche und innerliche unterteilt. Erstere treten an jener Hautstelle auf, die in Kontakt mit auslösenden Substanzen (Kosmetika, Chemikalien, Textilien, Metallen usw.) gekommen sind. Sie können auch allergisch bedingt sein. Letztere sind organisch bedingt und treten beispielsweise im Rahmen von Nahrungsmittelallergien oder Neurodermitis auf. Im akuten Zustand ist ein Ekzem charakterisiert durch Schwellung, Rötung, Bläschen- oder Knötchenbildung, Schuppen und Nässen; ihm folgt ein Schorf, der sich trotz evtl. Abkratzens erneut bildet (beim Baby der so genannte Milchschorf, siehe Seite 318). Um Ekzemen vorzubeugen, gilt es in erster Linie, die verursachende Substanz zu ermitteln und dann den Umgang mit ihr zu vermeiden. Auch spezielle Wasch- und Hautschutzcremes dienen der Prophylaxe wie der Behandlung, die man durch Kräutertees unterstützen kann.

Durch die äußerliche Anwendung von Kamille heilen Ekzeme schneller ab:

3 Esslöffel Kamillenblüten
250 ml kochendes Wasser
Die Kamillenblüten mit dem kochenden Wasser überbrühen,
10 Minuten ziehen lassen, dann den Tee abseihen.
Etwas Tee auf einen sauberen Leinenlappen geben und damit
die betroffene Hautstelle betupfen.

Auch ein Aufguss aus Löwenzahn kann bei Ekzemen helfen:

1 Esslöffel getrocknete und geraspelte Löwenzahnwurzel
1 Tasse kochendes Wasser
Die geraspelte Wurzel in das kochende Wasser geben,
10 Minuten ziehen lassen, dann den Tee abseihen.
Trinken Sie täglich bis zu 3 Tassen des Tees. Statt Löwenzahn können Sie auch Klette verwenden.

Erbrechen, Übelkeit

Erbrechen kündigt sich meist durch eine vorausgehende Übelkeit an und hilft dem Körper, sich schnell giftiger oder unver-
träglicher Stoffe zu entledigen. Verantwortlich dafür ist das im
Gehirn angesiedelte Brechzentrum, das beispielsweise durch
Störungen im Magen-Darm-Trakt oder des Gleichgewichts-
sinns (Seekrankheit) aktiviert wird. Ebenso kann Erbrechen
durch psychische Erregung oder Belastung ausgelöst werden.
Zu den häufigsten Ursachen für Übelkeit und Erbrechen gehö-

ren beispielsweise übermäßige Nahrungsaufnahme, zuviel Alkohol, psychische Erregung, Gleichgewichtsstörungen, Infektionen, Schwangerschaft, Migräne, Sonnenstich, Folge einer Vollnarkose, Erkrankungen des Magen-Darm-Trakts. Tees aus Heilkräutern, z.B. Pfefferminze oder Ingwer, können bei Erbrechen und Übelkeit helfen. Sie beruhigen den Magen (Pfefferminze) und lindern die Übelkeit (Ingwer).

Ein Pfefferminztee beruhigt den Magen:

1 Teelöffel getrocknete Pfefferminzblätter
1 Tasse kochendes Wasser
Die Pfefferminzblätter mit dem kochenden Wasser übergießen, den Tee 10 Minuten ziehen lassen, dann abseihen.
Trinken Sie bei Bedarf 1 Tasse Pfefferminztee.

Ingwertee lindert die Übelkeit:

1 Teelöffel getrockneter Ingwer
1 Tasse kochendes Wasser
Den Ingwer mit dem kochenden Wasser aufgießen, den Tee 5 Minuten ziehen lassen, dann abseihen.
Trinken Sie 1 Tasse des noch heißen Tees.

Erkältung

Husten, Schnupfen, Heiserkeit sind typische Symptome einer Erkältung, die wohl einen jeden von uns zumindest einmal jährlich heimsucht. Mit einem intakten Immunsystem können Sie Erkältungen vorbeugen. Deshalb sollte die Stärkung des

Immunsystems an erster Stelle stehen. Hier einige Ratschläge, damit sich eine eigentlich harmlose Erkältung nicht verschlimmert:

▶ Sich warm halten, aber nicht schwitzen (Ausnahme: eine Schwitzkur mit heißem Tee und Bettruhe);
▶ sich bei Fieber ins Bett legen;
▶ ausreichend trinken.

Holunderblüten wirken schweißtreibend und fördern die Schleimproduktion:

2 Teelöffel getrocknete Holunderblüten
1 Tasse kochendes Wasser
Die Holunderblüten mit dem kochenden Wasser übergießen, den Tee sofort abseihen.
Trinken Sie mehrmals täglich 1 Tasse des Tees.

Auch Lindenblüten wirken schweißtreibend:

1 Teelöffel getrocknete Lindenblüten
1 Tasse heißes Wasser
Die Lindenblüten mit dem kochenden Wasser übergießen, den Tee 15 Minuten ziehen lassen, dann abseihen.
Trinken Sie mehrmals täglich 1 Tasse des Tees.

Tüchtig zum Schwitzen bringt Sie folgende Teemischung:

30 Gramm getrocknete Anisfrüchte
40 Gramm getrocknete Lindenblüten
5 Gramm getrocknete Malvenblüten

25 Gramm getrocknetes Thymiankraut
1 Tasse kochendes Wasser
Die Trockenzutaten gut miteinander vermischen. 2 Teelöffel
der Mischung mit dem kochenden Wasser aufgießen, den Tee
10 Minuten ziehen lassen, dann abseihen.
Trinken Sie täglich mehrere Tassen des Tees in kleinen Schlucken.

Grüner Tee lindert rasch Halsschmerzen:

2 gehäufte Teelöffel grüner Tee
1 Tasse heißes, nicht mehr kochendes Wasser
Die Teeblätter mit dem heißen Wasser übergießen, den Tee
10 Minuten ziehen lassen, dann abseihen und auf eine angenehme Temperatur abkühlen lassen.
Gurgeln Sie mehrmals täglich mit grünem Tee, der wegen seiner abschwellenden und entzündungshemmenden Inhaltsstoffe wie Vitamin C, Gerbstoffe und Flavonoide rasch Halsschmerzen lindert.

Den Hustenreiz lindert folgende Kräutermischung:

Je 20 Gramm getrocknete Anisfrüchte, Eibischwurzel, Isländisch Moos und Spitzwegerichkraut
1 Tasse kochendes Wasser
Die Trockenzutaten gut miteinander vermischen. 2 Teelöffel
der Mischung mit dem kochenden Wasser aufgießen, den Tee
20 Minuten ziehen lassen, dann abseihen.
Trinken Sie täglich 3 bis 4 Tassen des heißen Tees.

Diese Mischung lindert den Hustenreiz und löst fest sitzenden Husten:

Je 20 Gramm getrocknete Eibischwurzel, Isländisch Moos und Süßholzwurzel
1 Tasse kochendes Wasser
Die Trockenzutaten gut miteinander vermischen. 2 Teelöffel der Mischung mit dem kochenden Wasser aufgießen, den Tee 10 bis 15 Minuten ziehen lassen, dann abseihen.
Trinken Sie täglich 3 Tassen des heißen Tees in kleinen Schlucken.

Schleimlösend wirkt folgende Heilmischung, die zusätzlich auch den Schleimauswurf fördert:

10 Gramm getrocknete Hagebutten (Kerne entfernen!)
15 Gramm getrocknetes Isländisch Moos
15 Gramm getrocknete Spitzwegerichblätter
30 Gramm getrocknete Süßholzwurzel
1 Tasse kaltes Wasser
Die Trockenzutaten gut miteinander vermischen. 1 Teelöffel der Mischung mit dem kalten Wasser 5 Minuten bis zum Sieden erhitzen. Den Tee auf eine angenehme Trinktemperatur abkühlen lassen und abgießen.
Trinken Sie jeweils 1 Tasse des Tees nach den Mahlzeiten.

Heilteemischungen gegen Beschwerden **301**

Gegen chronischen Husten hat sich die folgende Heilkräutermischung bewährt:

20 Gramm getrocknete Alantwurzel, Eibischwurzel, Lungen-
kraut, Süßholz- und Veilchenwurzel
2 Tassen kaltes Wasser
Die Trockenzutaten gut miteinander vermischen. 2 Teelöffel
der Mischung mit dem kalten Wasser ansetzen, den Tee
4 Stunden ziehen lassen, dann abseihen. Die Hälfte des Tees
bei geringer Hitze 10 Minuten kochen lassen, anschließend
mit der anderen kalten Teehälfte zusammenschütten.
Trinken Sie über einen Zeitraum von zwei Wochen täglich
2 bis 3 Tassen des Tees.

Bei krampfartigem Husten hilft die folgende stark krampflösende Mischung:

Je 20 Gramm getrocknete Anisfrüchte, Mannstreukraut,
Sonnentaukraut und Thymiankraut
1 Tasse kochendes Wasser
Die Trockenzutaten gut miteinander vermischen. 1 Teelöffel
der Mischung mit dem kochenden Wasser aufgießen, den Tee
20 Minuten ziehen lassen, dann abseihen.
Trinken Sie täglich mehrere Tassen des Tees.

Hilfreich bei allergischem Asthma ist diese Teemischung:

15 Gramm getrocknetes Beifußkraut
15 Gramm getrocknete Eukalyptusblätter
5 Gramm getrocknete Weißdornblüten

20 Gramm getrocknetes Ysopkraut
1 Tasse kochendes Wasser
Die Trockenzutaten gut miteinander vermischen. 2 Teelöffel
der Mischung mit dem kochenden Wasser aufgießen, den Tee
5 bis 10 Minuten ziehen lassen, dann abseihen.
Trinken Sie zwischen den Mahlzeiten jeweils 1 Tasse des Tees.

Für eine Schwitzkur eignet sich folgende Teemischung:

Je 20 Gramm getrocknete Holunder- und Lindenblüten
1 Tasse kochendes Wasser
Die Blüten gut miteinander vermischen. 2 Teelöffel der
Mischung mit dem kochenden Wasser aufgießen, den Tee
10 bis 15 Minuten ziehen lassen, dann abgießen. Bei Bedarf
mit Honig süßen.
Trinken Sie 1 Tasse des Tees, legen Sie sich gut zugedeckt ins
Bett, und schwitzen Sie tüchtig!

Die folgende Teemischung fördert nicht nur das Schwitzen, sondern senkt auch das Fieber:

30 Gramm getrocknete Holunderblüten
10 Gramm getrocknete Malvenblüten
Je 25 Gramm getrocknetes Thymiankraut und Weidenrinde
1 Tasse siedendes Wasser
Die Kräuter gut miteinander vermischen. 1 Esslöffel der
Mischung mit dem siedenden Wasser übergießen, den Tee
10 Minuten ziehen lassen, dann abseihen.
Trinken Sie mehrmals täglich 1 Tasse des frisch aufgebrühten warmen oder heißen Tees.

Heilteemischungen gegen Beschwerden 303

Bei Kopf- und Gliederschmerzen hilft die folgende Mischung:

10 Gramm getrocknete Hagebutten (Kerne entfernen!)
Je 30 Gramm getrocknete Holunder- und Lindenblüten
10 Gramm getrocknetes Mädesüßkraut
20 Gramm getrocknete Weidenrinde
1 Tassen kochendes Wasser
Die Trockenzutaten gut miteinander vermischen. 2 Teelöffel
der Mischung mit dem kochenden Wasser aufgießen, den Tee
10 bis 15 Minuten ziehen lassen, dann abseihen. Bei Bedarf
mit Honig süßen.
Trinken Sie jeweils 1 Tasse des Tees nach den Mahlzeiten.

Auch ein Efeutee hilft gegen Erkältungsbeschwerden:

1 gehäufter Teelöffel getrocknete Efeublätter
250 ml kochendes Wasser
Die Efeublätter mit dem kochenden Wasser übergießen, den
Tee 10 Minuten ziehen lassen, dann abseihen. Bei Bedarf mit
Honig süßen.
Trinken Sie mehrmals täglich 1 Tasse des Efeutees.

Ein Tee aus Kiefernnadeln löst festsitzenden Schleim:

1 Teelöffel getrocknete Kiefernnadeln
1 Tasse kochendes Wasser
Die Kiefernnadeln mit dem kochenden Wasser übergießen,
den Tee abgedeckt 5 Minuten ziehen lassen, dann abseihen.
Trinken Sie täglich mehrere Tassen des Tees.

Fieber

Fieber ist im Grunde genommen keine eigentliche Erkrankung für sich, sondern ein Symptom anderer Krankheiten bzw. Beschwerden, beispielsweise von Erkältung, Grippe, Bronchitis, Nieren- und Blaseninfektionen, Blutvergiftung, Zahnschmerzen, Magen-Darm-Infekten oder verschiedenen Säuglings- bzw. Kleinkinderkrankheiten. Insgesamt ist Fieber ein deutliches Anzeichen dafür, dass der Organismus heftig damit beschäftigt ist, sich gegen eingedrungene Keime wie Viren oder Bakterien zu wehren, sie zu bekämpfen und abzutöten. Dabei entstehen bestimmte Stoffe, die unsere Körpertemperatur derart erhöhen, dass die Keime keine Überlebenschance mehr haben.

Fieber besitzt also eine gesundende Wirkung, und deshalb sollte es man in seiner leichteren Form (außer bei Kindern oder alten bzw. geschwächten Menschen) in keiner Weise – womit auch immer – bekämpfen. Bei leichtem Fieber reichen Bettruhe und verstärktes Trinken völlig aus, um den Körper zu schonen und den Flüssigkeitsverlust durchs Schwitzen wieder auszugleichen. Behandelt werden sollte Fieber dagegen bei Temperaturen ab 38,5 °C, und zwar am besten mit Mitteln der Naturheilkunde.

Grüner Tee stärkt das Immunsystem:

Die Gerbstoffe des grünen Tees unterstützen die Bakterienabwehr, und sein hoher Gehalt an Vitamin C stärkt das Immunsystem. Kalt getrunken, stellt er eine als wohltuend empfundene Auffüllung unseres Flüssigkeitsreservoirs dar. Kalte Wadenwickel mit ihm sind das wohl älteste Hausmittel zur Fiebersenkung.

Holunderblüten wirken schweißtreibend und stärken so die Abwehrkräfte:

2 Teelöffel getrocknete Holunderblüten
1 Tasse kochendes Wasser
Die Holunderblüten mit dem kochenden Wasser übergießen
und den Tee sofort abseihen.
Trinken Sie mehrmals täglich jeweils 1 Tasse des heißen Tees.

Kamillentee dämpft Entzündungen:

1 gehäufter Esslöffel Kamillenblüten
1 große Tasse heißes Wasser
Die Kamillenblüten mit dem heißen Wasser übergießen und
zugedeckt (damit sich die wertvollen ätherischen Öle nicht
verflüchtigen können) 10 Minuten ziehen lassen, dann absei-
hen.
Trinken Sie täglich 3 bis 4 Tassen dieses Tees, mit dem Sie gleichzeitig Ihren Flüssigkeitshaushalt wieder normalisieren können. Zur Zubereitung für Kinder reicht 1/2 Esslöffel Kamillenblüten.

Ein Tee aus Lindenblüten wirkt schweißtreibend und damit fiebersenkend:

1 Teelöffel getrocknete Lindenblüten
1 Tasse heißes Wasser
Übergießen Sie die Lindenblüten mit dem heißen Wasser,
lassen Sie den Tee 15 Minuten ziehen, und seihen Sie ihn
dann ab.

> Trinken Sie mehrmals täglich jeweils 1 Tasse dieses Tees, der sich auch besonders gut für Kinder eignet.

Gallenbeschwerden

Unsere Nahrungsfette werden von Säuren, die in der Gallen-flüssigkeit enthalten sind, so weit abgebaut, dass sie von der Dünndarmschleimhaut aufgenommen werden und so ins Blut gelangen können. Die von der Leber produzierte Flüssigkeit wird in der Gallenblase zwischengelagert, die sich beim Ver-dauungsvorgang zusammenzieht und so die benötigte Gallen-flüssigkeit in den Darm presst. Wird zu wenig Flüssigkeit pro-duziert oder reicht sie nach einer besonders fettreichen Mahl-zeit nicht aus, kommt es zu Gallenbeschwerden in Form von Schmerzen im rechten Oberbauch.

Treten die gefürchteten, weil sehr schmerzhaften Koliken auf, sind in aller Regel Gallensteine die Ursache dafür, die unbe-dingt in ärztliche Behandlung gehören. Diese können Sie mit Hausmitteln unterstützen, und leichtere Beschwerden lassen sich direkt bekämpfen.

Ein Tee aus frischer Löwenzahnwurzel reguliert den Gallenfluss:

> *2 Teelöffel frische Löwenzahnwurzel samt Kraut*
> *1/4 Liter kochendes Wasser*
> *Wurzel und Kraut 1 Minute lang in dem Wasser aufkochen, den Tee 10 Minuten ziehen lassen, dann abseihen.*
> Trinken Sie täglich 2 Tassen des ungesüßten Tees.

Harnwegsentzündungen

Harnwegsentzündungen – unter denen Frauen übrigens deutlich häufiger leiden als Männer – werden meist bakteriell verursacht. Hier gilt es vor allem, die Bakterien abzutöten sowie Nieren und Blase gut durchzuspülen.
Teemischungen aus Heilpflanzen können diese beiden Aufgaben sehr gut erfüllen.

Um die Ausbreitung der Entzündung zu verhindern, sollten Sie sich folgende Teemischung zubereiten:

Je 20 Gramm getrocknete Bärentraubenblätter, Bruchkraut und Buccoblätter
1 Tasse kaltes Wasser
Die Kräuter gut miteinander vermischen. 2 Teelöffel der Mischung mit dem kalten Wasser ansetzen, den Tee 30 Minuten ziehen lassen, dann bis zum Sieden erhitzen und abseihen.
Trinken Sie 1 Woche lang täglich 2 Tassen des Tees.

Bei einer chronischen Blasenentzündung hilft folgende Teemischung:

20 Gramm getrocknete Bärentraubenblätter, Birkenblätter und Löwenzahnwurzel samt Kraut
1 Tasse kochendes Wasser
Die Kräuter gut miteinander vermischen. 1 Teelöffel der Mischung mit dem kochenden Wasser aufgießen, den Tee 10 Minuten ziehen lassen, dann abgießen.
Trinken Sie über einen Zeitraum von zwei Wochen hinweg täglich 2 Tassen des Tees.

Zum Durchspülen von Nieren und Blase eignet sich die folgende Teemischung:

Je 20 Gramm getrocknete Birken-, Brennnessel-, und Rosmarinblätter
Je 20 Gramm getrocknete Hagebutten (Kerne entfernen!), gequetschte Wacholderbeeren und Zinnkraut
1 Tasse kochendes Wasser
Die Trockenzutaten gut miteinander vermischen. 1 Teelöffel der Mischung mit dem kochenden Wasser aufgießen, den Tee 10 bis 15 Minuten ziehen lassen, dann abseihen.
Trinken Sie 2 Wochen lang jeden Tag 2 Tassen des Tees.

Wassertreibend wirkt dieser Heilkräutertee:

20 Gramm getrocknete Bärentraubenblätter
Je 15 Gramm getrocknetes Bruchkraut, Buccoblätter und Hohlzahnkraut
Je 10 Gramm getrocknetes Stiefmütterchenkraut und weiße Taubnesselblüten
15 Gramm getrocknete gequetschte Wacholderbeeren
1 Tasse kochendes Wasser
Die Trockenzutaten gut miteinander vermischen. 1 bis 2 Teelöffel der Mischung mit dem kochenden Wasser aufgießen, den Tee 10 bis 15 Minuten ziehen lassen, dann abseihen.
Trinken Sie zwei Wochen lang täglich 2 Tassen des Tees.

Ein Tee aus Bärentraubenblättern desinfiziert die Harnwege und hemmt die Vermehrung der Bakterien im Urin:

2 Teelöffel getrocknete Bärentraubenblätter
1 Tasse kaltes Wasser
Die Blätter mit dem kalten Wasser ansetzen, den Tee 2 bis
3 Stunden ziehen lassen, dann abseihen. Den Tee kurz vor
dem Trinken erhitzen.
Trinken Sie täglich 3 bis 5 Tassen des Tees.

Goldrute regt die Nierenfunktion an, lindert Blasen-
krämpfe und so die typischen Schmerzen beim Wasserlassen:

2 Teelöffel getrocknete Goldrute
1 Tasse kaltes Wasser.
Das Kraut im kalten Wasser ansetzen, den Tee kurz auf-
kochen, 10 Minuten ziehen lassen und dann abseihen.
Trinken Sie täglich 3 bis 5 Tassen des Tees.

Herz-/Kreislaufbeschwerden

Zu hoher Blutdruck, Gefäßverkalkung und Kreislaufprobleme
gehören heute zu den häufigsten Erkrankungen. Auch hier
können Sie mit Mischungen aus Heilkräutern gute Erfolge er-
zielen. Besprechen Sie sich jedoch vorher mit Ihrem Arzt, und
setzen Sie auf keinen Fall vom Arzt verschriebene Medikamenten auf eigene Faust ab.

Ein klassischer Herztee besteht aus folgenden Zutaten:

20 Gramm getrocknetes Mistelkraut
20 Gramm getrocknete Weißdornblätter und -blüten
1 Tasse kochendes Wasser
Die Kräuter gut miteinander vermischen. 1 bis 2 Teelöffel
der Mischung mit dem kochenden Wasser aufgießen, den Tee
10 bis 15 Minuten ziehen lassen, dann abseihen.
Trinken Sie über einen Zeitraum von acht Wochen morgens
und abends jeweils 1 Tasse des Herztees, dann pausieren Sie
vier Wochen. Danach können Sie die Kur bei Bedarf wieder-
holen.

Das Herz wird durch folgende Teemischung gekräftigt:

Je 20 Gramm getrocknete Rautenblätter, Salbeiblätter und
Weißdornblüten
1 Tasse kochendes Wasser
Die Kräuter gut miteinander vermischen. 2 Teelöffel der
Mischung mit dem kochenden Wasser aufgießen, den Tee
10 bis 15 Minuten ziehen lassen, dann abseihen.
Trinken Sie über einen Zeitraum von vier Wochen täglich
2 Tassen des Herztees, dann pausieren Sie zwei Wochen. Da-
nach können Sie die Kur wiederholen.

Gegen einen leicht erhöhten Blutdruck wirkt dieser Tee:

Je 20 Gramm getrocknete Melissenblätter und Mistelkraut
20 Gramm getrocknete Weißdornblätter und -blüten
1 Tasse kochendes Wasser

Die Kräuter gut miteinander vermischen. 2 Teelöffel der
Mischung mit dem kochenden Wasser aufgießen, den Tee
10 Minuten ziehen lassen, dann abseihen.
Trinken Sie über einen Zeitraum von vier Wochen morgens
und abends jeweils 1 Tasse des Tees, dann pausieren Sie zwei
Wochen. Die Kur wiederholen, bis der Blutdruck stabil ist.

Kopfschmerz

Wir alle leiden – gelegentlich oder auch häufiger – unter Kopfschmerzen. Verursacht werden sie beispielsweise durch Stress
jeder Art, allgemeine Erschöpfung, Verspannungen der Schul-
ter- und Nackenmuskulatur, Überanstrengung der Augen, Verkrampfungen der Blutgefäßmuskulatur (Migräne) oder auch
Gehirnerschütterung, Hirnhautentzündungen und Tumoren.
Meist sind die Ursachen harmlos, und Kräutertees können die
Schmerzen lindern oder sogar beseitigen. Wenn Ihre Kopfschmerzen jedoch öfter auftreten oder heftiger werden, sollten
Sie unbedingt einen Arzt aufsuchen.

Bereiten Sie sich einen Tee aus Hopfen, Baldrian,
Lavendel, Melisse und Johanniskraut zu:

20 Gramm getrockneter Hopfen, Baldrian, Lavendelblüten,
Melisseblätter und Johanniskraut
1 Tasse kochendes Wasser
Die Kräuter gut miteinander vermischen. 1 Teelöffel dieser
Mischung mit dem kochenden Wasser übergießen, den Tee
10 Minuten ziehen lassen, dann abseihen.

> Trinken Sie 1 Tasse des Tees. Gönnen Sie sich dabei 15 Minuten absolute Ruhe in einem abgedunkelten Raum.

Magenbeschwerden

Magenbeschwerden äußern sich als Magendrücken, Blähungen, Völlegefühl, Sodbrennen, Übelkeit, Erbrechen, Appetitlosigkeit, Magenkrämpfe sowie Mundtrockenheit. Zu den häufigsten Ursachen gehören übermäßiger Alkohol, Kaffee- oder Nikotingenuss, Stress, psychische Belastung, ungesunde Ernährung, hastiges Essen, zu kalte, zu heiße oder zu stark gewürzte Speisen, bestimmte Arzneimittel (beispielsweise Acetylsalicylsäure), Magenerkrankungen oder Lebensmittelunverträglichkeiten.

Sie können Magenbeschwerden vorbeugen, indem Sie auf eine gesunde und ausgewogene Ernährung achten, also fette und kalorienreiche Lebensmittel meiden. Essen Sie viel Gemüse, Früchte und Vollkornprodukte. Essen Sie langsam, und kauen Sie die Speisen ausreichend lange. Meiden Sie Alkohol, Koffein und Nikotin.

Kamillentee leistet bei Magenbeschwerden gute Dienste:

1 gehäufter Esslöffel getrocknete Kamillenblüten
1 Tasse heißes Wasser
Die Blüten mit dem heißen Wasser übergießen, den Tee zugedeckt 10 Minuten ziehen lassen, dann abseihen.
Trinken Sie bei Bedarf 2 Tassen des Tees.

Magengeschwür

Typisch für ein Magengeschwür sind Schmerzen im linken Oberbauchbereich. Sie treten meist unmittelbar nach den Mahlzeiten auf. Weitere Beschwerden sind Appetitlosigkeit, Sodbrennen, Übelkeit und manchmal auch Erbrechen.
Verantwortlich für ein Magengeschwür ist eine zu starke Magensäureproduktion, die das Gleichgewicht zwischen der aggressiven Magensäure und den Schutzfaktoren an der Schleimhaut stört. Die Magensäureproduktion wird beispielsweise durch psychische Belastungen, Stress, Alkohol- und/oder Nikotinmissbrauch, Kaffee, schwarzen Tee, einige Medikamente oder chronische Magenentzündung erhöht.

Kamillentee beruhigt den Magen:

1 gehäufter Esslöffel getrocknete Kamillenblüten
1 Tasse heißes Wasser
Die Blüten mit dem heißen Wasser übergießen, den Tee zugedeckt 10 Minuten ziehen lassen, dann abseihen.
Trinken Sie bei Bedarf 2 Tassen des Tees.

Magenschleimhautentzündung (Gastritis)

Eine Schleimschicht schützt die Magenschleimhaut vor aggressiven Stoffen, beispielsweise der Magensäure. Wird diese Schleimschicht beschädigt, kommt es zu einer Entzündung, die akut oder chronisch verlaufen kann. Zu den charakteristischen Symptomen einer Magenschleimhautentzündung gehören beispielsweise plötzlich auftretende starke Magenschmerzen oder -krämpfe, Völlegefühl, Übelkeit, Erbrechen, allgemeine Schwäche mit Kopfschmerzen.

Ein Eibischtee wirkt reizlindernd:

1 Esslöffel zerkleinerte getrocknete Eibischwurzel
1 Tasse kochendes Wasser
Die Wurzel mit dem kochenden Wasser übergießen, den Tee
1 bis 2 Stunden ziehen lassen, dabei mehrmals umrühren. Ihn
abseihen und kurz aufkochen.
Trinken Sie täglich 3 Tassen.

Fencheltee hilft bei allen Magenerkrankungen:

1 gehäufter Teelöffel zerdrückte getrocknete Fenchelfrüchte
250 ml kochendes Wasser
Die Früchte mit dem kochenden Wasser aufgießen, den Tee
10 Minuten ziehen lassen, dann abseihen.
Trinken Sie jeweils 1 Tasse Tee nach den Mahlzeiten. Da er sehr mild ist, eignet er sich auch für Kinder und Säuglinge.

Kamillentee hilft der angegriffenen Magenschleimhaut:

1 gehäufter Esslöffel getrocknete Kamillenblüten
1 Tasse heißes Wasser
Die Blüten mit dem heißen Wasser übergießen, den Tee zugedeckt 10 Minuten ziehen lassen, dann abseihen.
Trinken Sie bei Bedarf 2 Tassen des Tees.

Heilteemischungen gegen Beschwerden **315**

Ein Tee aus Süßholzwurzel beruhigt den Magen:

1/2 Teelöffel fein geschnittene getrocknete Süßholzwurzel
1 Tasse kaltes Wasser
Die Wurzel mit dem kalten Wasser ansetzen, den Tee kurz
aufkochen, dann nach 15 Minuten abseihen.
Trinken Sie täglich 3 bis 4 Tassen des Tees, jedoch nicht länger als zwei Wochen.

Menstruationsbeschwerden

Viele Frauen leiden kurz vor oder während der Regelblutung unter krampfartigen Schmerzen. Verursacht werden diese durch die Überproduktion einer hormonähnlichen Substanz, des Prostaglandins. Sie veranlasst die Gebärmuttermuskulatur, sich – ähnlich wie beim und während des Geburtsvorgangs – zu kontrahieren. Leichtere Menstruationsbeschwerden können mit Tees oder Teemischungen aus Heilkräutern erfolgreich behandelt werden.

Kamillentee lindert krampfartige Schmerzen während der Menstruation:

3 Teelöffel getrocknete Kamillenblüten
1 Tasse kochendes Wasser
Die Blüten mit dem kochenden Wasser übergießen, den Tee
15 Minuten ziehen lassen, dann abseihen.
Trinken Sie täglich 3 Tassen des Tees.

**Ein Schafgarbentee verringert starke Menstruations-
blutungen:**

*1 Teelöffel getrocknetes Schafgarbenkraut
1 Tasse kochendes Wasser
Das Kraut mit dem kochenden Wasser übergießen, den Tee
10 Minuten ziehen lassen, dann abseihen.
Trinken Sie während der Menstruation täglich 2 Tassen.*

Diese Teemischung lindert Schmerzen und Krämpfe:

*Je 20 Gramm getrocknetes Gänsefingerkraut, getrocknete
Melisse- und Pfefferminzblätter
1 Tasse kochendes Wasser
Die Kräuter gut miteinander vermischen. 2 Teelöffel der
Mischung mit dem kochenden Wasser aufgießen, den Tee
10 bis 15 Minuten ziehen lassen, dann abseihen.
Trinken Sie bei Bedarf 1 bis 2 Tassen des Tees in kleinen Schlu-
cken.*

**Bei sehr starker Monatsblutung sollten Sie den
folgenden Tee trinken:**

*Je 20 Gramm getrocknetes Ackerschachtelhalmkraut,
Eichenrinde, Hirtentäschelkraut und Schafgarbenkraut
1 Tasse kochendes Wasser
Die Kräuter gut miteinander vermischen. 2 Teelöffel der
Mischung mit dem kochenden Wasser aufgießen, den Tee
20 Minuten ziehen lassen, dann abseihen.
Trinken Sie bereits drei Tage vor Einsetzen der Regelblutung
bis zu deren Ende täglich 2 Tassen des Tees.*

Heilteemischungen gegen Beschwerden **317**

Migräne

Diese anfallsartigen, starken, pulsierenden, oft halbseitig auftretenden Kopfschmerzen sind häufig von Übelkeit und Erbrechen, von Licht- und Lärmempfindlichkeit sowie von Flimmern vor den Augen begleitet. Unter Migräneanfällen, die bis zu mehreren Tagen dauern können, leiden überwiegend Frauen, oft helfen nur konsequente Bettruhe und totale Abschirmung von allen äußeren Einflüssen. Unterstützend sollte man Heiltees einsetzen.

Gänsefingerkrauttee mit guter krampflösender Wirkung:

1 Teelöffel getrocknetes Gänsefingerkraut
1 Tasse heißes Wasser
Das Kraut mit dem heißen Wasser übergießen, den Tee 5 bis 10 Minuten ziehen lassen und dann abseihen.
Trinken Sie täglich 2 Tassen des Tees in kleinen Schlucken. Er wird hauptsächlich dann eingesetzt, wenn die Migräne durch Verkrampfung der Hirngefäße ausgelöst wurde.

Entspannender Lavendelblütentee:

1 Teelöffel getrocknete Lavendelblüten
1 Tasse heißes Wasser
Die Lavendelblüten mit dem heißen Wasser übergießen, den Tee 2 bis 3 Minuten ziehen lassen und unmittelbar nach dem Abseihen trinken.
Trinken Sie täglich bis zu 3 Tassen des Tees, der sich vorzüglich dann eignet, wenn nervöse Störungen die Migräne hervorgerufen haben.

Milchschorf

Hierbei handelt es sich um eine besondere Form des Ekzems (siehe Seite 295) bei Babys, die meist in den ersten Lebensmonaten auftritt, und zwar in Form von gelblichen oder bräunlichen fetten Schuppen, die entweder den gesamten Kopf bedecken oder einzeln vorkommen können. Namensgebende Ursache des Schorfs ist, dass das Baby nicht die Milch verträgt, also eine Nahrungsmittelallergie. Da Medikamente das Baby zu stark belasten würden, muss eine entsprechende Behandlung entfallen, doch steht eine vorzügliche Alternative auf Pflanzenbasis zur Verfügung.

Stiefmütterchentee im Fläschchen:

1 gehäufter Teelöffel Stiefmütterchenkraut
250 ml ungechlortes kochendes Wasser
Das Kraut in das kochende Wasser geben, den Tee 10 bis 15 Minuten ziehen lassen und durch ein sauberes Tuch abseihen.
Verwenden Sie diesen Tee als Grundlage für alle Zubereitungen der Flaschenkost.

Prämenstruelles Syndrom

Rund 40 Prozent der Frauen leiden an den Tagen vor Beginn der Regelblutung unter körperlichen und meist auch psychischen Beschwerden, die mit der Blutung wieder verschwinden. Dieses Phänomen wird als Prämenstruelles Syndrom (PMS) bezeichnet und tritt regelmäßig oder auch nur gelegentlich auf.

Die für das PMS typischen körperlichen Beschwerden sind ziehende Schmerzen im Unterleib, Rückenschmerzen, Spannungsgefühl in den Brüsten, Wassereinlagerungen, Verstopfung und Völlegefühl, Heißhunger auf Süßes oder Salziges sowie Kopfschmerzen und Übelkeit. Deutlich belastender wirken sich jedoch die psychischen Symptome aus, beispielsweise Reizbarkeit, innere Unruhe, Nervosität, extreme Stimmungsschwankungen, depressive Verstimmung, Schlafstörungen und Konzentrationsprobleme.

Ein Tee aus Birkenblättern und anderen Kräutern lindert die Beschwerden:

10 Gramm getrocknete Birkenblätter
20 Gramm getrocknete, samenfreie Gartenbohnenhülsen
Je 5 Gramm getrockneter Schachtelhalm, Schafgarbe und Kamillenblüten
250 ml kaltes Wasser
Vermischen Sie die Kräuter gut miteinander. 2 Teelöffel dieser Mischung mit dem kalten Wasser ansetzen, den Ansatz zum Kochen bringen, den Tee abseihen.
Trinken Sie täglich 2 bis 3 Tassen des Tees.

Prostatabeschwerden

Ungefähr jeder zweite Mann über 50 leidet an einer gutartigen Vergrößerung der Prostata (Vorsteherdrüse). Das Organ kann dabei das Fünf- bis Zehnfache des normalen Gewichts erreichen, d.h. etwa 100 bis 200 Gramm. Die Symptome dieser als »benigne Prostatahyperplasie« bezeichneten Erkrankung sind verstärkter Harndrang mit abnehmendem Wasserstrahl und

Nachtröpfeln beim Wasserlassen. Die Stärke der Beschwerden schwankt individuell. Kräutertees können hier als unterstützende Maßnahme zur medikamentösen Behandlung eingesetzt werden.

Schon seit vielen hundert Jahren ist der Brennnesseltee als wassertreibendes Mittel bekannt:

2 Teelöffel getrocknete Brennnesselblätter
250 ml kochendes Wasser
Die Blätter mit dem kochenden Wasser übergießen, den Tee
10 Minuten ziehen lassen, dann abseihen.
Trinken Sie 3 bis 4 Wochen lang täglich 2 Tassen des ungesüßten Tees.

Auch diese Teemischung eignet sich zur unterstützenden Behandlung:

10 Gramm getrocknete Ginsengwurzel
15 Gramm getrocknetes Goldrutenkraut
Je 30 Gramm getrocknete Hagebutten (Kerne entfernen!) und
Kürbissamen
15 Gramm getrocknete Pappelknospen
500 ml kaltes Wasser
Die Trockenzutaten gut miteinander vermischen. 1 Teelöffel
der Mischung mit dem kalten Wasser langsam zum Kochen
bringen, dann 5 Minuten ziehen lassen. Den Tee leicht abkühlen lassen und abgießen.
Machen Sie mit diesem Tee ein Kur, und trinken Sie sechs Wochen lang täglich 2 Tassen des Tees, jedoch nicht abends.

Schlafstörungen

Ungefähr die Hälfte aller Erwachsenen leidet zumindest gelegentlich unter Schlafstörungen. Sie können abends nicht einschlafen (Einschlafstörungen), wachen morgens zu früh auf oder können nachts nicht wieder einschlafen (Durchschlafstörungen). Sie fühlen sich morgens nicht ausgeruht. Auch eine beeinträchtigte Schlafqualität in Form der für die Erholung während der Nacht notwendigen Tiefschlafphasen wird zu selten oder gar nicht erreicht. Die häufigste Ursache für Schlafstörungen ist eine zu starke psychische Belastung. Aber auch Herzbeschwerden, Bluthochdruck, Asthma, Schnarchen, Schmerzen, bestimmte Medikamente (beispielsweise Betablocker, Hormonpräparate), zu schwere Mahlzeiten kurz vor dem Zubettgehen, Depressionen, Reisen in andere Zeitzonen, Lärm, Licht, schlechte Luft, zu starker Alkohol- oder Kaffeekonsum und Schichtarbeit können Schlafstörungen auslösen.

Ein Kamillentee am Abend wirkt ungemein beruhigend:

1 Teelöffel getrocknete Kamillenblüten
1 Tasse kochendes Wasser
Die Blüten mit dem kochenden Wasser übergießen, den Tee
10 Minuten ziehen lassen, dann abseihen.
Trinken Sie den Tee vor dem Zubettgehen.

Baldrian beruhigt die Nerven und hilft demzufolge bei Schlafstörungen:

2 Teelöffel getrocknete gehackte Baldrianwurzel
1 Tasse kochendes Wasser

Die Wurzel mit dem kochenden Wasser übergießen, den Tee 8 Stunden ziehen lassen, dann abseihen.
Trinken Sie den aufgewärmten Tee, bevor Sie zu Bett gehen.

Ähnlich wie Baldrian- führt auch Hopfentee zu erholsamem Schlaf:

2 Teelöffel getrocknete Hopfenblüten
1 Tasse kochendes Wasser
Die Blüten mit dem kochenden Wasser übergießen, den Tee 10 Minuten ziehen lassen, dann abseihen.
Trinken Sie mittags und abends jeweils 1 Tasse Tee.

Sodbrennen

Nach einem reichhaltigen und sehr fetten Mahl, das der Magen nur durch die Produktion großer Mengen Magensäure verdauen kann, aber auch nach übermäßigem Genuss von Zigaretten, Kaffee, schwarzem Tee und Süßigkeiten, aufgrund seelischer Probleme sowie Erkrankungen des Magen-Darm-Trakts und Übergewicht stellt sich oft Sodbrennen ein. Es wird durch den Rückfluss der Magensäure in Richtung Rachen- und Mundbereich verursacht.

Besonders die Wurzel des Gelben Enzians reduziert die Säureproduktion im Magen:

1 Teelöffel klein geschnittene, getrocknete Gelbe Enzianwurzel
1 Tasse kochendes Wasser
Die Wurzel mit dem kochenden Wasser übergießen, den Tee
3 Minuten ziehen lassen, dann abseihen.
Den Tee jeweils nach dem Essen trinken. Er eignet sich nicht für Schwangere und Bluthochdruckpatienten.

Wechseljahresbeschwerden

Während der Wechseljahre kommt es zu einer hormonellen Umstellung: Die Eierstöcke stellen allmählich ihre Funktion und damit die Produktion von Östrogen ein. Die typischen Beschwerden während der Wechseljahre, unter denen übrigens 50 Prozent der Frauen leiden, sind Reizbarkeit, Depressionen, Hitzewallungen, Schweißausbrüche, Kopfschmerzen und nervöse Herzbeschwerden.

Gegen die während der Wechseljahre auftretenden Hitzewallungen hilft Salbeitee:

2 Teelöffel getrocknete Salbeiblätter
1 Tasse heißes Wasser
Die Blätter mit dem heißen Wasser übergießen, den Tee 5 Minuten ziehen lassen, dann abseihen.
Trinken Sie täglich 2 Tassen Salbeitee.

Früchtetees

Selbstverständlich eignen sich nicht nur Kräuter, sondern auch die verschiedensten Früchte für wohlschmeckende und auch heilende Teeaufgüsse. Manchmal verleiht die Frucht allein dem Tee das charakteristische fruchtige Aroma; andere Früchte eignen sich dagegen mehr zum Mischen mit Kräutern. Wichtig ist bei den Früchten ebenso wie bei den Kräutern, dass sie beim Trocknen nicht ihr Aroma verlieren. Im Gegensatz zu den Kräutern gestaltet sich das Trocknen von Früchten zumindest in südlichen Ländern deutlich einfacher: Dort legt man die gesammelten Früchte – meist kleine Beeren – im Hochsommer einfach ein bis zwei Tage in die Sonne und erhält auf diese Weise eine Trockensubstanz, die ihr Aroma nicht mit dem Wasser verloren hat.

In unseren Breiten hat sich dagegen die Lufttrocknung bewährt: Dazu werden die gesammelten Früchte in einer Schicht – doch keinesfalls übereinander – auf ein großes Brett oder Blech gelegt. Dieses gibt man dann an einen warmen, trockenen, gut belüfteten Ort. Man muss jedoch darauf achten, dass die Früchte dort keiner direkten Sonneneinstrahlung ausgesetzt sind. Bei heißem und trockenem Wetter erhält man so schon nach maximal fünf Tagen hervorragend getrocknete Früchte für einen wohlschmeckenden Tee.

Eine andere Möglichkeit ist es, die Früchte im Heißluft-Backofen bei ca. 50 bis 60 °C zu trocknen. Sortieren Sie während des Trockenvorgangs die bereits trockenen Früchte immer wieder aus.

Bevor Sie die Früchte schließlich in ein Aufbewahrungsgefäß – am besten eine Teedose aus Weißblech – geben, das übrigens immer an einem kühlen, dunklen und trockenen Ort stehen sollte, müssen Sie die Früchte völlig auskühlen lassen. Derartig aufbewahrte Früchte halten sich bis zur nächsten Ernte, also ein Jahr.

Apfel

Der Apfel (*Malus domestica*) gehört zur Familie der *Rosaceae* (Rosengewächse) und zählt wohl zu den ältesten sowie bekanntesten Früchten auf der Erde. Mit einem Apfel aus Evas Hand wurde Adam verführt. Seitdem gilt der Apfel im Christentum als die verbotene Frucht vom Baum der Erkenntnis. In der Antike war er das Symbol der Fruchtbarkeit.

Heute wächst der Apfel nahezu auf der ganzen Erde. Alle derzeit bekannten Sorten – und davon gibt es sicher mehrere Tausend, die jedoch bei weitem nicht alle angebaut werden – lassen sich von *Malus domestica* ableiten.

Das englische Sprichwort »An apple a day keeps the doctor away« (»Ein Apfel pro Tag hält den Arzt fern«) zeigt, dass der Apfel nicht nur wegen seines Geschmacks – der übrigens von sauer bis süß alle nur denkbaren Varianten aufweisen kann –, sondern auch wegen seiner gesundheitsfördernden Wirkung sehr geschätzt wird. Der Apfel enthält die Vitamine A, B_6 und C sowie die Mineralstoffe Kalzium und vor allem Kalium. Außerdem findet man im Apfel und auch in seiner Schale Fruchtsäuren und Pektin.

Der Apfeltee

Für den Apfeltee verwendet man hauptsächlich getrocknete Fruchtstückchen und die Schalen, wobei säuerliche Äpfel aus biologischem Anbau bevorzugt werden sollten.

Rheumatische Beschwerden

Der Tee aus Apfelschalen ist ein wertvolles Hausmittel bei rheumatischen Beschwerden.

2 Teelöffel zerkleinerte getrocknete Apfelschalen
250 ml kochendes Wasser
Die Apfelschalen mit dem kochenden Wasser aufgießen, den Tee 10 Minuten ziehen lassen, dann abseihen.
Trinken Sie täglich diese Menge Apfelschalentee.

Hals- und Bronchialkatarrh

Apfeltee hilft auch bei Hals- und Bronchialkatarrh.

1 kleiner säuerlicher Apfel
250 ml kochendes Wasser
Der Apfel wird in dünne Scheiben geschnitten und dann mit dem kochenden Wasser übergossen. Den Tee ungefähr 20 Minuten ziehen lassen, dann abgießen und mit etwas Honig süßen.
Trinken Sie täglich 2 bis 3 Tassen des Tees.

Schlaftee

Zusammen mit anderen Früchten bzw. Heilkräutern fördert Apfeltee den gesunden Schlaf, beschleunigt das Einschlafen und hilft durchzuschlafen.

Jeweils 20 Gramm getrocknete Apfelschalen, getrocknetes Eisenkraut, getrocknete Melisseblätter, getrocknete Orangenblüten und getrocknete Schlüsselblumenblüten
1 Tasse kochendes Wasser

Zerkleinern Sie die Trockenzutaten, und mischen Sie sie zu gleichen Teilen. Übergießen Sie 1 Teelöffel der Mischung mit kochendem Wasser. Den Tee 10 Minuten ziehen lassen, dann abseihen.
Bevor Sie schlafen gehen, trinken Sie eine Tasse des Tees.

Durstlöschender Apfeltee
Apfeltee ist ein hervorragender Durstlöscher.

60 Gramm zerkleinerte, getrocknete Apfelstücke
20 Gramm in kleine Stücke geschnittene Vanilleschote
20 Gramm Zimtrinde
1 Tasse kochendes Wasser
Die Zutaten miteinander vermischen, 1 Teelöffel der Mischung mit dem kochenden Wasser aufgießen, den Tee 10 Minuten ziehen lassen, dann abgießen.
Trinken Sie diesen Tee, der übrigens auch kalt sehr gut schmeckt, an heißen Sommertagen gegen den Durst.

Birne

Die Birne (*Pyrus communis*) gehört wie der Apfel zur Familie der *Rosaceae* (Rosengewächse) und stand schon immer weit hinter ihm zurück. Bis heute hat sie längst nicht den hohen Beliebtheitsgrad erreicht wie der Apfel. So beträgt die Weltproduktion an Birnen nur 30 Prozent der Apfelmenge.
Auch die Birne hat eine lange Geschichte. So erwähnt Homer sie in der »Odyssee«, und man liest von ihr in den Schriften des Aristoteles. Ein bedeutende Rolle spielte sie ferner bei den Ägyptern, Chinesen und Römern. Heute weiß man, dass die

Birne seit ungefähr 3000 Jahren angebaut wird. Bekannt sind bis jetzt rund 1000 verschiedene Sorten.

Im Vergleich zum Apfelbaum ist der Birnbaum – der übrigens bis zu 20 Meter hoch und bis zu 100 Jahre alt werden kann – bei weitem nicht so robust. Er bevorzugt sonnige, jedoch wind- und wettergeschützte Lagen, Temperaturschwankungen behagen ihm nicht. Seine Früchte können nahezu in jeder Jahreszeit geerntet werden. So gibt es Sommer-, Herbst und sogar Winterbirnen.

Birnen enthalten kaum Säuren, weshalb sie sich vor allem für Menschen mit einem empfindlichen Magen eignen. Sie haben jedoch relativ viel Zucker, was Diabetiker berücksichtigen müssen. Außerdem kann man in der Birne relativ viel Eisen, Kalium und Phosphor nachweisen. Ebenso findet man Vitamin A und C.

Der Birnentee

Für einen Birnentee verwendet man am besten die gedörrten Birnen, die so genannten Kletzen. Sie lassen sich leicht verarbeiten und enthalten eine ausgewogene Mischung der wertvollen Inhaltsstoffe.

> *2 gehäufte Esslöffel zerkleinerte Kletzen*
> *250 ml kochendes Wasser*
> *Die Kletzen mit dem kochenden Wasser aufgießen, den Tee*
> *10 bis 15 Minuten ziehen lassen, dann abgießen.*
> Trinken Sie diesen Tee, wann immer Sie möchten.

Noch intenisver schmeckt Birnentee, wenn Sie die Kletzen mit anderen Früchten mischen.

*Je 2 Teile Kletzen, getrocknete Himbeeren und getrocknete
Johannisbeeren, 4 Teile fermentierte Himbeerblätter
250 ml kochendes Wasser
Die Früchte und Blätter gut miteinander vermischen.
2 gehäufte Esslöffel der Mischung mit dem kochenden Wasser
aufgießen, 15 Minuten ziehen lassen, dann abseihen.*

Wegen des hohen Fruchtzuckergehalts der Früchte sollten Diabetiker den Tee meiden!

Brombeere

Ebenso wie Apfel und Birne gehört auch die Brombeere (*Rubus fruticosus*) zur Familie der *Rosaceae* (Rosengewächse). Glaubt man einer griechischen Legende, so ist sie aus dem im Kampf der Titanen gegen die olympischen Götter geflossenem Blut gewachsen. Sicher ist, dass die Brombeere aus Nordamerika und Eurasien stammt. Den wild wachsenden Strauch findet man heute an allen Orten mit gemäßigtem Klima. Der Geschmack der Früchte reicht von extrem sauer bis sehr süß, ihre Farbe variiert von Rötlich über Blau bis nahezu Schwarz. Die Pflanzen bevorzugen einen warmen, sonnigen und windgeschützten Standort.
Als Heilpflanze ist die Brombeere schon seit dem frühen Mittelalter bekannt, sehr wahrscheinlich aber noch viel länger. Brombeeren sind gute Lieferanten von Vitamin A und C. Die Frucht weist den höchsten Vitamin-A-Gehalt von allen Beerenobstarten auf. Außerdem enthalten Brombeeren Kalium, Magnesium und Kupfer. Die Früchte stimulieren die Blutbildung, regen die Verdauung an und senken Fieber.

Der Brombeertee

Für einen Tee kann man sowohl die Früchte als auch die Blätter verwenden. Als Hausmittel schon lange bekannt und sehr geschätzt ist der Tee aus Brombeerblättern. Man verwendet am besten die jungen, frischen Blätter, da sie am geschmackvollsten sind. Getrocknet werden die Blätter bei 35 °C im Backofen.

Leichte Durchfallerkrankungen

Aufgrund des Gerbstoffgehalts eignet sich ein Tee aus getrockneten Brombeerblättern vorzüglich bei leichten Durchfallerkrankungen.

2 Teelöffel getrocknete Brombeerblätter
1 Tasse kochendes Wasser
Die Brombeerblätter sehr klein schneiden und mit dem kochenden Wasser übergießen. Den Tee 10 Minuten ziehen lassen, dann abgießen.
Trinken Sie mehrmals täglich zwischen den Mahlzeiten 1 Tasse des Tees.

35 Gramm getrocknete Brombeerblätter
20 Gramm getrocknete Walnussblätter
Je 15 Gramm getrocknete Salbeiblätter und getrocknetes Sanikelkraut
15 Gramm getrocknetes Schafgarbenkraut
1 Tasse kochendes Wasser
Die Trockenzutaten gut miteinander vermischen. 1 Teelöffel der Mischung mit dem kochenden Wasser übergießen, den Tee 8 bis 10 Minuten ziehen lassen, dann abseihen.
Trinken Sie täglich 3 bis 4 Tassen.

Erkältungskrankheiten

2 Teelöffel getrocknete Brombeerblätter
1 Tasse kochendes Wasser
Die Brombeerblätter sehr klein schneiden und mit dem
kochenden Wasser übergießen. Den Tee 10 Minuten ziehen
lassen, dann abgießen.
Trinken Sie mehrmals täglich jeweils 1 Tasse des Tees.

Familientee
Diesen aromatischen, wohlschmeckenden Tee kann die ganze
Familie genießen.

Je 20 Gramm Brombeer-, Erdbeer-, Himbeerblätter und
Blätter der Schwarzen Johannisbeere
1 Tasse kochendes Wasser
Die zerkleinerten Blätter gut miteinander vermischen. 1 Tee-
löffel der Mischung mit dem kochenden Wasser aufgießen, den
Tee 10 Minuten ziehen lassen, dann abseihen.

Frühstückstee
Aufgrund des Fruchtzuckergehalts muss dieser Tee nicht zusätzlich gesüßt werden.

15 Gramm getrocknete Brombeeren
15 Gramm fermentierte Brombeerblätter
5 Gramm getrocknete Melisseblätter
250 ml kochendes Wasser
Die Trockenzutaten zerkleinern und gut miteinander vermi-
schen. 2 gehäufte Teelöffel der Mischung mit dem kochenden
Wasser übergießen, den Tee 10 bis 12 Minuten ziehen lassen,
dann abgießen.

Erdbeere

Die Erdbeere (*Fragaria ananassa*) gehört zur Familie der *Rosaceae* (Rosengewächse). Man findet sie in praktisch allen Regionen der Erde, in denen ein gemäßigtes Klima herrscht. Sie gehörten zu den beliebtesten Beerenfrüchten. Erdbeeren sind ursprünglich Waldpflanzen. Von der Walderdbeere stammt auch unsere Gartenerdbeere ab, die 1714 von einem Franzosen durch Kreuzung von zwei wilden Erdbeerarten gezüchtet wurde. Interessant ist, dass die erste deutsche Erdbeerzucht erst im 19. Jahrhundert entstanden ist. Die Erdbeere ist eine botanische Besonderheit. Sie gehört zu den so genannten Scheinfrüchten, da es sich bei den auf dem Fruchtfleisch verteilten kleinen Kernen um die eigentlichen Früchte handelt. Schon im Altertum schätzte man den gesundheitsfördernden Effekt der Erdbeere. Die Römer verwendeten das Rosengewächs gegen Magenverstimmung. Aber auch in der Alchimie spielte die Erdbeere eine bedeutende Rolle, hier galt sie als Schutzmittel gegen alle möglichen Giftstoffe. Erdbeeren enthalten viel Vitamin C und stärken damit unser Immunsystem. Zusätzlich findet man die Vitamine A, B_1 und B_2 sowie die Mineralstoffe Eisen, Kalium, Magnesium, Zink, Mangan, Phosphor und Kupfer. Außerdem kann in Erdbeeren ein hoher Gerbstoffgehalt nachgewiesen werden.

Der Erdbeer(blätter)tee

Für den Tee verwendet man hauptsächlich die jungen Blätter – sowohl frisch als auch getrocknet. Für einen erfrischenden Früchtetee nimmt man die Beeren, die jedoch wegen ihrer Größe sehr lange getrocknet werden müssen.

Früchtetees/Erdbeere **333**

Leichte Durchfallerkrankungen

Aufgrund des Gerbstoffgehalts eignet sich Erdbeerblättertee zur Behandlung leichter Durchfallerkrankungen.

2 Teelöffel zerkleinerte Erdbeerblätter
250 ml kochendes Wasser
Falls Sie getrocknete Erdbeerblätter verwenden, sollten Sie diese erst kurz vor der Zubereitung des Tees zerkleinern. Am besten zerreibt man sie zwischen den Fingern. Die Blätter mit dem kochenden Wasser übergießen, den Tee 15 Minuten zugedeckt ziehen lassen, dann abseihen.
Trinken Sie den Tee über den ganzen Tag verteilt.

Entzündungen des Mund- und Rachenraums

Wegen des hohen Vitamin-C-Gehalts wirkt Erdbeerblättertee auch entzündungshemmend.

2 Teelöffel zerkleinerte Erdbeerblätter
250 ml kochendes Wasser
Falls Sie getrocknete Erdbeerblätter verwenden, sollten Sie diese erst kurz vor der Zubereitung des Tees zerkleinern. Am besten zerreibt man sie zwischen den Fingern. Die Blätter mit dem kochenden Wasser übergießen, den Tee 15 Minuten zugedeckt ziehen lassen, dann abseihen.
Gurgeln Sie mehrmals täglich mit dem Tee.

Früchtetee

Einen wunderbar aromatischen Tee erhält man aus folgender Mischung:

Je 20 Gramm getrocknete Erdbeeren, Himbeeren und Hagebutten
20 Gramm getrocknete Hibiskusblüten
1 Tasse kochendes Wasser
Die getrockneten Früchte und Blüten zerkleinern, die Zutaten gut miteinander vermischen. 1 Teelöffel der Mischung mit dem kochenden Wasser aufgießen, 8 bis 10 Minuten ziehen lassen, anschließend abseihen.

Hagebutte

Die Hagebutte (*Rosa canina*) gehört zur Familie der *Rosaceae* (Rosengewächse). Ihr Ursprungsland ist aller Wahrscheinlichkeit nach Persien. Dort pries sie bereits der berühmte Dichter Hafis (um 1327–1390). Seit ungefähr 3000 Jahren wird die Hagebutte angebaut.

Die Artenvielfalt der Hagebutte – der Frucht der Heckenrose – ist enorm. Man schätzt, dass es allein in Europa und Asien mehr als 2000 verschiedene Arten gibt. Die Farbpalette erstreckt sich von Weiß- über Gelb- bis zu Rottönen. Die Hagebutte bzw. die Heckenrose, die übrigens auch als Gartenheckenpflanze bei uns sehr geschätzt wird, bevorzugt feste und steinige Böden. Ihre Früchte, also die Hagebutten, sind im August reif, sollten jedoch erst nach dem ersten Frost geerntet werden. Auch hier handelt es sich wie bei der Erdbeere um eine Scheinfrucht: Die eigentlichen Früchte sind die vielen harten Kerne in der Hagebutte, die einen starken Juckreiz hervorrufen.

Hagebutten sind wahre Vitaminbomben, die viel Vitamin C enthalten: So findet man in großen Früchten bis zu 3000 mg pro 100 Gramm Fruchfleisch. Aber auch die Vitamine A, B_1, B_2, E, K und P findet man in der Hagebutte. Ebenso enthält sie Mineralstoffe und Spurenelemente, Gerbstoffe (Tannin) und Pektin.

Der Hagebuttentee

Für einen Hagebuttentee sollte man die Früchte vor der Trocknung aufschneiden und die Kerne sowie Kernhaare entfernen. In der Volksmedizin hat sich der Hagebuttentee einen sehr guten Ruf bei Blasen- sowie Nierenerkrankungen und Erkältungen erworben. Aufgrund des hohen Vitamin-C-Gehalts stärkt er unser Immunsystem.

Erkältungskrankheiten

2 Teelöffel getrocknete Hagebutten
1 Tasse kochendes Wasser
Die Früchte mit dem kochenden Wasser übergießen, den Tee
8 bis 10 Minuten ziehen lassen, dann abseihen.
Trinken Sie täglich mehrere Tassen des Tees.

Kräftigend wirkt auch folgender Tee:

20 Gramm getrocknete Hagebutten
Je 10 Gramm getrocknete Kamillen- und Lindenblüten
10 Gramm getrocknete Melisseblätter
1 Tasse kochendes Wasser
Die Trockenzutaten zerkleinern und gut miteinander vermischen. 2 Teelöffel der Mischung mit dem kochenden Wasser aufgießen, 15 Minuten ziehen lassen, dann abseihen.
Trinken Sie täglich 4 bis 5 Tassen des Tees.

Gegen die bei einer Erkältung auftretenden Kopf- und Gliederschmerzen hilft diese Teemischung:

5 Gramm getrocknete Hagebutten
Je 15 Gramm getrocknete Holunder- und Lindenblüten
10 Gramm getrocknete Weidenrinde
5 Gramm getrocknetes Mädesüß, 1 Tasse kochendes Wasser
Die Trockenzutaten zerkleinern und gut miteinander vermischen. 2 Teelöffel der Mischung mit dem kochenden Wasser aufgießen, 10 Minuten ziehen lassen, dann abseihen.
Trinken Sie insgesamt 3 Tassen des Tees täglich nach den Mahlzeiten.

Für Kinder eignet sich folgende Teemischung, die auch die Abwehrkräfte erhöht:

25 Gramm getrocknete Hagebutten
Je 13 Gramm getrocknete Holunder- und Lindenblüten
1 Tasse kochendes Wasser
Die Trockenzutaten zerkleinern und gut miteinander vermischen. 1/2 Teelöffel der Mischung mit dem kochenden Wasser aufgießen, 8 bis 10 Minuten ziehen lassen, dann abseihen.
Mit Honig süßen.
Geben Sie Ihrem Kind pro Tag 3 Tassen des Tees.

Sollte im Rahmen einer Erkältung bei Ihrem Kind auch Fieber auftreten, so kochen Sie diesen Tee.

Je 15 Gramm getrocknete Hagebutten und Lindenblüten
Je 10 Gramm getrocknete Kamillenblüten und Melisseblätter
1 Tasse kochendes Wasser

Früchtetees/Hagebutte **337**

Die Trockenzutaten zerkleinern und gut miteinander vermischen. 1 1/2 Teelöffel der Mischung mit dem kochenden Wasser übergießen, den Tee 8 bis 10 Minuten ziehen lassen, dann abseihen. Mit Honig süßen.
Geben Sie Ihrem Kind täglich 2 bis 3 Tassen des Tees.

Blasen-/Nierenentzündung

Je 20 Gramm getrocknete Hagebutten, Brennnessel-, Stiefmütterchen- und Taubnesselblätter
1 Tasse kochendes Wasser
Die Trockenzutaten zerkleinern und gutmiteinander vermischen. 1 Teelöffel der Mischung mit dem kochenden Wasser aufgießen, 8 bis 10 Minuten ziehen lassen, dann abgießen.
Trinken Sie täglich 1 bis höchstens 2 Tassen des Tees.

Entspannungstee

10 Gramm getrocknete Hagebutten
25 Gramm getrocknete Melisseblätter
10 Gramm getrocknete Orangenblüten
5 Gramm getrocknete Hibiskusblüten
1 Tasse kochendes Wasser
Die Trockenzutaten zerkleinern und gut miteinander vermischen. 2 Teelöffel der Mischung mit dem kochenden Wasser übergießen, den Tee 8 bis 10 Minuten ziehen lassen, dann abseihen.
Trinken Sie nachmittags und abends jeweils 1 Tasse des Tees.

Tee für jede Gelegenheit

> 10 Gramm getrocknete Hagebutten
> 10 Gramm fermentierte Brombeerblätter
> 10 Gramm getrocknete Melisseblätter
> 250 ml kochendes Wasser
> Die Trockenzutaten zerkleinern und gut miteinander vermischen. 2 gehäufte Esslöffel der Mischung mit dem kochenden Wasser übergießen, 8 bis 10 Minuten ziehen lassen, dann abseihen. Bei Bedarf mit Honig süßen.

Heidelbeere

Die Heidelbeere (*Vaccinium myrtillus*) gehört zur Familie der *Ericaceae* (Heidekrautgewächse) und bevorzugt kalkarme, karge, lichte Waldböden. Kalte Winter und Spätfröste bedeuten für den Heidelbeerstrauch keine Gefahr. Man findet ihn in ganz Mittel- und Nordeuropa, in Nordasien und Nordamerika. Die Indianer Nordamerikas konservierten die Heidelbeeren für den Winter, indem sie die Beeren zu einem stark konzentrierten Saft einkochten und diesen an der Sonne trocknen ließen.

Achtung! Der fortdauernde Genuss von Heidelbeerblättern kann zu Vergiftungssymptomen führen. Deshalb diesen Tee nur nach Absprache mit dem Arzt trinken!

Die Heidelbeere enthält eine große Menge Vitamin C sowie die Mineralstoffe Kalzium, Phosphor und Eisen. Schon in der Antike wurde sie als Mittel gegen Nachtblindheit verwendet. Verantwortlich für diese positive Wirkung ist der in der Beerenschale enthaltene blaue Farbstoff Myrtillin. Er beeinflusst positiv die Elastizität der Blutgefäße, vor allem jener im Bereich der Augen.

Früchtetees/Heidelbeere **339**

Der Heidelbeertee

Für den Tee sollte man nur vollreife, jedoch keine matschigen Beeren verwenden. Auch die jungen getrockneten oder frischen Blätter des Heidelbeerstrauchs lassen sich zu einem hellen aromatischen Tee verarbeiten. Sie enthalten den Wirkstoff Arbutin, der in vielen Medikamenten vorkommt, die zur Behandlung von Nieren- und Blasenentzündungen eingesetzt werden.

Leichter Durchfall
Der blaue Farbstoff Myrtillin schützt die Darmschleimhaut vor Krankheitserregern und hemmt das Bakterienwachstum.

1 Esslöffel getrocknete Heidelbeeren
1 Tasse siedendes Wasser
Die Heidelbeeren leicht quetschen, mit dem siedenden Wasser übergießen, den Tee 10 Minuten ziehen lassen, dann abgießen.
Trinken Sie bei Bedarf mehrere Tassen täglich in kleinen Schlucken. Der Tee eignet sich auch für Kinder.

50 Gramm getrocknete Heidelbeeren
Je 25 Gramm getrocknete Kamillenblüten und Melisseblätter
1 Tasse kochendes Wasser
Vermischen Sie die Trockenzutaten gut miteinander. 1 Teelöffel der Mischung mit dem kochenden Wasser übergießen, den Tee 8 bis 10 Minuten ziehen lassen, dann abgießen.
Trinken Sie bis täglich zu 3 Tassen des Tees.

Leicht erhöhter Blutzuckerspiegel

Auch in den Blättern des Heidelbeerstrauchs ist Myrtillin enthalten, das einen leicht erhöhten Blutzuckerspiegel senkt und daher als pflanzliches Insulin bezeichnet wird. Für Menschen mit einem leichten, aber noch nicht manifesten Diabetes (hauptsächlich ältere Menschen) eignet sich deshalb ein Tee aus Heidelbeerblättern. Beachten Sie aber, dass dieser Tee nur mit ausdrücklicher Genehmigung und unter der Anleitung des Arztes getrunken werden darf!

2 Teelöffel getrocknete Heidelbeerblätter
1 Tasse kochendes Wasser
Die Heidelbeerblätter mit dem kochenden Wasser übergießen,
den Tee 10 bis 15 Minuten ziehen lassen, dann abseihen.
Trinken Sie täglich 2 bis 3 Tassen.

Entwässerung

Sollten Sie unter Herz- oder Nierenproblemen leiden, besprechen Sie sich mit Ihrem Arzt, bevor Sie diesen Tee trinken.
60 Gramm getrocknete Heidelbeerblätter

20 Gramm getrocknete Bohnenschalen
20 Gramm getrocknetes Brennnesselkraut
1 Tasse kochendes Wasser
Die Trockenzutaten gut miteinander vermischen. 2 Teelöffel
der Mischung mit dem kochenden Wasser übergießen, den Tee
8 bis 10 Minuten ziehen lassen, dann abseihen.
Trinken Sie täglich 1 Tasse des Tees.

Früchtetee

Einen aromatischen Früchtetee mit Heidelbeeren ergibt folgende Mischung:

Je 25 Gramm getrocknete Heidelbeeren, Erdbeerblätter, Hage-
butten und Hibiskusblüten
1 Tasse kochendes Wasser
Mischen Sie die Trockenzutaten gut miteinander. 1 Teelöffel
der Mischung mit dem kochenden Wasser übergießen, den Tee
8 bis 10 Minuten ziehen lassen, dann abseihen.

Himbeere

Die Himbeere (*Rubus idaeus*) gehört zur Familie der *Rosaceae* (Rosengewächse). Pate für den botanischen Namen der europäischen Himbeere *Rubus idaeus* stand der griechische Berg Ida, an dessen Hängen besonders viele Himbeersträucher wuchsen. Bis heute weiß man nicht, wo die Himbeere ihren Ursprung hat. Sicher ist jedoch, dass diese sehr nahe Verwandte der Brombeere bereits zur Jungsteinzeit gesammelt wurde. Im Mittelalter wurde sie von Mönchen angebaut und galt schon damals als Heilpflanze, was übrigens in Spanien, Holland und Frankreich noch immer der Fall ist. Allerdings schätzt man dort weniger die Früchte als die Blätter des Himbeerstrauchs.

Heute kommt die wilde Himbeere aufgrund ihrer großen Anpassungsfähigkeit in nahezu allen Breitengraden vor. Man findet sie in Alaska ebenso wie in Malaysia, im Tiefland ebenso wie in Höhen bis zu 2500 Metern. Himbeersträucher gehören zu den Flachwurzlern und benötigen Feuchtigkeit, die nicht zu tief im Boden sein darf. Sie bevorzugen sonnige Plätze, am liebsten Südhänge.

Geerntet werden die Beeren im Juni und Juli bzw. im September und Oktober. Abhängig von der Sorte findet man Früchte in verschiedenen Größen und Farben – von Weißlich über Gelblichorange bis zu Rot und Schwarz. Die Blätter können bereits ab Mitte Mai geerntet und getrocknet werden. Für den Tee eignen sich frische und getrocknete Himbeerblätter.

Der Himbeertee

Dioskurides und Hildegard von Bingen kannten neben anderen bereits die entzündungshemmende Wirkung des Himbeerblättertees und erwähnten diese in ihren Schriften. Auch gegen Durchfall und Magenbeschwerden hilft dieser Tee.

Leichter Durchfall

2 Esslöffel getrocknete oder frische Himbeerblätter
1 Tasse kochendes Wasser
Die Blätter grob zerkleinern und mit dem kochenden Wasser übergießen, den Tee 10 Minuten ziehen lassen, dann abseihen.
Trinken Sie bei Bedarf mehrere Tassen des Tees pro Tag. Er eignet sich auch für Kinder.

Menstruationsbeschwerden
Gegen krampfartige Schmerzen vor der Regelblutung hilft ein Tee aus Himbeerblättern.

25 Gramm getrocknete oder frische Himbeerblätter
1/2 Liter kochendes Wasser
Die Blätter zerkleinern und mit dem kochenden Wasser übergießen, den Tee 8 bis 10 Minuten ziehen lassen, dann abseihen.
Trinken Sie einige Tage vor Einsetzen der Regelblutung täglich jeweils 1/2 Liter des Tees.

Tee für jede Gelegenheit

*Je 25 Gramm Himbeer-, Brombeer-, Erdbeer- und Blätter der
Schwarzen Johannisbeere
1 Tasse kochendes Wasser
Die getrockneten Zutaten zerkleinern und gut miteinander
vermischen. 1 Teelöffel der Mischung mit dem kochenden
Wasser übergießen und 10 Minuten ziehen lassen, dann
abseihen.*

Johannisbeere

Die Johannisbeere (*Ribes sativum, Ribes nigrum*) gehört zur
Familie der Steinbrechgewächse (*Saxifragaceae*). Sie kommt in
kalten und gemäßigten Zonen der nördlichen und südlichen
Hemisphere vor. Die wild wachsende Pflanze bevorzugt Erd-
spalten zwischen Felsen. Im Garten bevorzugt sie nährstoffreichen, gut durchfeuchteten Boden mit hohem Humusanteil.
Ebenso wie die Himbeere ist sie ein Flachwurzler und deshalb
auf die Oberflächenfeuchtigkeit angewiesen.
War früher die Schwarze Johannisbeere am weitesten verbreitet, so ist sie heute nur noch selten anzutreffen. Ungleich häufiger ist die Rote Johannisbeere. Ein besonderes Aroma besitzt
die Weiße Johannisbeere, die für den Großanbau jedoch nur
eine geringe Rolle spielt.
Die Heilkräfte der Schwarzen Johannisbeere kannte man
schon im 16. Jahrhundert. Damals wurden die Beeren bei
Gicht angewendet. Die Johannisbeeren sind echte Vitaminbomben und enthalten etwa dreimal so viel Vitamin C wie
Zitrusfrüchte. Die Schwarze Johannisbeere gehört zu den Vita-
min-C-reichsten Früchten überhaupt. Außerdem findet man

in den Johannisbeeren auch Vitamin A, Vitamine der B-Gruppe sowie Vitamin P, das einen gefäßschützenden Effekt besitzt. Schwarze Johannisbeeren enthalten darüber hinaus noch Kalzium, Kalium, Phosphor und Schwefel. Die Blätter des Johannisbeerstrauchs werden zwischen Juni und August geerntet.

Der Johannisbeertee

Ein Tee aus Johannisbeeren beugt der Entwicklung einer Arteriosklerose vor. Schwarze Johannisbeeren regulieren auch den Stuhlgang.

Blättertee mit vielseitiger Wirkung
Der Tee aus Johannisbeerblättern wird in der Volksmedizin gegen Husten und Heiserkeit eingesetzt. Er lindert Halsschmerzen sowie Entzündungen der Atemwege und hilft bei rheumatischen Beschwerden, Durchfall sowie Nieren- und Blasenentzündung.

15 Gramm getrocknete oder frische Johannisbeerblätter
1/2 Liter kochendes Wasser
Die Blätter leicht zerreiben, mit dem kochenden Wasser aufgießen, den Tee 10 Minuten ziehen lassen, dann abgießen.
Den Tee auf drei Portionen pro Tag verteilen.

Zur Stärkung der Abwehrkraft

Je 35 Gramm getrocknete Schwarze Johannisbeeren und Hagebutten
30 Gramm getrocknete Hibiskusblüten
Die Zutaten zerkleinern und gut miteinander vermischen.

1 1/2 Teelöffel der Mischung mit dem kochenden Wasser übergießen, den Tee 10 Minuten ziehen lassen, anschließend abgießen.
Trinken Sie täglich 1 Tasse des Tees.

Orange

Die Orange (*Citrus sinensis*) gehört zur Familie der Rautengewächse (*Rutaceae*). Ihr Ursprungsland ist China, wo man Zitruskulturen bereits seit 4000 Jahren kennt. Den genauen Weg der Orange nach Europa kennt man nicht, doch geht man davon aus, dass sie mit Kreuzrittern oder Kaufleuten in unsere Breitengrade gelangte. Im 16. Jahrhundert kamen so genannte Orangerien in Mode. Dabei handelte es sich um großfenstrige Gebäude, in denen Orangenpflanzen in Kübeln überwintert wurden. Heute wachsen Orangen in allen wärmeren und sonnenreichen Klimazonen. Für den Tee werden hauptsächlich Orangenschalen verwendet. Sie enthalten Bitterstoffe.

Der Orangenschalentee

Ein Tee aus Orangenschalen hilft bei schwachem Magen, gegen Blähungen und Magenkrämpfe; bei Erkältungen löst er den Schleim in den Atemwegen.
Die Schale sollte unbedingt von unbehandelten Orangen aus biologischem Anbau stammen. Man muss sie sehr dünn ohne die weiße Haut von der Frucht ablösen. Da sich die ätherischen Öle relativ schnell verflüchtigen, sollte man Orangenschalen möglichst rasch verbrauchen.

Schale von 1 unbehandelten Orange
1 Liter heißes Wasser
Die Schale grob zerkleinern und in das heiße Wasser geben.
Den Tee 5 Minuten kochen lassen, 10 Minuten ziehen lassen,
dann abseihen.
Verteilen Sie den Tee auf 5 Portionen, die Sie im Laufe des
Tages trinken.

Pflaume

Die Pflaume (*Prunus domestica*) gehört zur Familie der *Rosaceae* (Rosengewächse). Ihre europäische Art ist ursprünglich wahrscheinlich in der Gegend um das Schwarze Meer beheimatet. Heute kennt man mehr als 2000 Sorten, die sich in Geschmack, Farbe, Größe und Form unterscheiden. Die Pflaume bevorzugt einen windgeschützten Standort und feuchten Boden.
Die wohl bekannteste Wirkung von Pflaume – hauptsächlich der getrockneten – ist ihr abführender Effekt.

Der Pflaumentee

Verstopfung
Ein Tee aus getrockneten Pflaumen wirkt mild abführend.

1 Teelöffel zerkleinerte getrocknete Pflaume
1 Tasse kochendes Wasser

Die Fruchtstücke mit dem kochenden Wasser übergießen, den Tee 8 bis 10 Minuten ziehen lassen, dann abseihen.
Trinken Sie bei Bedarf 1 Tasse des Tees.

Früchtetee-Mischungen

Der Handel bietet heute zahlreiche fertige Früchtetee-Mischungen an. Fast alle enthalten Hibiskus und damit viel Vitamin C. Auch Hagebutten findet man in den fertigen Früchtee-Mischungen sehr häufig. Früchtetees sind im Sommer – kalt getrunken – hervorragende Erfrischungsgetränke.

Die Zusammensetzung der Mischungen reicht mittlerweile von einheimischen Früchten wie Brombeere, Himbeere, Apfel, Johannisbeere, Kirsche oder Erdbeere bis zu exotischen Früchten wie Kiwi, Banane, Papaya, Ananas, Maracuja oder Rotbusch.

Gewürztees

Neben Kräuter- und Früchtetees werden auch Gewürztees immer beliebter. Sie verleihen schwarzem Tee eine interessante, manchmal auch exotische Geschmacksnote und haben oft auch eine gesundheitsfördernde Wirkung. Sie können fertige Gewürztees und Gewürztee-Mischungen der verschiedensten Geschmacksnoten in jedem Teeladen kaufen, z.B. mit Zimt, Vanille oder Anis. Drei Gewürztees, die ohne Schwarztee zubereitet werden und die Sie sich selber herstellen können, möchten wir hier vorstellen.

Anis

Anis (*Pimpinella anisum*) gehört zur Familie der Doldengewächse (*Apiaceae*). Vermutlich ist er im östlichen Mittelmeerraum und in Westasien beheimatet. Heute wird Anis in Südeuropa, den Mittelmeerländern, im Vorderen Orient und in Indien angebaut. In den Anisfrüchten, die von Juli bis September gesammelt werden, wurde als Hauptbestandteil ein ätherisches Öl nachgewiesen, das Trans-Anethol, Estragol und Anisaldehyd enthält. Das ätherische Öl wirkt schleimlösend, entkrampfend und sekretomotorisch, d.h., es verflüssigt Bronchialschleim und transportiert ihn. In der Kinderheilkunde wird das ätherische Anisöl als Expektorans (auswurfförderndes Mittel) und gegen Blähungen eingesetzt.

In der Industrie wird Anis bzw. das ätherische Öl als Geschmacksverstärker eingesetzt, beispielsweise bei griechischem Anisschnaps (Ouzo) und französischem Anislikör (Pernod, Pastis).

Der Anistee

Anistee hilft bei Verdauungsbeschwerden, die mit leichten Krämpfen verbunden sind, sowie bei Atemwegserkrankungen.

1/2 Teelöffel (1,5 Gramm) zerstoßene Anisfrüchte
1 Tasse kochendes Wasser
Zerstoßen Sie die Früchte erst kurz vor Gebrauch. Die Früchte
mit dem kochenden Wasser übergießen, den Tee 10 bis
15 Minuten zugedeckt ziehen lassen, dann abseihen.
Trinken Sie bei akuten Beschwerden täglich 2 Tassen des Tees.

Gewürznelken

Die Gewürznelken (*Caryophylli flos*) gehören zur Familie der *Myratceae*. Sie sind auf den Molukken und den südlichen Philippinen beheimatet. Heute werden sie in vielen tropischen Ländern angebaut. Hauptbestandteil der Gewürznelken ist ein ätherisches Öl, das als wichtigste Komponente Eugenol enthält. Außerdem findet man in Gewürznelken Gerbstoffe und Phenolkarbonsäuren. Wie der Name bereits vermuten lässt, werden Gewürznelken heute vorwiegend als Gewürz verwendet. Das ätherische Öl wirkt leicht antibakteriell und wird in der Zahnheilkunde als Antiseptikum bei Mundspülungen eingesetzt. Gewürznelken sind in den meisten Gewürzmischungen für Glühwein und Punsch enthalten.

Der Gewürznelkentee

Damit sich das Aroma voll ausbilden kann, sollte man die Mischung ein paar Tage vor der Teezubereitung herstellen. Verwahren Sie die Mischung in einer luftdichten Weißblechdose.

Würziger Wintertee

40 Gramm getrocknete Apfelschalen
Je 30 Gramm getrocknete Hagebutten und gedörrte Birnen (Kletzen)
Je 10 Gramm Gewürznelken und grob zerkleinerte Zimtstange
1 Prise fein geriebene Muskatnuss
250 ml kochendes Wasser
Die Trockenzutaten gut miteinander vermischen. 2 gehäufte Esslöffel der Mischung mit dem kochenden Wasser übergießen, den Tee 10 bis 12 Minuten ziehen lassen.

Koriander

Der Koriander (*Coriandrum sativum*) gehört zur Familie der Doldengewächse (*Apiaceae*). Seine ursprüngliche Heimat hat der Koriander vermutlich im Bereich des östlichen Mittelmeers und des Vorderen Orients. Heute wird er weltweit als Gewürzpflanze angebaut. Die Früchte sammelt man im Juni und Juli. Zu diesem Zeitpunkt werden sie braun und können getrocknet werden. In den Früchten wurde ätherisches Öl nachgewiesen, das hauptsächlich Linalool, Geraniol, Borneol, Cymol, Pinen und Phellandren enthält, Stoffe mit entkrampfender und appetitanregender Wirkung.

Gewürztees/Koriander **351**

Der Koriandertee

Da das ätherische Öl des Korianders entkrampfend und appe-
titanregend wirkt sowie Blähungen löst, hilft ein Tee aus
getrocknetem Koriander bei Appetitlosigkeit, Verdauungsbeschwerden, Völlegefühl und Blähungen.

1/2 Teelöffel getrockneter Koriander
1 Tasse kochendes Wasser
Den Koriander erst kurz vor der Teezubereitung zerstoßen.
Ihn dann mit dem kochenden Wasser übergießen, den Tee
10 bis 15 Minuten ziehen lassen, dann abseihen.
Bei Appetitlosigkeit trinken Sie ungefähr 30 Minuten vor
jeder Mahlzeit 1 Tasse des Tees. Bei Blähungen oder Verdauungsbeschwerden trinken Sie jeweils 1 Tasse Tee nach den
Mahlzeiten.

Anhang

Ernte- und Sammelkalender

Anis	*Sammelgut:*	Früchte
	Zeit:	Juli bis September
Apfel	*Erntegut:*	Früchte
	Zeit:	Herbst
Baldrian	*Sammelgut:*	Wurzel
	Zeit:	September/Oktober
Bärentraube	*Sammelgut:*	Blätter
	Zeit:	April bis Juli
Bibernelle	*Sammelgut:*	Wurzel
	Zeit:	September/Oktober
Birke	*Sammelgut:*	Blätter
	Zeit:	Mai bis Juli
Birne	*Erntegut:*	Früchte
	Zeit:	Herbst
Brennnessel	*Sammelgut:*	Kraut
	Zeit:	Juni bis August
Brombeere	*Sammelgut:*	Blätter, Kraut
	Zeit:	Juni bis August
	Sammelgut:	Früchte
	Zeit:	August
Enzian	*Sammelgut:*	Wurzel
	Zeit:	September/Oktober
Erdbeere	*Erntegut:*	Früchte, Blätter
	Zeit:	Mai bis Juli
Faulbaum	*Sammelgut:*	Rinde
	Zeit:	April bis Juni

Ernte- und Sammelkalender **355**

Fenchel	_Erntegut:_	Früchte
	Zeit:	August/September
Ginseng	_Sammelgut:_	Wurzel
	Zeit:	Dezember/Januar
Goldrute	_Sammelgut:_	Kraut
	Zeit:	Juli bis September
Hagebutte	_Sammelgut:_	Früchte
	Zeit:	nach dem ersten Frost
Heidelbeere	_Sammelgut:_	Blätter, Früchte
	Zeit:	Juni bis August
Himbeere	_Sammelgut:_	Früchte
	Zeit:	Juni/Juli, September/Oktober
	Sammelgut:	Blätter
	Zeit:	ab Mitte Mai
Holunder	_Sammelgut:_	Blüten
	Zeit:	Juni/Juli
Hopfen	_Erntegut:_	Fruchtstände
	Zeit:	August/September
Huflattich	_Sammelgut:_	Blüten
	Zeit:	März/April
	Sammelgut:	Blätter
	Zeit:	Mai/Juni
Isländisch Moos	_Sammelgut:_	ganze Pflanze
	Zeit:	April bis Oktober
Johannisbeere	_Erntegut:_	Blätter
	Zeit:	Juni bis August
Johanniskraut	_Sammelgut:_	Kraut
	Zeit:	Juli/August
Kalmus	_Sammelgut:_	Wurzelstock
	Zeit:	September/Oktober

Kamille	*Sammelgut:*	Blütenköpfe
	Zeit:	Mai bis August
Königskerze	*Sammelgut:*	Blüten
	Zeit:	Juli/August
Koriander	*Sammelgut:*	Früchte
	Zeit:	Juni/Juli
Kümmel	*Erntegut:*	Früchte
	Zeit:	Juni/Juli
Lavendel	*Sammelgut:*	Blüten
	Zeit:	Juli/August
Melisse	*Sammelgut:*	Blätter
	Zeit:	Juni bis August
Mistelkraut	*Sammelgut:*	Kraut
	Zeit:	April/Mai, September/Oktober
Pflaume	*Erntegut:*	Früchte
	Zeit:	Herbst
Ringelblume	*Sammelgut:*	Blüten
	Zeit:	Juni bis August
Salbei	*Sammelgut:*	Blätter
	Zeit:	August/September
Sonnenhut	*Sammelgut:*	Wurzel
	Zeit:	Frühjahr oder Herbst
	Sammelgut:	Kraut
	Zeit:	Mai bis August
Weißdorn	*Sammelgut:*	Blüten
	Zeit:	Mai bis Juni
	Sammelgut:	Früchte
	Zeit:	August bis Oktober

Sprüche, Gedichte und Weisheiten

CHINA

Tee weckt den guten Geist und weise Gedanken.
Er erfrischt das Gemüt. Bist du niedergeschlagen,
so wird Tee dich ermutigen.
Kaiser Shen Nung

Drei Dinge auf dieser Welt sind höchst beklagenswert:
das Verderben bester Jugend durch falsche Erziehung,
das Schänden bester Bilder durch verständnisloses
Begaffen
und die Verschwendung besten Tees durch
unsachgemäße Behandlung!
Li Chi-lai, chinesischer Dichter der Sung-Zeit

Dieses Getränk ist Tau, der leicht und lind vom Himmel
fällt. Ihr nennt es Tee!
Aus den Annalen der Sung-Dynastie

Einen Mord kann man entschuldigen; eine Inkorrektheit
beim Tee – niemals!
Chinesisches Sprichwort

Man trinkt Tee, um den Lärm der Welt zu vergessen.
Tien Yi-heng

Der erste Aufguss für den Geschmack.
Der zweite Aufguss für den Genuss.
Der dritte Aufguss für das Auge.
Der vierte Aufguss für die Entspannung.
Chinesische Volksweisheit

Wer Tee trinkt, lebt länger, bleibt gesund und vital.
Chang Hua, chinesischer Arzt

JAPAN

Medizin war der Tee zuerst, Getränk wurde er danach.
Kakuzo Okakura, in »Das Buch vom Tee« (1906)

Tee ist ein Kunstwerk und braucht eines Meisters Hand,
um seine edelsten Eigenschaften zu offenbaren
Kakuzo Okakura, in »Das Buch vom Tee«

Nicht unangenehm ist es, ein Gedicht zu ersinnen,
während guter Tee gemahlen wird.
Es erwacht der Geist und auch der Wunsch,
den zarten Ton der Laute zu hören.
Japanisches Gedicht, um 827, in »Das Buch vom Tee«

Ob es vorhanden,
ob nicht, gutes Teegerät,
wie unwesentlich!
Der allein wahre Tee-Weg
bedarf nicht dieser Dinge.

Der Gartenpfad!
Fern der vergänglichen Welt
bleibt er ein Weg uns,
warum nicht hier abschütteln
den Staub von unsren Herzen?

Des Tee-Wegs Urgrund:
Wasser sieden zu lassen,
Tee zu schlagen und
ihn zu trinken – nicht mehr!
Man sollte dies wohl wissen.

Gartenpfad, Teeraum!
Der Gast und mit ihm sein Wirt
gemeinsam beim Tee,
ihr Wirken ist Harmonie,
und nichts steht zwischen ihnen.

Sen Sôeki Rikyû, Tee-Gedicht

DEUTSCHLAND

Thee kombt mir vor wie Heu und Mist, mon Dieu, wie kann sowas Bitteres und Stinkendes erfreuen?

Liselotte von der Pfalz, 1712

Ob ich morgen leben werde, weiß ich freilich nicht. Aber dass ich, wenn ich morgen lebe, Tee trinken werde, weiß ich gewiss.

Gotthold Ephraim Lessing, 1780

Und wer seid Ihr!, ruft der Kaiser,
niemals sah ich solche Stöße!
Kaiser, sprach der grüne Ritter,
von Geburt bin ich Chinese!

Ritter Tee bin ich geheißen,
schlag den stärksten Feind zu Erden,
bin der Frauen süß Getränke
und bekämpfe Steinbeschwerden.

Johann Karl August Musäus, in »Der grüne Ritter«

Der Gewöhnlichkeit gehört die Welt. Es tangiert mich aber nicht, solang ich ein Bett und ein Glas Tee habe.

Theodor Fontane

Des Abends war ich bei Goethe zum großen Thee. Die Gesellschaft gefiel mir, es war alles so frei und ungezwungen, man stand, man saß, man scherzte, man lachte. Goethe ging bald zu diesem, bald zu jenem, und schien immer lieber zuzuhören und seine Gäste reden zu lassen, als selbst viel zu sagen. Goethes Frau kam oft und schmiegte sich an ihn und küßte ihn.

Johann Peter Eckermann über eine Tee-Abendmahlzeit bei Goethe, 14. Oktober 1823

In Asien ist er Despot, Europa und Amerika sind ihm freiwillig zinsbar, indem eine Nation nach der anderen sich unter sein sanftes Joch schmiegt; er ist sogar unser Hausfreund und der stete Teilnehmer unserer Feste.

»Taschenbuch für Theetrinker«, 1836

Keine Zwischenmahlzeiten, keinen Café.
Café verdüstert. Tee nur morgens zuträglich.
Wenig, aber energisch; Tee sehr nachteilig und den ganzen Tag ankränkelnd, wenn er nur um ein Grad zu schwach ist. Jeder hat ja sein Maß, oft zwischen den engsten und delikatesten Grenzen. In einem sehr agacanten Klima ist Tee als Anfang unrätlich: Man soll eine Stunde vorher eine Tasse dicken entölten Cacaos den Anfang machen lassen.

Friedrich Nietzsche in »Ecce Homo«

ENGLAND

Der Weg zum Himmel führt an der Teekanne vorbei.
Englisches Sprichwort

... man wirft den Engländern vor, dass sie ihren Teekessel
überall mitführen, und sogar bis auf den
Ätna hinaufschleppen; aber hat nicht jede Nation
ihren Teekessel, worin sie, selbst auf Reisen, ihre von
Hause mitgebrachten getrockneten Kräuterbündel
aufbraut?
Goethe über den Teekult der Engländer

Eigentlich gibt es auf Erden nur eine unumstößliche Ein-
richtung: die englische Teepause.
Alan Ayckbourn, englischer Dramatiker

Wo Tee ist, da ist Hoffnung.
Sir Arthur Pinero

Die Franzosen behandeln die Liebe mit der Sorgfalt, die
wir (Engländer) nur an den Tee verschwenden.
Francis Thompson

Ich habe ekelhafte Gewohnheiten. Ich trinke um drei Uhr
immer eine Tasse Tee.
Mick Jagger

RUSSLAND

Wenn du ein gutes Weib hast, einen Borschtsch
und einen kräftigen Tee, kannst du mit deinem Leben
zufrieden sein.
Kaukasisches Sprichwort

Es dunkelte; auf dem Tisch summte
der abendliche blitzende Samowar
und erwärmte den chinesischen Teekessel;
unter ihm ballte sich leichter Dampf.

Schon rann der duftende Tee,
eingegossen von Olgas Hand,
als dunkler Strom in die Tassen,
und ein Diener reichte süße Sahne.
Alexander Puschkin

Zum Teufel! Gibt es noch nicht einmal Tee in diesem
Hause?
Maxim Gorki

Die Ratschläge und Empfehlungen dieses Buches wurden von den Autorinnen nach bestem Wissen und Gewissen erarbeitet und sorgfältig geprüft. Dennoch kann eine Garantie nicht übernommen werden. Eine Haftung der Autorinnen, des Verlags oder seiner Beauftragten für Personen-, Sach- oder Vermögensschäden ist ausgeschlossen.

© VPM Verlagsunion Pabel Moewig KG, Rastatt
Fotos: Deutsches Teeinstitut, Hamburg
Printed in Germany
ISBN 3-8118-1577-6

» Dieses Buch ist eine gelungene Einführung in die Welt des Weins – von den klassischen europäischen Weinländern bis nach Übersee.

» Es stellt Ihnen die unterschiedlichsten Rebsorten, Böden und Regionen vor, beschreibt den Alltag der Winzer in den Weinbergen und macht Sie mit den Methoden der Weinherstellung vertraut.

» Es verrät Ihnen, welcher Wein zu welchem Essen paßt und wie Sie ihn richtig lagern, servieren – und genießen!

kochen & genießen
**Das neue große
Buch vom Wein**

192 Seiten, Hardcover
Großformat 21,5 x 28,5 cm
mit zahlreichen Farbfotos

» *food & more* bietet nicht nur Kochrezepte, sondern auch Ernährungsprogramme für geistige und körperliche Fitneß!

» Gesunder Genuß liegt im Trend!

» Vollkommen neue Produktionen zum konkurrenzlosen Preis!

Food and more
Essig und Öl

128 Seiten, Hardcover
Großformat 19,0 x 27,0 cm
mit zahlreichen Farbfotos